媒介消費
閱聽人與社會

Media Consumption:
Audience and Society

●作者—盧嵐蘭

序

　　當代社會變遷涉及許多複雜過程，媒介環境的快速發展一直是重要影響因素之一，舉凡政治、文化、經濟等社會領域莫不與傳播媒介息息相關，人們愈來愈關心媒介在社會中的角色與地位，並特別注意閱聽人的當前處境。固然人們有時能從媒介獲得歡樂及滿足，但也經常痛恨並譴責媒介產製的某些內容。因而大家開始思考閱聽人是否只能逆來順受接受媒介的施予，或者能夠進行積極與有效之反制，抑或可從中產生抗拒或賦權的力量。近來有關媒介消費的理論觀點相競而生，其中有的強調閱聽人早已成為媒介與廣告操弄的對象；有的則反認為可藉由使用與挪用媒介及其符號內容，進而造成反抗及顛覆的效果。這些問題目前並未有明確及一致的答案。另外，媒介對社會大眾，特別是對兒童與青少年的影響，常令人感到憂心忡忡；但也有些人對自己作為閱聽人覺得信心滿滿，自認擁有足夠理性而不會受媒介的污染與煽動，然而這種想法到底有多大的真實性，也一直是個問題。閱聽人究竟是易受傷害或具有免疫力，仍然眾說紛紜，並無定論；而更重要的，由於這些答案必將牽涉我們應該如何使用媒介，以及政府該當扮演何種角色，所以必須進一步嚴肅探討媒介消費的種種面向。

　　對筆者個人而言，這本書的形成主要來自教學需要、研究心得，以及自己作為一位閱聽人的經驗與感想。傳播媒介日益普及，許多人不僅在生活中面對更豐富與複雜的媒介環境，恐怕也會同時深刻感受一種惶惑不安，思考著究竟應該如何面對這樣的環境。我

們既無法不去接觸媒介，但又擔心自己受到媒介的愚弄，對現代人而言，如何扮演閱聽人的角色，已經成為一個令人感到困擾的問題。晚近學界對傳播與媒介文化的研究及發現不斷推陳出新，這些不同的觀察角度，讓我們擁有更多的管道，去認識所謂的閱聽人在現代社會中究竟代表何種意義、潛藏哪些危機與風險、蘊涵多少契機與可能性，這些應該是許多人共同關心的課題。本書內容集結筆者這幾年的部分教學資料及若干研究結果，在整理與撰寫過程中，深感自身才學有限，雖力圖詳實允當，唯疏漏恐在所難免，期盼學界先進不吝指教。

盧嵐蘭　謹識

2005年1月9日

目　錄

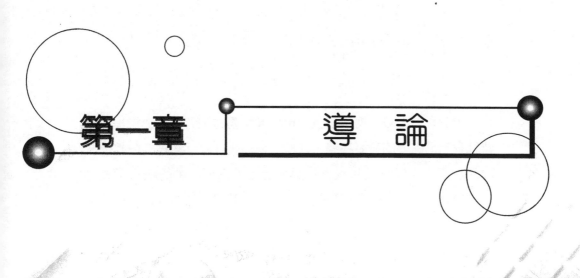

第一章　　導　論

　　隨著傳播與資訊時代的來臨，以及資本主義社會的高度發展，現代人的特性之一便是幾乎無法擺脫成為閱聽人與消費者的身分。乍看之下，我們或許可以將這兩種身分視為彼此獨立的角色，並予以分開討論，但事實上，以日常生活的經驗而言，人們無不感受與認知到這兩種身分之間存在密切的關係，換言之，我們多數時候是同時身為閱聽人與消費者，甚至有些時候還可能感覺到，必須藉由作為閱聽人的角色，才能成為適當的消費者，而另一方面，我們也必須以消費者的態度與行為來面對或支撐作為閱聽人的角色，因此，簡單地說，今天當我們要觀察現代及後現代社會中有關傳播與媒介的發展與影響時，都必須同時掌握閱聽人與消費者這兩個概念來思考問題，而本書的目的便是要對這種現象提供初步的描述與說明。

❖ 媒介與消費社會

　　由於資本主義的持續擴張，市場邏輯強力主導著社會過程，消費社會成為主要的發展趨勢，在此，傳播媒介已逐漸被充分整合於商業洪流中，媒介被當成支持與促進市場商業活動的重要工具之一，同時傳媒本身也高度吸納商業思維，並同化於市場運作模式，因此媒介及閱聽人被置於消費社會的脈絡中，閱聽人的媒介使用、解讀與接收等活動，都必然遭受此種氛圍的浸染，憂心者以為閱聽人將淪入無助與被剝削的深淵，但也有人強調社會將朝向多元、彈性與界線模糊的發展趨勢，並樂觀期待閱聽人能從中獲得前有未有

的機會與力量，這些不同立場與論點之間的爭論已持續不短時日，許多相關文獻也一再頻繁地出現，本書不擬論辯這些不同主張，而旨在勾勒與描繪主要的觀察架構，以作爲思考與探討當前媒介生活時的一種參照。

　　基本上，消費社會與消費文化對了解閱聽人具有高度的重要性，因此閱聽人的媒介使用活動與經驗結果，應該被視爲日常消費的一部分，在此前提下，閱聽人的媒介使用和消費生活必須合併觀察，另一方面，個體的行爲層次也必須對照資本主義社會的結構條件。從某個角度來看，如今許多傳媒都已成爲促進消費的媒介，包括鼓吹去消費屬於物質的與非物質的東西，也包括去消費屬於經濟的、政治的與文化的產品。目前的傳播媒介主要是在資本主義市場經濟設定的框架中運作，因此閱聽人也面對同樣的環境，消費觀念在媒介之內與之外皆大行其道，而媒介不斷再現消費社會，又使這些觀念進一步深植於一般人的日常生活中。不過在學術性的討論領域中，有關消費社會的文化意義並不能一概而論，大體上可以分別從批判的與功能論的角度，提出不同的觀察結果與主張。大家熟知的馬克思主義對資本主義商品循環及異化過程的批判，以及阿多諾（Theodor Adorno）與霍克海默（Max Horkheimer）的文化工業概念（Adorno & Horkheimer, 1979/1944），便是代表批判觀念的一個典型，在此，消費的目的主要是爲了達成市場獲利的目標，並進一步維持資本主義體系的持續運作，消費者，特別是勞工階級的消費活動幾乎等同於剝削的延伸，並透過消費愉悅去麻痺及瓦解工人的反抗意識。即使這種看法後來被指爲過於決定性地強調資本主義的商品力量，並同時忽略消費者的抗拒能力，但資本主義強化的結構關係依然明顯影響消費層級的發展，例如布迪厄（Pierre Bourdieu,

1984）指出消費品味與階級的關係，強調透過各種社會資源（特別是文化資本）的結構性分布，消費者發展出不同的生活形態與感覺模式，進一步增強社會距離與文化差異。

不過消費主義對有些人而言並非完全屬於負面意義，轉而強調消費的社會文化功能。雖然許多消費理論都將消費視為生產領域的複製或完成，並強調商品化過程，但消費也可視為一種將物品從異化狀態轉變成非異化狀態，顯現出一種創造的性質。這種藉由否定而創造是現代消費的一個重要面向，在此過程中，雖然物品的物質形式仍然存在或固定，但它的社會性質卻已全然不同。固然並非所有的消費皆是如此，亦非所有消費者都能達此目標，但是這種情形確實存在於消費中。因此人們必須了解自己在消費過程中的各種行為反應，體認到消費和生產一樣可經由創造與重新挪用而出現一種新的力量。當產品不再只被視為商品時，這種消費的可能性就會出現，並成為現代文化的一個重要構成成分。然而諷刺的是，這裡似乎意味著唯有經由創造性使用商品，才可能反制資本主義（Miller, 2001）。當然，從一個較廣義的角度來看，消費主義代表著社會、經濟與文化的變遷，在此過程中，消費的力量漸漸凌駕於生產，社會生活的各種層面（包括性別關係、階級關係與一般社會關係）皆受到消費的影響，消費同時具有分裂與解放的作用。另外在全球化的發展趨勢下，消費主義在共同經濟潮流中扮演著重要角色，特別是跨國公司的影響（例如可口可樂、麥當勞），這也令許多人爭論消費主義究竟促成標準化或多樣化。在這些眾多複雜與變化多端的現象中，人們應可發現消費是一個互動過程，在個人經驗與意識形態之間相互影響，亦即是結構與個體之間交互作用的一種心理與社會的表達，同時也象徵一種連接個人與社會的橋梁，它如同一種主

動與協商的生活領域（Miles, 1998: 5-13）。

　　換言之，消費並非只是一個單純的個人行為，亦非受市場操控的被動反應，但也不會是完全自主與自由的活動，它們多數是特定條件影響下的行動過程，這種情形亦出現於日常的媒介消費中，所以媒介環境對閱聽人而言總是存在若干限制與可能性[1]。

❖ 日常生活中的媒介使用與經驗

　　若要了解閱聽人的媒介消費特性，就必須注意媒介使用情境，特別是日常生活。由於媒介的易得性與普及性提高，人們在平常生活中勢必接觸若干媒介，並通常會因閱聽人的生活形態而發展出特定的媒介使用習慣，至於媒介如何與日常生活接合，或是媒介如何進入日常生活脈絡，以及日常生活如何收編各種媒介，這些都是值得進一步觀察的對象。

　　日常生活是一個特殊的概念與領域，不同理論立場對它的解釋不一（Highmore, 2002; Gardiner, 2000），通常日常生活被認為是平庸的、瑣碎的、隱匿的、模糊的、常態的、循環的、習慣性的、一成不變的，與常識的，它是一種多重真實，可以同時是輕鬆與緊張的，也兼具保守與激進的可能性。這樣的概念及其被描述的特性，便是媒介消費的主要情境與背景，因此閱聽人的日常媒介使用其實是一個極不易認識與觀察的對象，因為它們經常是同時存在多種矛盾的現象，例如它們是目的性使用，也是習慣性反應；是計畫性行為，也是偶然的或隨性的；是完整與系統的使用形式，也是零散與

分割的使用；是屬於意識性的，也是屬於儀式性的，這些都是日常媒介經驗的多種層面。在這樣的日常脈絡與媒介使用情形中，媒介既是消費對象，也是其他消費活動的中介，並透過這種直接消費媒介的形式與內容，以及藉由媒體中介而去從事其他消費，人們建構出一種日常生活文化，在此，媒介建構閱聽人的經驗方式，也形塑了生活方式，並進一步回頭去影響閱聽人對媒介的接觸、使用及解讀。

在社會層面，媒介本身就是資本主義體制的一部分，並同時傳達與強化資本主義的價值，在個人層面，閱聽人就是消費者，消費者必須是閱聽人，在這種情形下，閱聽人在社會中的角色，以及能否成為有力量的社會參與者，同樣受到關注，因此探討媒介消費的重點，便是要去反思資本主義社會中的媒介生活。

❖ 本書的範圍

本書並不特別針對某種媒介進行討論，雖然不同媒介的性質差異可能產生不同的媒介使用形式與經驗內容，但在日常生活中，許多媒介並非僅被獨立使用，而是彼此指涉且交互影響，因而閱聽人對特定媒介的經驗，往往聯繫著其他的媒介使用，例如某人對電視新聞報導一件重大車禍的了解，可能還包含此人從報紙、廣播、網路，甚至人際傳播之處獲得資訊的情形。對閱聽人而言，他們擁有一個或數個由多種傳播媒介構成的媒介情境，這些媒介視個別閱聽人的使用習慣與不同的生活形態，彼此之間組織成特殊的互動網

絡，很難單獨抽離出某個特定媒體的影響，所以本書探討的媒介消費即強調這種日常生活中的媒介使用與媒介經驗。

由於消費與媒介的研究領域皆包含許多不同論點，無可置疑地，這些理論與主張必然有其說明力與盲點，本書希望同時觀察這些不同說法，以作為了解媒介消費時的一個更寬廣的參考背景，因此重點不在深入探討這些理論之間的論戰，也並未針對一些爭論進行系統剖析或提出解答，當前的目的只是希望透過呈現多樣的視角，來提供更具彈性與多元的觀察及思考方式。以下介紹本書各章重點。

第二章敘述消費理論的主要發展方向，針對消費的文化與社會層面，分別從古典社會學以及現代與後現代理論來說明消費現象，此章限於篇幅而僅能選擇性呈現重要理論及學者，基本上依據當前主要的消費討論中經常參考及引用的相關學說及觀點，其中有些已頻繁地出現於傳播與閱聽人研究中〔例如馬克思（Karl Marx）、布迪厄（Pierre Bourdieu）、道格拉斯（Mary Douglas）、艾秀伍德（Baron Isherwood） 與費舍史東（Mike Featherstone）、布希亞（Jean Baudrillard）等〕，有一些雖尚未明顯被應用，但仍有其重要的參考價值〔例如埃利亞斯（Nobert Elias）〕。另外還有一些理論挪到其他章節以配合相關主題之說明〔例如勒費布耶（Henri Lefebvre）與德賽特（Michel de Certeau）的日常生活理論移到第三章，傅柯（Michel Foucault）的權力理論則分別出現於第五、七章〕。從這些相關理論可了解消費是一個跨學科與跨領域的現象，因此媒介消費同樣應進一步開發更多元的觀察角度，以便能充分認識其中涉及的文化、社會、政治、經濟、歷史等面向。

第三章探討日常生活與消費的關係，特別強調日常生活是個值

得進一步注意的對象與概念。日常生活過去常被認為是一個不太重要的領域，因為它過於瑣碎與模糊，晚近的閱聽人研究中，已有一部分學者傾向從這個脈絡來觀察媒介的使用形式與解讀過程，不過由於日常生活在不同觀點的詮釋下可能出現不同特性，因而使媒介消費的意義更形複雜。

第四章說明家庭中的媒介消費，並特別敘述家庭概念的多樣性與變化，家庭情境對許多人而言都是一個相當切身的環境，並影響許多消費經驗，尤其是媒介使用情形，這一章分別指出家庭內部各種影響媒介消費的因素，以及說明媒介在聯繫家庭與社會中所扮演的角色。家庭是一個複雜的關係脈絡，通常一般人的媒介使用習慣都深植於家庭的動態關係，因而家庭成為探討閱聽人時的一個必要觀察對象。

第五章針對認同此一課題來說明媒介的影響，認同在消費中具有一種矛盾現象，一方面它被看成消費者透過消費而建構自我的證明，另一方面它又被視為個體慾望受到商品及商品形象操縱的一個管道，另外，有人認為消費主要聯繫到選擇與自由，但是也有人以為消費隱含焦慮與壓力，此章分別說明這些不同的觀點，並進一步探討它們和媒介消費的關係。

第六章主要探討科技消費，由於科技使用或消費的若干爭論皆源自人們對科技觀念的不同理解，因此本章先敘述有關科技的重要論述，並說明當前對科技與社會之關係的主要討論。在傳播科技的使用方面，特別從日常生活來觀察科技的消費，著重家庭在科技消費過程中的影響。

第七章討論媒介消費與權力、公共領域及社會參與的關係，這部分側重從權力概念的發展與反省來看閱聽人的賦權可能性，並探

討媒介與公共領域的關係，以及從媒介提供社會參與的情形，來敘述閱聽人在媒介消費過程中可能面對的限制與機會。

　　媒介消費是一個包含多樣與複雜現象的領域，本書敘述的內容雖僅是其中一部分，但皆屬相當重要的探討課題，這些現象與問題目前都仍處於發展過程中，並與我們的個人生活以及未來的社會發展關係密切，因此有必要持續關心與思考其中各種意義以及探討可能的因應之道。

註釋

1 有關消費之文化意義及其對個體自我的影響，以及消費者與公民之間的關係，一直都是備受注意的探討課題（例如陳淳文，2003；陳儀芬，2002；曾少千，2003；林思平，2002），這些問題最後都會涉及自我及權力的概念性探討，這部分在本書的第五章與第七章將會有進一步的說明。

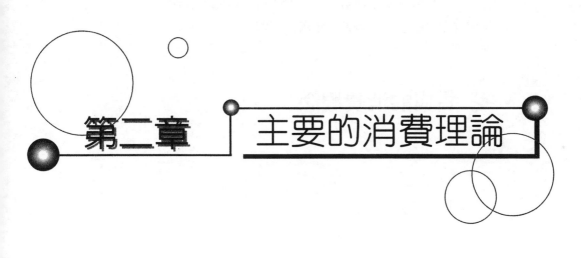

第二章　主要的消費理論

　　本章將說明相關的消費文化與消費社會學理論，事實上，較完整的消費理論應自一九七〇年代、一九八〇年代以後才具體出現，一些早期學者的研究雖未針對消費進行系統的探討，然而他們提出的若干觀念深具價值，並一直被後來的消費研究所重視與使用，因而本章分兩節說明這些觀念與理論，第一節介紹馬克思、韋伯、偉伯倫與齊穆爾所提及的消費觀念，第二節則說明道格拉斯與艾秀伍德、布迪厄、埃利亞斯、蓋布瑞與藍、布希亞、費舍史東等人的消費理論。當然，對消費研究具有貢獻的學者及理論不限於此，例如涂爾幹（Emile Durkheim）探討的分工與道德重建、佛洛依德（Sigmund Freud）的潛意識及快樂原則、傅柯（Michel Foucault）的權力與規訓，皆可用來說明消費。本章囿於篇幅，僅選擇具代表性的重要消費觀念與理論，至於其他相關理論，則在後面各章中配合相關主題來說明。消費是一個跨學科的領域，包含許多不同的觀點與立場，這些都值得進一步深入了解[1]。

※ 古典的消費觀念

一、馬克思

　　雖然德國社會思想家馬克思（Karl Marx, 1818-1883）分析資本主義時，著重的是生產層面而非消費層面，同時他也未能正確評估資本主義的實際發展，但他提供的觀察角度與思考方式，皆具有重

要學術價值，並一直是許多學者探討消費文化與社會意義時，所仰賴的重要思想資源。

　　馬克思理論的關鍵之一是認為，資本主義的生產過程主要服從於資本家累積資本的最高原則，而非回應消費大眾的社會需求，因而對商品與服務市場造成一種扭曲的影響，其中最特別的有兩點：第一，它將為數眾多之薪資工人的勞動侷限於工作中一些狹隘與不具建設性的活動，並使他們飽受嘲弄。第二，它在商品消費的過程中編織出一種自由的假象，意圖掩蓋生產過程中真實與剝削的真相（Rojek, 1985: 37-38）。以下分別從異化與商品化說明其中的情形。

（一）異化

　　馬克思著名的異化（alienation）概念旨在說明資本主義對人性的扭曲（Marx, 1990/1932; Ritzer, 1995: 136-139）。異化包含四個面向：第一，工人與自己的勞動過程異化。資本主義社會中工人勞動受到資本家的控制，因此一方面工人無法在勞動過程中發揮潛力與獲得滿足，工人無法對其勞動產生正面的價值感，而只能自覺是一個被切割與遙控的勞動工具。另一方面，由於工資的存在，因此資本家與工人都以為工人的勞動屬於資本家，工人出賣勞力只為謀得生活所需的工資，而資本家既然擁有工人的勞動，自然會認為有權進行任何支配。因此工人的勞動變成一種外在於他們的活動，工人既不具自主性，也沒有認同感。第二，工人與自己的勞動產品異化。工人並不擁有自己的勞動產品，因為這些產品是屬於資本家的，工人若想要使用這些產品，就必須另外付費購買，甚至許多工人並不使用這些產品來滿足其生活所需。再者，由於資本主義工業化的產製模式，多數工人在生產線中只操作極小與極少的一部分，

因此讓工人與資本家以為個別工人對產品的貢獻很低，工人也無法對自己的勞動對象與工作內容產生深刻的認識與完整的印象，因此工人的勞動產品也成為一些外在於工人的東西。第三，工人與他人異化。如同前述資本主義的產製模式，多數工人的勞動過程充斥著忙碌、重複、單調與無意義的操作，然而整個資本主義的工作情境還會迫使工人們之間出現孤立、競爭和衝突等情形，無法進行親密合作，彼此也無法產生深刻的認識及了解。因此，工人們之間相互成為疏離的他者。第四，工人與人類本質異化。從前面三個層面來看，工人在資本主義中的存在形式只是不具自主性的勞動工具，既無法在勞動中展現潛能，也無法感受到勞動過程與勞動產品對自己具有任何意義，同時又與其他人處於孤立或對立的關係，這種生活與生命極無價值且毫無尊嚴，工人淪為只是賺取工資以糊口，成為背離人類本質的卑微生物。

異化的現象不僅存在於勞動過程，包括工人的可支配時間，也就是休閒時間亦必須服膺資本累積的原則，所以工人的休閒時間並非自由時間，反而同樣遭到異化力量的滲透。馬克思認為資本主義下的消費領域並非一個自由的領域，他指出工人階級的兩種消費（Rojek, 1985: 43）：

其一，生產性消費（productive consumption）：這是指工人在勞動過程中對生產工具的消費，例如當工人勞動時，他們也使用了一些原始材料與其他資源。生產性消費以兩種方式支撐了資本累積：(1)它將所消費的資源轉變成具有較高價值的產品。(2)它創造一種對消耗資源的持續需求，而這些資源是由資本主義社會的其他領域提供。

其二，個人消費：這是指工人自己對商品的消費，並藉由花用那些支付其勞動力的金錢去從事消費。馬克思相信通常這些消費足

以維持工人及其家人的生存。或者可以說，個人消費是生產性消費的一種偽裝形式，因為工人之所以維持與再製他們的生產力，純粹只為了符合工作的要求。

　　馬克思對這種工人處境有著相當悲慘的形容，他指出工人生產得愈多，就消費得愈少，創造的價值愈多，自己就愈無價值，工人的產品愈完美，自己就愈畸形，工人創造的對象愈文明，自己就愈野蠻，勞動愈有力量，工人就愈無力，勞動愈是機巧，工人就愈愚鈍。勞動創造了宮殿，但卻為工人製造了貧民窟。因此工人在勞動中並非肯定自己，而是否定自己，不是感到幸福，而是覺得不幸，不是自由發揮自己的心智及體能，而是使自己肉體受折磨，精神遭摧殘（Marx, 1990/1932: 47-61）。所以異化是資本主義對人類的一種嚴重傷害，它破壞了人與人、人與自己以及人與自然的和諧密切關係，這種現象並不只是出現於工人的勞動過程中，當工人由於對其勞動產品不具有所有權，並必須藉由賺取薪資而被迫捲入消費文化時，他們本身又進一步為資本主義的巨輪添加潤滑劑，使資本主義得以持續順利進行。馬克思應是第一位觸及「消費弔詭」（consuming paradox）的人，這些觀念為消費社會學提供一個重要的基礎（Miles, 1998: 17）。

（二）商品化

　　對馬克思而言，物體具有兩個面向，第一，使用價值（use-value），指物體的實際使用與具體的使用。從使用價值的角度來看，不同物體可用來達成不同目的，因此它們之間無法相提並論。第二，交換價值（exchange-value），即物體變成一個可以在市場被交換的商品。馬克思認為交換價值是資本主義的重要特質。從前面

的說明，可知道資本主義勞動過程所生產的物品並非爲了資本家與工人本身的需要，而是要將之拿到市場銷售，因此物品的使用價值被大幅壓抑與抹消，轉而強調交換價值，也就是物品以作爲一種商品形式而存在。

不過，馬克思了解的商品係完全處於生產過程的脈絡中，他注意的是商品的生產，而非商品的消費。馬克思描述一項產品並非爲了消費者的直接個人消費而被生產，而是爲了將之販賣，就此而言，商品的重要性在於交換價值，而非使用價值（Miles, 1998: 16-17）。因而市場被視爲商品價值的主要賦予者，勞動者的貢獻被普遍忽視，商品與市場都被看成獨立與眞實的客體，這種情形被馬克思指爲一種拜物，也就是對商品的崇拜（fetishism of commodities），由於商品的特性就在於交換價值，所以商品拜物也就是對交換價值的崇拜。交換價值呈現一種抽象性，因爲它掏空了物品的特殊性與具體性，而只留下等值交換的純粹形式，即以金錢關係爲基礎，這種性質是資本主義的重要特性，並滲透於社會各個層面，影響社會關係，使其從屬於市場法則，以及化約成金錢價值。

固然馬克思對商品形式的分析有其不可磨滅的重要性，但這種看法不應將之絕對化，事實上，物品的意義是多重的，除交換價值之外，物品及消費還在個體的日常生活與自我概念中具有重要地位，有人就以馬克思的個人生活來印證物品絕非只是抽象價值。眾所皆知，馬克思曾經生活窮困，他的《資本論》是他在大英博物館閱覽室中勤奮閱讀與刻苦研究的成果，馬克思除了靠好友恩格斯（Friedrich Engels）及其他人的接濟外，其實沒有什麼收入。無奈一家人食指浩繁，所以馬克思家人常常必須藉由典當家中衣物，來籌措日常生活開支，然而他們也會在收入略增時將典當之物贖回，因此馬克思的一些家中衣物經常往返於當鋪與自家之間，特別是馬克

思曾數次提及他典當了自己的外套，以致無法出門到大英博物館進行研究，所以每當贖回外套之時才是他的研究時間，一旦外套進了當鋪，就會影響《資本論》的進度。同時他的家人也必須輪流典當各種家物來應付稿紙文具及各種生活所需。但事實上，馬克思一家的生活方式並不能算是獨特的，因為這是當時許多普羅階級經常出現的生活情節，每當生活拮据之時便當掉「體面的」衣物，這些東西稍後又常被贖回，以便應付特定場合需要，所以對馬克思及許多窮人而言，雖然物品可以賣入當鋪以換取金錢，但這些物品絕非只是抽象的交換價值，它們（衣服、床被鋪蓋、傢俱等等）是生活中的重要組成，沒有衣服就沒法出門，會影響工作與社交，缺少這些衣物就會嚴重影響生活，所以他們會不斷地將之贖回。那些「體面的」或「合適的」衣服讓馬克思能進入大英博物館、讓他的妻子能出門、讓他的孩子們能出遊，因此物品並非只是物質的，也不是只具有抽象的交換價值（Stallybrass, 2001）。

由於馬克思主義較少探討商品被交換之後所發生的事，因此也較無法從消費者的角度來了解物品的意義（Corrigan, 1997: 35）。話雖如此，但無法否認隨著資本主義的持續更新與發展，物體的商品價值被進一步強化，異化的情形還延伸至物品的象徵價值中。資本主義的發展已日益精緻化，特別是二十世紀晚期消費主義的壯大，使商品化的影響力更大幅擴張，消費成為資本主義的重要操縱機制，異化的現象也隨之日益惡化，面對這種發展，馬克思的理論取向仍然是一個相當重要的批判基礎。

馬克思主義影響了法蘭克福學派（Frankfurt School）的發展，不過後者反對經濟決定論式的馬克思主義，轉而強調文化與意識形態的重要性與影響。他們的研究也包括對流行文化與消費文化的批判，其中又以阿多諾（Theodor Adorno）與霍克海默（Max

Horkheimer）最具代表性。簡單來說，阿多諾與霍克海默認為，晚期資本主義社會中的娛樂其實是工作的一種延伸，它原本企圖逃離機械化的工作過程，並補充力量，以便能夠重新再度應付工作。然而不幸的是，機械化已控制了個人的休閒與娛樂，並高度影響娛樂產品的製造，所以工人的休閒經驗必然是工作過程本身的餘像（Adorno & Horkheimer, 1979/1944）。

阿多諾與霍克海默認為資本主義下的休閒娛樂是一種欺騙，他們提出「文化工業」（culture industry）一詞來指流行電影、音樂、商業戲院、運動、電視、漫畫、雜誌、故事書與相關的大眾娛樂形式。文化工業的厲害不容小覷，因為它有能力因應既得利益者的要求而去組織休閒關係。二人借用韋伯的觀念，認為資本主義的發展得力於工具理性與除魅化（disenchantment），如今生活的理性化已達到理性管理的常態化境界，卻反而使大眾受奴役於科層秩序。另外他們也引用佛洛依德的觀念，說明個體的壓抑、罪惡感及自我懲罰等都被連接於下意識的心理壓抑傾向。阿多諾與霍克海默以這些材料建構出一個文化工業的圖像，它對先進資本主義的社會生活具有一種普遍的影響力，每個人打從一出生就成為服從的主體，因為文化工業設定了社會化的脈絡，無人能夠逃脫，所有人都必須服膺於這些預定的標準，並選擇大量產製的商品種類，人們的休閒也必須接受文化工業提供的內容。

阿多諾與霍克海默認為文化工業包含幾個特性：第一，文化工業具有普遍性，它同時在意識與潛意識層次網羅住個體。第二，文化工業利用個體的休閒時間。當休閒經驗必須被買賣時，它便成為一種最全面的控制。因此文化工業旨在將休閒活動予以商品化，整個文化工業的運作目標就是要促使各種文化形式清楚地指向利潤動機。第三，文化工業誘導無批判力的大眾去服從社會既存的權力秩

序，文化工業意識形態的力量就在於使順從取代意識。第四，文化工業只能提供自由選擇的假象。消費者的選擇只是接受文化工業提供的選項，這些選項本身散發著愉悅的形象，假裝能從日常操勞中解放。然而這些形象只是海市蜃樓，永遠不可能實現。文化工業運作的不變原則就是欺騙它的消費者。第五，在商業與設計因素操弄下所產生各式各樣的產品個人化，只是一個面具，用來遮掩它們原本是大量生產的東西（Rojek, 1985: 112-115）。

　　文化工業的批判指出資本主義社會的休閒與消費，旨在透過娛樂及取悅消費者而進行一種欺騙，目的在維持與強化資本主義體系的持續運作，在這種處境下的消費者並不可能擁有自由選擇，他們的消費只是被操弄與製造出來的結果，最終還是必須服務於支配團體的利益要求。文化工業造成的深刻危機在於，它混淆了自由與奴役，消解了大眾的反抗意識與否定力量。

　　雖然文化工業的觀念常被詬病其忽視消費者的積極面向，並具有某種菁英取向的文化觀，但直到現在，它仍然是批判消費資本主義最有力的理論資源之一。

二、韋伯

　　德國社會學家韋伯（Max Weber, 1864-1920）並未針對消費進行系統的探討，因為在他的生活時代，資本主義發展的重心仍著重於生產層面，不過韋伯透過分析資本主義的歷史發展，側重說明資本主義的觀念與倫理基礎，使我們了解到理念因素在早期資本主義形成過程中扮演關鍵角色，而這些理念與倫理觀皆影響早期社會的消費模式。

（一）新教倫理中的禁慾主義

　　韋伯想要說明資本主義為何會於十六和十七世紀在西方興起，他以為其中的重要關鍵在於十六世紀宗教革命發展出來的宗教觀念，特別是基督新教中喀爾文教派的信仰扮演了重要角色。

　　喀爾文教派的上帝要求信徒不能只是追求個別的善行，而是要追求一個統整的善行生活，因此一般人的道德行為必須擺脫無計畫與無系統的情形，整體行為都必須服從一套前後一致的方法。因為唯有每時每刻以及所有行動中的生活意義皆出現徹底變化，才能證明一個人從自然狀態變成「蒙恩」狀態。易言之，信徒的生活完全是為了追求一個超然的目標—救贖，因此信徒的現世生活必須被徹底地合理化，亦即一切都是為了增加上帝的榮耀。而正是這種合理化使得喀爾文教義具有獨特的禁慾傾向，它發展出一種系統與理性的行為方法，使人抗拒非理智之衝動的支配、擺脫對塵世與自然的依賴，並試圖使人服從於某種計畫性的意志統治，信徒的行為必須經常置於自我控制之下，並認真思考自己行為的倫理後果。總之，這種禁慾主義旨在透過行為的規律化而使人過著一種警覺及睿智的生活，因而當務之急便是消除自發的與出於衝動的享樂。在此影響下，人人形同終身的修道士，只不過人們是在日常工作中追求禁慾理想（Weber, 1987/1930: 93-103），韋伯引用日耳曼宗教思想家法蘭克（Sebastain Franck, 1499-1543）的話說「你們以為自己已從修道院逃出，但今後，各人應畢生守著僧侶的生活」（Weber, 1990: 189），恰好是最典型的代表。

(二)禁慾主義與資本主義精神

韋伯認為新教的禁慾倫理與日常經濟行為之間具有密切關係，並進一步影響了資本主義生活方式的發展。他指出喀爾文教派將勞動當成一種禁慾手段，勞動被視為上帝規定的生活目的，不願勞動的人就無法獲得恩典的象徵。雖然新教倫理限制消費，尤其是奢侈品的消費，但新教並不一味反對財富，只有當金錢造成人們貪圖享受、放縱揮霍及奢華炫耀時才是不對的。因此對信徒而言，獲得財富不只是道德的，也具有實際的必要性，他們贊成以合理及實用方式去使用財富，以滿足個人的社會需求，因為貧窮並不能為善行增添光彩，反而會貶損上帝的榮耀，所以商人的獲利動機與謀利行為皆取得了合理性與正當性，並發展出理性地組織資本與勞動的風格。可想見的是，當限制消費與謀利行為的合理化兩者結合在一起時，自然出現資本的累積，以及生產性資本投資的增加（Weber, 1987/1930: 125-148）。換言之，新教的禁慾主義包含著限制無謂浪費、重視勤奮勞動與鼓勵追求合理利潤的精神，而這些因素恰好有助於早期資本主義的發展。

對韋伯而言，工業資本主義有賴於對勞工進行理性的制約與訓練，工作職場便是一個理性紀律的模式，它的誘因、酬賞及懲罰的複雜體系都相應於工廠的機械化與勞動體系的結構。資本家將一種控制與紀律的結構強加在勞工身上，以便提高生產效率與擴大利潤。然而理性紀律不僅限於職場，包括資本主義下的社會生活也受其支配，特別是科層體制的發展產生了極大的影響力，它的重要性在於它有如一種行政管理形式，有助於技術實踐的效能。韋伯認為日常生活已被完全置入這個架構中，這也是理性化過程的伴隨結

果。科層資本主義的理性紀律要求工作與休閒應該分開，使之成為社會組織的必要功能。因為如此便能夠增加家庭生活與休閒活動的引誘力量，提高人們對消費休閒的嚮往，進而增加工作的必要性（Rojek, 1985: 69-70）。

由於韋伯認為喀爾文主義提倡辛勤工作、忠誠，並鼓勵工人不要去消費他們所擁有的剩餘，因此可認為資本主義之所以出現，乃因為一種工作倫理，它鼓勵再投資而非消費，從而提供一種強而有力的物質基礎，並出現一種消費倫理（Miles, 1998: 17），雖然消費並非韋伯的分析重點，但他的研究有助於我們認識消費在早期資本主義社會中的特性。

（三）除魅

有些理論大師的貢獻不僅有助於了解消費對社會的影響，還有助於認識消費主義的當代角色。在某些層面上，韋伯的研究就具有這種功能。

韋伯認為理性化過程包含除魅（disenchantment）現象，而除魅現象與浪漫主義有所聯繫，後者又進一步影響了消費社會的發展。在除魅的過程中，人們的情緒轉向個人的內在世界，個人的各種心理與行動反應，不再完全取決於環境，而是由個人的意志所主導，因而出現一種重視自我意識與自我經驗的文化價值，而這是屬於浪漫主義的自我概念，其主張表達與追求各種經驗，並重視享樂與歡愉的經驗，這些趨勢進一步促成消費倫理的發展。因此在十八世紀末與十九世紀初出現的浪漫主義倫理，雖然促進再投資與虔敬的新教禁慾價值，但也包含一種對生命訴諸情緒的傾向，人們日益感受到自己的愉悅。所以或許可以說，現代消費主義的精神與角色

並不完全屬於物質主義，當代的消費者並非只是流露不知饜足及追求物品的慾望，他們的基本動機可能是想在現實中體驗一些想像中享受到的愉悅性夢想，並認為每一項新產品都應能提供實現的機會（Campbell, 1987, cited in Storey, 2001/1999: 14-23; Miles, 1998: 17-18）。由此可見個人的想像力在消費中的重要地位，以及消費的象徵價值在現代生活中具有日益重要的角色。

另外，韋伯提出的神魅或克里奇瑪（charisma）的觀念也有助於了解休閒。雖然現代科層組織已成為日常生活中的權威體系，人們的休閒活動也從屬於這些理性管理的控制，但是休閒關係中也同時包含許多異常經驗，例如個體能夠神遊他鄉、抽離自身、愉悅快樂，許多人都經驗過被某個作家、演奏家與演員所感動的情形，這其中存在一些克里奇瑪的力量，資本主義的休閒活動出現克里奇瑪的例子包括有：迷群的俱樂部、明星系統以及各種和知名人物或團體有關的崇拜族群。這些成功的名人有如超級英雄，有時還被他們的崇拜者賦予神奇力量。韋伯認為克里奇瑪是一種極不穩定的權威形式，因為凡事都必須仰賴神魅人物的人格特質。隨著現代休閒的理性化，主要的發展方向便是對克里奇瑪進行大眾傳播與理性管理。例如生產名人的相關產品與紀念品，將克里奇瑪的個人基礎轉變成市場交換的非個人形式。這些發展都是理性管理的徵象。韋伯認為由於世界的除魅而出現理性化與智識化，理性的行政管理導致了非個人化與去人性化，科層官僚被化約成一部機器中的小螺絲，永不停止地運轉，既無法控制這部機器，也顯得相對無力。除魅對工業社會造成廣泛影響，所有的社會政策，包括休閒政策，皆受制於這個時代的宿命（Rojek, 1985: 70-72）。

雖然韋伯並未提出完整的消費理論，甚至消費也不是他的研究重心，但他的研究讓我們能夠了解資本主義的非物質面向，並認識

到它們與當代消費的關係。

三、偉伯倫

　　十九世紀的挪威裔美籍經濟學者偉伯倫（Thorstein Veblen, 1857-1929）可能是第一位認識到消費具有重要社會意義的社會學者，他的《休閒階級的理論》（*Theory of the Leisure Class*）也是探討消費現象的首部經典著作。事實上，偉伯倫正確指出消費的一項重大特性，也就是消費的象徵層面比物質或效用層面具有更重要的社會與文化意義，這種重視消費的象徵作用，及其對社會關係的影響，都是當前消費社會中不可忽視的探討課題。

(一)休閒階級

　　偉伯倫在探討社會聲望與社會地位的基礎爲何時，以一種犀利而嘲諷的方式提供一個很簡單的答案：財富。或許很多人以爲這是一個膚淺及犬儒的看法，並主張美德勝於金錢，但是偉伯倫以爲這種想法只不過是讓窮人覺得舒服而已（Corrigan, 1997: 21）。

　　偉伯倫藉由分析十九世紀末美國的新富階級，描繪出一種「新休閒階級」（new leisure class），這個階級的特徵在於它們的成員會模仿歐洲上層階級的生活形態，因此消費品可作爲社會地位與特權的標記（Miles, 1998: 18）。

（二）炫耀式消費

　　以偉伯倫的觀點來看，如果一個人想要顯示財富，進而獲得別人的羨慕，則可以採取兩種方法，第一，炫耀式休閒（conspicuous leisure），第二，炫耀式消費（conspicuous consumption）。炫耀式休閒是指非生產性地使用時間，炫耀式消費則是指非生產性地使用財物（Veblen, 1902/1899: 68-101）。在社會工業化之前，休閒生活就是擁有財富的一個現成證明，因為只有憑藉財富才能使悠閒人士有能力過著安逸舒適的生活。在特定情況下，炫耀式休閒是一種證明財富與展示地位的最有效方式。因而接下來的問題便是要探討在不同的社會體系中，展示財富的最有效方式為何。此意謂著展示財富是一種基本現象，但展示財富的形式可能會因社會體系而異。以前的傳統社會中，不事生產、遠離勞動是一種證明財富的簡易方式，因為勞動被認為是不光榮與卑下的事。雖然也有一些頗具聲望的職業，例如政治、戰爭、運動與宗教等領域中的工作，這些工作即使需要投注大量的體力與心力，但它們並不被認為屬於生產性勞動。目前這種區分仍可在運動領域中看到，例如業餘玩家與運動員之別，前者被認為是具有社會聲望的紳士，而後者則屬於專業與非尊貴的運動員，對前者而言，運動是一種休閒方式，但對後者來說，運動則是一項謀生手段。另外，運動種類也會造成社會區別，例如在英國社會中，勞工階級會去踢足球，但玩馬球就可能非其財力所能負擔（Corrigan, 1997: 22）。

　　休閒階級會避免從事任何與生產性勞動有關的事，反而只做一些無用的活動，例如一個人能夠花時間去學習古代語言或研究玄學，那麼這人就可以很清楚地證明自己並未從事生產性勞動。以社

會聲望的角度來看，學習古代語言比學習現代語言具有更高的價值，因為學習現代語言可能隱含與職業需要有關，所以是不具聲望的，因而休閒階級會覺得去學古希臘語才是一件更能確保聲望的活動（Corrigan, 1997: 22-23）。

休閒階級提高聲望的另一個法寶，是證明自己有能力養活一大群無所事事的人，例如，假使某人擁有許多不須從事生產性勞動的僕人，那麼這個人必然是一位非常尊貴的名流，那些能襯托主人尊貴身分的僕人們，會被安置在主人身邊，至於那些從事雜務勞役的僕人，則會被遠遠地派遣到主人的視線之外。因此休閒階級不只會豁免他們妻子的勞動，還可能將這種豁免依親疏之別向外推而廣之。在此，偉伯倫進一步區分出休閒與代理休閒，前者是指主人們從事的休閒活動，而後者則是指妻子與僕人們藉由非生產性活動以榮耀其主人，因為後者的休閒並不屬於他們自己，而是屬於主人（Corrigan, 1997: 23）。

上述的炫耀式休閒並非是展示花錢能力的唯一方式，炫耀式消費也可以達成上述目的，特別是在現代社會，因為現代人多數皆須工作，前述休閒階級只屬於少數超級首富才有資格入列，因此炫耀式消費是一種更適合當代社會的方法。誠如非生產性地使用時間是高尚的，非生產性的消費亦是高尚的，在偉伯倫的理論中，下層階級的消費只是為了再生產，而上層階級的消費則遠超出生存需要。炫耀式消費旨在顯現休閒階級的品質，因而會有某些活動、食物、衣服或飲料是專為炫耀式消費所準備。不過隨著社會愈來愈富裕，單憑消費已不足以標示一個人的財力，同時，當實際從事消費的人數愈來愈多時，則必然只有特定的消費方式才能彰顯一個人的花錢能力，因為這種人必須有能力花費相當長的時間去學習炫耀的消費形態，譬如品味與鑑賞力就需要不少的時間與努力，因此紳士名媛

們必須認眞學習如何過一種獨特的休閒生活，也就是必須能消費一些正確的商品。以這種觀點來看，所謂正確地消費就是指，展現一個人擁有時間去學習適當的消費方式。就如同炫耀式休閒可藉由擴展到其他人而獲得更高的社會聲望，炫耀式消費也有相同邏輯，例如讓僕人穿著昂貴的衣服，再讓妻女們穿戴更爲頂級華貴的服飾。另外，富翁們也可以透過舉辦豪華宴會來提供豐盛的食物、飲料或禮物，而讓賓客以代理方式來消費主人的財富，所以宴會便可成爲一種向敵手展示花錢能力的方式（Corrigan, 1997: 24）。

即使在偉伯倫的年代，勞工階級還認爲充任豪門的僕役是頗具吸引力的工作機會，至於中產階級由於無法擁有僕人，舉凡代理休閒與消費就只能提供給妻子，因此可能出現一種逆轉現象，即一些丈夫們必須努力賺錢，因而無法從事休閒，但他們的妻子仍可擁有代理休閒與消費，也就是由這些妻子來替她們的丈夫展示財富，爲丈夫博取面子與尊嚴，例如，當某些人驕傲地表示自己的妻子不必工作，其意味他們的妻子係藉由消費與休閒而代替丈夫來展示財富，這種情形也可應用到子女甚或寵物身上（Corrigan, 1997: 24-25）。

(三)消費形態的模仿

以消費來獲取聲望與地位是一種可以學習的手段，特別在社會的消費水準愈來愈高的環境中，中下階級漸漸跨出生活必需品的消費層次後，也開始有能力去從事炫耀性消費以追求某種社會地位。這時候這些新富人士會以上層階級爲模仿對象，舉凡食、衣、住、行、育、樂等方面都是模仿的範圍，試圖藉此而趕上更高層的消費水準，並追求提升名望的可能性。

但是偉伯倫認為上層社會的人會透過不斷改變消費習慣，凸顯其優越的消費形態，以便展現出領先新富階級的氣勢。所以消費的重要性，在於它具有一項賦予地位的功能。這種現象構成一種層級性的社會結構、一種關於精緻程度的等級系統，在此消費被用來標記與展現一個人在社會階層中的位置。偉伯倫還認為模仿的過程會日益影響社會生活的日常建構（Miles, 1998: 18-19）。

從階級分明的封建社會過渡到社會流動較明顯的布爾喬亞社會，上層階級成為其他階層嚮往與追求的標竿，因而消費形態愈來愈成為模仿上層階級的行為方式。由於下層階級的人較難以休閒來獲取聲望，因而消費便成為展示富裕與聲望的主要方法。易言之，在複雜的工業社會中，消費比休閒更能有效地展示財富，因為炫耀式休閒在人們彼此熟識的小型社會中才有效，至於炫耀式消費則適用於充斥陌生人的大型社會，都市人比鄉村居民更需要炫耀式消費，因為都市人較需要使自己在眾多陌生人中留下印象（Corrigan, 1997: 25-26）。

偉伯倫對炫耀性消費的觀察，是一項重要的概念發展，也是當代社會消費行為的一個相當明顯的面向，藉由炫耀性消費的概念，我們可以更清楚地從消費的物質面轉向象徵面，並進而注意到消費在社會關係中所具有的重要角色。

四、齊穆爾

猶太裔德籍社會學者齊穆爾（Georg Simmel, 1858-1918）在探討現代文化與社會問題時，說明了現代生活的特性，而消費在其中具有重要意義。

(一)個體文化與客觀文化

　　齊穆爾重視社會現象的二元性、衝突及矛盾，在探討文化時，特別說明個體與文化之間的矛盾關係，他區別出兩個層面：第一，客觀文化（objective culture），指人類創造的事物；第二，個體文化（individual culture），是指個體創造、吸收與控制客觀文化的能力。這兩者之間存在一種對立關係，也就是個體能夠創造客觀文化，但也會將之物化，因而反受客觀文化的控制（Ritzer, 1995: 287-291, 300-303）。個體雖然具有主動與創造的能力，但事實上，爲了使人類創造的事物具有影響力，人們往往會強化與凸顯自己製造的事物，乃至使它們具有自己的生命與邏輯，因而超出原來創造者的控制範圍之外，至此人類轉而淪爲客觀文化的支配對象。齊穆爾善於觀察這種辯證關係，而其中最具代表性的，應是他對貨幣都市生活與時尚流行的分析。

(二)貨幣交易

　　齊穆爾認爲貨幣具有重要的文化意義，它影響現代人的心理、社會關係與文化特質（Simmel, 1990/1907），透過貨幣經濟，金錢交易展現一種現代社會特有的關係形式，其強制塑造了現代性，並經由貨幣及貨幣交易本身的特性，轉化現代生活的多種層面，成爲現代生活的重要構成因素。

　　由於貨幣交易與消費的關係密切，齊穆爾指出消費對現代社會生活的重要性與日俱增，並認爲貨幣交易是現代經驗的核心，因此消費具有一種工具性角色，也就是它組織了現代性的整體經驗

（Miles, 1998: 19）。

　　齊穆爾分析貨幣時，將它視爲一種價值形式。他首先認爲價值的產生與多寡是經由人對自己與事物之間所設定的距離，以及人類獲得這些事物的能力而定，如果距離很近，極易取得，則人們通常不會重視，並認爲沒有價值，反之，如果距離愈大，獲得難度愈高，便愈有價值，但是這種距離與難度也不能大到人們費盡心力也無法獲得，因爲非常遙遠的事物反而會失去價值。在這樣的價值觀念下，齊穆爾認爲當貨幣價值被附加在物體之後，則物體與人類之間的距離便開始拉大，因爲如果沒有錢就無法獲得物體，但另一方面，貨幣也可作爲克服這種距離的手段，也就是只要有錢，就能獲得這些東西。由於貨幣具有這種功能，並被人類高度重視，因而貨幣開始出現自己的生命與邏輯，並反過來操縱人類。貨幣對人類造成的矛盾影響還包括，貨幣一方面讓人類以量化與理性化的態度來面對世界，但另一方面也造成物化；它一方面成爲實現目的的手段，但也在許多人的心中成爲絕對價值，變成終極目的；它使人們擺脫以物易物時期受團體的限制，因而賦予人類自由，但也使得人類益形單子化，並進而被客觀文化所奴役。貨幣還會造成社會關係的非人格化，也就是人們不再依據人格來對待他人，而是以他人的社會位置來應對，因此人們愈來愈依賴彼此的位置而生存，但對這些位置中的具體個人反而認識愈來愈少。另外，由於貨幣使人們將無數不同的事物化約爲金錢，因而助長了相對化的現象，不同事物因而得以相互比較，但也使人們不再相信客觀眞理（Ritzer, 1995: 303-311）。

　　總之，貨幣成爲現代生活的一項重要因素，並不只是影響物質生活，還影響到心理與文化方面的變化。

(三)都市生活

齊穆爾認為現代生活最深刻的問題就是，個體面對巨大的社會力量、歷史遺產、外在文化與生活技術時，如何還能宣稱保有自主性與個體性。現代的都市生活正好高度彰顯出這個問題（Simmel, 1997/1903）。

齊穆爾認為現代都市是客觀文化與貨幣經濟最強而有力的地方，都市中的匿名關係主要受到人們需要匿名性市場關係的影響，城市的興起對社會生活具有重要意義，例如：由於貨幣的普遍使用，貨幣經濟伴隨的計算性格與理性遂大量滲入一般的人際關係中，進而影響都市生活的性質，同時由於都市也是專業分工的中心，因此專業在客觀文化中扮演日益重要的角色，使得個體文化迅速沒落。而消費在此過程中亦具有愈來愈重要的地位，因為隨著都會發展，都市必須藉由消費來滿足居民們的社會與心理需求（Ritzer, 1995: 302; Miles, 1998: 19-20）。

(四)時尚

齊穆爾認為時尚明顯呈現一種矛盾的二元性，它一方面讓人們得以順從團體的要求，另一方面又讓有些人能夠偏離團體的規範，但是這些採取偏差取向的人，卻可能創造出另一種時尚，反而被視為時髦而造成競相模仿，進而使原本的偏差性質消失（Ritzer, 1995: 285-286）。換言之，一些事物之所以會變成時尚與流行，乃因為這些事物原本被認為具有某些獨特性，然而當多數人因為其獨特性而一窩蜂地仿效後，獨特性也就隨之消失，因而一些特立獨行

的人又會試圖偏離這種多數行為，另行創造新奇的事物，但最終又可能被許多人模仿。

所以時尚流行（fashion）可作為一種階級區隔的社會形式，它同時包含人們追求個體性的獨特感覺，以及尋求與他人相同而獲得的安全感。在一個日益商業化的社會中，人們面對愈來愈緊湊的生活步調，流行可用來恢復與穩定對現代生活的感受。它呈現出兩種趨勢之間的妥協過程，即一方面人們尋求歸屬與依附於社會團體，但另一方面人們又想要追求個體性與獨特性。因此消費提供消費者一種介於自己及現代性特有的緊張狀態之間的緩衝區。在許多方面，齊穆爾預見了消費主義在二十世紀日常生活中扮演重要角色（Miles, 1998: 19-20）。

簡單地說，藉由說明貨幣的文化意義、都市生活的心理特質，以及時尚興替的動態發展，齊穆爾預示了現代社會與消費文化的主要特質，並描繪出個體消費者在消費社會中可能面臨的遭遇。

✦ 現代與後現代的消費理論

一、道格拉斯與艾秀伍德

道格拉斯（Mary Douglas）與艾秀伍德（Baron Isherwood）以人類學的研究取徑來探討消費，說明消費不只是一種經濟行為，還是一種文化現象，並將消費聯繫到社會關係，凸顯消費的象徵意義

在社會世界中具有重要影響（Douglas & Isherwood, 1979）。

(一)消費的文化功能

　　道格拉斯與艾秀伍德認為消費品的使用具有兩種主要功能：其一，消費品可用來彰顯與穩定文化範疇；其二，消費品可用來建立與維持社會關係。就第一種功能而言，它對立於經濟學常採用的消費者模式，因為經濟學多認為消費者是一獨立個體，消費者可藉由自主的選擇來滿足自己的需求，這種經濟學模式通常鎖定在個體身上，但道格拉斯與艾秀伍德則試圖超越個體層次，轉而涵蓋較大的文化層面，他們認為財貨不只展現出特定文化中的特定社會範疇，同時還會以相當具體的方式來穩定這些範疇。至於使用財貨的第二種功能也同樣超越消費者的個體層次，並指向包含親屬與朋友（亦包括敵人）的整體網絡。對道格拉斯與艾秀伍德而言，消費的基本功能並非以平常的效用方式來滿足需求，而在於消費具有表達意義的能力，以吃東西為例，食物的重點並不在於它們能被吃，而在於它們能被思考。一般人往往認為任何食物皆能夠滿足身體需求，但事實上，大家也知道我們並不全然以此種方式來思考食物，例如我們之所以不吃人肉，並非因為這種食物缺乏營養價值，而是這種食物對我們而言具有某種意義（Corrigan, 1997: 18-19）。換言之，消費品的具體實用層面並非其唯一的價值，消費品本身會蘊涵或被賦予文化及社會意義，所以消費是以使用財貨作為一種手段來達成社會與文化的目的。

（二）消費即溝通

由於消費品的使用總是受到文化因素的框架，所以道格拉斯與艾秀伍德認為消費應被視為一種溝通模式，消費品如同一個資訊體系，消費則有如人類創造的一種非語文的媒介，同時消費必然處於某些社會脈絡中，因此使用消費品會成為某些社會角色的標記，易言之，消費品包含一組象徵意義，消費會表達出某個社會世界的成員身分（Miles, 1998: 29）。

因為他們強調物品會被用來勾勒社會關係，所以必須從社會區別的角度來觀察消費，例如高級文化產品的消費（藝術、小說、歌劇、哲學）必須對比於其他較平凡的文化產品（衣飾、食物、飲料、休閒活動）如何被處理與消費，同時和日常的文化消費一樣，高級文化也必然被刻畫於相同的社會空間。道格拉斯與艾秀伍德還依據三類消費品而區分出消費的階級：第一，產品組：主要生產部門的相關產品，例如食物。第二，技術組：與第二生產部門有關的技術產品，例如旅遊與消費者的資金工具。第三，資訊組：與第三生產部門有關的資訊種類，例如資訊產品、教育、藝術、文化與休閒活動。較低層的窮人通常侷限於消費第一類的主要產品，並在時間方面較為寬鬆；而消費階級的頂端則不只要求較高的所得，並要求具備特殊能力，以便能夠判斷資訊產品與服務。這種消費階級還必須伴隨著對文化資本與象徵資本進行終生投資，並隨時挹注於一些維持消費的活動（Featherstone, 1991: 17-18）。

值得注意的是，雖然道格拉斯及艾秀伍德強調消費受到文化及社會架構的影響，但由於他們重視消費者在消費使用中的角色，因而消費者並非只是一些結構力量（例如廣告與媒介）的產物，固然

消費者總是從屬於某些既存的消費形態與社會習慣，但消費者是在自己設定的文化規則與文化符碼中，以一種有目的的方式去操作象徵的消費品（Miles, 1998: 29）。因而此種觀點下的消費者較不會完全成為被動的或無力的消費者。

二、布迪厄

　　法國社會學家布迪厄（Pierre Bourdieu）與偉伯倫一樣，也認為消費與社會區別有關，布迪厄透過觀察法國人民在一九六○與一九七○年代的消費形態，而以實徵方式探討社會階級與消費實踐之間的關係。一般而言，布迪厄認為消費是個體與社會之間的互動結果，同時消費也成為消費者維持其日常生活的一種文化資源。

（一）習癖

　　人們的行動總會呈現出一種氣質、傾向與習性，布迪厄（Bourdieu, 1984, 1994; Bourdieu & Wacquant, 1992）認為人們的多數行動是習癖（habitus）與特定領域的接觸結果，人們在社會生活中的種種行為表現，是他們和所屬社會空間交互影響的產物，個體行動之所以有軌跡可尋，便是因習癖之故，它成為律則性行為模式的客觀基礎，也就是實踐模式的客觀基礎，讓行為者在特定環境中展現特定的行為方式。然而習癖雖可能預測行為，卻並未使行為產生高度規律性，習癖依然存在模糊與不確定性，因為它必須隨時接觸不斷出現的新情境，這使之不得不服膺於一種實際邏輯（practical logic），進而形成一種大概與約略的性質，以便界定個體及其世

界的日常關係。由此觀之，社會世界是由許多習癖運作之社會空間組合而成，人們對這個社會世界的認識，事實上是雙重結構作用的結果，在客觀面上，它是社會結構的產物；在主觀面上，它的結構性源自個體知覺與判斷內的基本架構，這兩種機制共同作用而產生一個共同世界及常識世界，也就是對社會世界的起碼共識（Bourdieu, 1994: 76-93, 131-133）。習癖如同實踐的啟動器，當它進入一個具備客觀條件與機會的空間，便可即時適應於當時與未來，因為它已藉由被吸納於相似的世界結構，進而構成了自己，這是由於人們的多數行動是習癖與特定領域的互動結果，只要與某些領域具有一致性，習癖就會在適當的時刻出現（Bourdieu, 1994: 87-93）。

綜合言之，習癖既是實踐活動的基本架構所形成的系統，也是知覺與判斷的系統，習癖在這兩種向度中運作進而表達出社會地位，也就是具有地位意識，這種地位意識兼具意識到自己的地位，亦同時意識到其他人的地位（Bourdieu, 1994: 131-133）。從以上的敘述來看，習癖是構成社會差異的一個重要因素，人們分別在經驗過程中發現自己的社會空間，不過這個空間並非個別行為者的產物，它還涉及一些歷史與社會的過程，因而個體的行為不能只代表其自身，它必然同時是一種集體歷史在個體身上的化現。

(二)文化資本

習癖至少必須與兩個概念共同運作：資本與場域（field）。現代社會分化成一些彼此扣連的場域，有些場域對應於制度，有些具有次制度或跨制度的形式，這些場域經由各種資源或財物之競爭性交換而構成。任何能在特定場域中提供交換價值的東西皆可視為資

本，因而資本同時是行動的資源，又是人們追求與累積的對象，此意味資本的形式具有多樣性，每個場域會定義自己的資本種類，同時資本形式也可以在不同場域之間進行轉換。

　　布迪厄探討資本時，最著名的便是他提出文化資本（cultural capital）的概念，文化資本類似於偉伯倫提到的情形，即單只消費是不夠的，還必須以適當合宜的方式去消費，而這種消費方式必須經由投入時間與花費金錢於一些非生產性的事物上才能獲得。布迪厄認為文化資本包含時間與金錢，此處的重點是指花費於教育上的時間與金錢。如果一個人投注於教育的時間愈長，且參與的教育機構愈具菁英性，則此人貯存的文化資本就愈雄厚。文化資本與經濟資本的排列組合可形成四種不同的社會團體：其一，擁有高經濟資本與高文化資本的團體；其二，擁有高經濟資本與低文化資本的團體；其三，擁有低經濟資本與高文化資本的團體；其四，擁有低經濟資本與低文化資本的團體。當然還會有一些屬於中間程度的社會團體，所以能夠依據社會團體結合這兩種資本的情形而將它們置於社會空間的地圖上（Corrigan, 1997: 27）。除了經濟資本與文化資本之外，布迪厄還提出社會資本，這是指社會聲望與人脈關係等。這些資本形式提供一個觀察基礎，可據以了解不同社會團體的行動模式。

　　資本與習癖的關係包括：資本是一種塑造可能行為的促進因素，其次資本界定個體的社會位置，以及資本形式有賴於個體承認其所具有的價值與權力。雖然布迪厄認為場域與習癖彼此處於一種循環關係中，但多數時候，他認為習癖優先於能動（agency），有時又以習癖代替能動，因此常被認為忽略行動者具有的創生性角色，也因此對社會世界的主觀面向仍未能提供有力的分析（Crossley, 2001）。儘管如此，布迪厄確實已強調日常生活中行動傾

向與結構之間的關係，並經由對習癖的探討而凸顯消費與品味並非僅是個人的選擇，它還代表個體所處的社會位置，以及相關之場域與資本的互動結果。

(三)建立社會差別

布迪厄的研究便是找出法國社會中這些由習癖與資本所構成的不同社會團體，他藉由發現社會位置的空間以及生活形態的空間，並將兩者交疊以呈現不同社會團體所具有的生活形態。顯然，不同的社會團體各自生活在不同的世界中，這些世界係由一些文化實踐所組成，它們亦是一種自足的世界，經由結合消費特定物品與特定的消費方式，創造一種特殊的現實觀。布迪厄認為這些組合可表達出最基本的社會差別，即透過這些組合形式，展現不同團體之間的差異，因而消費某些物品可被視為社會區隔的一種記號。例如藝術作品被區隔為「精緻」、低俗」或「中等」，而這是一些受過長期與豐富教育的人才有正當性提出這種判斷，因為他們花費許多時間來獲得這方面的知識，也就是教育使人們具有美學能力，人們在教育中學到對事物抱持審視與評價的觀察距離。簡言之，人們會觀察到不同社會團體分別與某些物品之間出現選擇性的親近性，而其實正是習癖與資本形式的影響，使得社會差別之內隱含著階級差異。原本某個團體所獨有的東西、資格與文化實踐，若變成其他團體也能取得時，則這些東西就會被認為必須改變以維持獨特性與距離，另外人們也會爭執究竟社會區別的適當基礎應為經濟資本或文化資本，這種情形在支配階級內的鬥爭尤為明顯，它和正當性宣稱的鬥爭有關。事實上，各種社會團體皆會試圖運用許多方式來證明自己生活模式的正當性，舉凡新舊對立、老少對立、昂貴與廉價的對

立、古典與實用的對立等，皆涉及這種權力關係。易言之，一般人所謂的「品味」，若以社會學的角度來看，就是「事物與人的組合」，過去品味被認為是屬於某種個人的、無法形容的，與無傷大雅的事，但其實它正是社會生活的基礎，它組織了社會生活以進而穩定社會秩序，並同時反映社會衝突（Corrigan, 1997: 26-32）。

　　整體而言，布迪厄旨在探討文化資本與經濟資本之間的雙向交互作用，有助於了解消費的結構面向，然而他的理論有三項缺失（Savage et al., 2001: 526-527）：其一，布迪厄描述的文化區隔形態不能無限概推。因為他的研究較適於說明炫耀性消費活動，但忽略了，現在社會中還存在許多「非炫耀性消費」，特別是一些如懷特（W. S. Whyte）所稱的「組織人」，他們是一些組織中的資深管理人員與專業人員，生活在大型公司的嚴密保護之下，並奉行一種高度規律的生活，他們並不想打破所屬地區的團體規範與文化實踐，反而在家居生活上採取高度標準化的方式，他們的消費形態主要依據「預算」而來。布迪厄的研究較少觸及這種人，因此他的研究較適於解釋一些揮霍的、炫耀的、與文化鮮明的中產階級，而無法說明這種一成不變的、有點無聊的、半超然的人，這些人傾向沉浸於被雇用的組織，似乎並不在意任何其他的消費種類。其二，布迪厄的「經濟資本」概念相當鬆散，有時候沿用馬克思主義式的觀點，認為經濟資本就是生產工具擁有者的財產，但有時候又僅是模糊地指「財富」或高所得。這種情形造成的結果是，當他探討文化資本轉變成經濟資本時，無法區別出一個人只是運用他的文化資本去獲得一個待遇更好的工作，或是實際利用自己的文化資本去取得一些類似財產的資本。其三，布迪厄忽略了家庭與性別關係，事實上它們可能成為中產階級的重要影響因素，特別是隨著小資產的重要性日益增加之後。不過布迪厄很少明顯地討論性別，並搖擺於文化實踐

與習癖之個人分析與家庭分析之間。

　　儘管如此，但布迪厄提出文化資本、習癖及場域等概念，都具有不可忽視的重要性，他的貢獻主要在於他讓我們在思考消費問題時，能夠將個體消費聯繫到結構層面，進一步注意各種資本對消費習慣與品味的影響[2]，特別是文化資本的分布與近用（access）條件，如何形塑不同社會團體的消費形態。

三、埃利亞斯

　　德國社會學者埃利亞斯（Nobert Elias, 1897-1990）對消費研究的重要性在於他對情緒、認同、身體、暴力的歷史性探討，讓我們能對日常消費行為獲得特殊的認識。埃利亞斯是一位頗為特殊的社會學者，他雖然孜孜矻矻地研究，但一直到一九八○年代後才被公認為重要的社會學家，在此之前，只有一些零星學者注意到他的學術價值。他的理論特性在於展現巨大的綜合能力，涵蓋了諸如結構主義、象徵互動論、衝突理論、歷史社會學與國家形成理論等領域的重要觀念，並提出獨特的觀察角度與研究取向。

(一)過程社會學

　　埃利亞斯的研究觀點非常強調「過程」的概念，因此他的理論也被稱之為過程社會學（process sociology）。一般而言，他的主要立場可歸納成五項重點（van Krieken, 1998）：

　　第一，雖然社會是由具有意向性行動的人類所構成，但這種人類行動組合的後果卻常是始料未及與出乎意料的。所以社會學者的

工作便是分析與說明這種意向性人類行動轉變成非意向之社會生活形態的機制，而這種情形必然發生於較長的一段時間過程中。

第二，人類個體只能從他們彼此互賴的角度來了解，個體是社會關係網絡中的一部分。我們不應視個體具有一種「自主的」身分，相反的，個體基本上就是社會的，個體只存在於個體與其他人的關係中，並由此發展出一種社會建構的「習性」（habitus）或「第二天性」。因此埃利亞斯認為研究社會發展與轉變的過程〔他稱之為社會起源學（sociogenesis）〕，必然聯繫於心理發展與轉型的過程〔心理起源學（psychogenesis）〕，即人格結構或習性的變化伴隨及支撐了社會變遷。

第三，人類社會應從關係的角度來了解，而非視為靜態結果。例如權力並非個人、團體或機構擁有的一個「東西」，埃利亞斯認為應視之為權力關係，它在個體與社會單位之間出現持續變化的權力平衡或某種比例。

第四，人類社會是由長期的發展與變遷過程所構成，而非永恆的狀態或條件。他認為就邏輯而言，社會學者為了了解當前的社會關係與結構，必然無法避免思考長期與歷時性的社會過程。

第五，社會學思考會不斷在兩個位置之間移動：一方面，研究者涉入於所研究的主題，另一方面又超然於這些主題之外。因為社會科學不同於自然科學，社會學者研究互賴的人類，此意味著研究者自己也是研究對象的一部分，所以在他們的研究分析中，不可避免地出現某種程度的涉入。易言之，社會科學知識是在它所屬的社會中發展，而非獨立於這個社會。然而，這種涉入對想要適切了解社會生活而言，卻也是一種障礙，會影響學者解決或超越人類社會關係特有的問題（Elias, 1987/1983）。埃利亞斯認為社會學者應試圖超越充滿情緒與常識的人類世界概念，並發展一種凌駕當前意識

形態與迷思的「觀看方式」，因而他常認爲社會學者的工作是在解構迷思。

埃利亞斯這些觀念與立場具體地表現於其對日常生活各種活動的分析內，在他的思想中，最重要的概念可能就是「形態」（figuration）一詞。所謂「形態」是指一種相互取向與彼此依賴之人們所形成的結構，「互賴」就是其中的核心概念，它同時對個體行動產生限制與促成的影響。互賴概念接近於結構概念，強調個體之間的社會連帶會一些非計畫與非預期的方式形塑社會發展。但它與結構概念不同，因爲埃利亞斯反對化約主義。簡單來說，形態概念的內容有四項重點（Rojek, 1985: 160-161）：第一，它是多重的互賴網絡，能限制與促成個體的行動。第二，它是不可化約的社會單元，這些單元是由個體生產與再製，但無法進一步拆解，因爲它們具有整合性與動態性。第三，形態的發展是一種相對開放的過程。個體可能進行計畫性的社會干預，但整個互賴網絡並非出自個體的計畫與預期。第四，形態概念旨在主張以過程的方式來研究社會關係。更重要的是，形態是一種雙向過程，以社會化爲例，過程社會學強調社會化是持續將角色形態銘刻於個體身上，但也因此賦予個體經由社會互動而獲得有意義的社會能力，來詮釋角色與轉化條件。

以這種過程社會學來觀察休閒消費時，也同樣注重互賴性的發展過程，以電視爲例，電視成爲一種大衆休閒形式，它的興起和休閒行爲形態中某種基本變化有關，也就是家庭成爲一個主要的家人休閒場所，伴隨而來的是，原有的休閒場所如電影及劇院的觀衆逐漸減少，造成休閒產業相關經濟單位之間的權力平衡發生變化。同時，電視觀衆愈來愈喜愛某些節目，他們開始規劃自己的寶貴時間來觀賞所喜歡的節目，家庭生活的組織也出現變化。同樣地，某些

電視影集在收視率上的優異表現，也限制了節目製作人的自主性，他們開始依據成功的節目來組織他們的時間計畫表，以便更能掌握閱聽人。廣告商也彼此競求最受歡迎節目的廣告黃金時段，熱門節目的主要演員開始變成全國乃至國際知名人物，他們的經紀公司要求更高的費用、更顯眼的角色，以及試圖控制劇本等。簡言之，一種形態慢慢發展出來，它是由多種與多樣複雜的權力依賴所構成。這種團體與個體之間的新互賴性，並非只是一種「功能的」結構，也不僅止於創造和諧與整合，相反的，這些互賴性產生了結構張力、衝突與抗爭。形態的發展不從屬於任何特定個體或團體的意志或權力，任何控制或擁有傳播機構的人並無法控制形態中整體連帶的發展，相反的，他們被束縛於相競性互賴的社會單元，例如技術人員、製作人、演員、廣告商、觀眾與閱聽人權益團體等，這種過程的發展是相對開放的，絕不是一種封閉系統，也不能以任何個別的行動與組織來說明形態過程的互賴與發展（Rojek, 1985: 163）。

　　這種觀察方式以同時兼及個體與結構的分析，強調多元互賴的發展過程，使得探討消費休閒活動時能夠獲得一個更完整的脈絡。

(二)文明化過程

　　埃利亞斯擅長從歷史的長期觀點來探討權力、行為、情緒、知識之間的關係，他的著名研究成果便是提出「文明化過程」（the civilizing process）的觀念（Elias, 1994/1939）。簡單來說，文明化過程是指從中世紀以來，人類的人格結構出現一些特殊與複雜的變化形態，這些變化的主要方向為：自我控制的程度提高、人際關係中羞恥與難堪的標準提高（Rojek, 1985: 168）。這些過程並非只是發生於個體心理的變化，它們其實對應於社會結構的變遷，特別是

專業分工與都市化所導致社會地位分化與人際關係的演變。例如埃利亞斯舉例說明餐桌禮儀的演變過程，指出中世紀的人公然以餐刀剔牙，或用桌巾擤鼻涕，一點也不覺得難堪，以後這些行為之所以成為禁忌，並非人們意識到其中的危險或不衛生，而主要是情感上的羞恥難堪使然。他認為所謂文明或不文明的行為，其中關鍵在於人們的難堪尺度，舉凡不快、難堪、噁心、恐懼與羞恥等感覺，都會被一步步地制度化與禮儀化。在長期的演變過程中，一些行為的新標準通常是世俗的上層階級所設定，之後才逐漸被社會的下層階級接受與吸收。同時人們對情緒的控制也逐漸加大，出現愈來愈嚴格與細膩的趨勢，以對應於社會結構的發展方向。

以歷史的角度來看，形態發展的長期趨勢有幾個方向（Rojek, 1985: 168）：首先，國家機器的權力集中化，特別是出現雙重的國家壟斷，包括使用武力與徵收賦稅的權力。其次，人們之間的互賴鎖鍊愈來愈長且日益複雜多樣化，造成人們愈來愈緊密地連結在一起。同時不斷加速的專門化與分工分化，一方面提高人們的生活水準，但另一方面也限制個體的自由活動。再者，民主化的成長，就長期發展而言，歷史逐步朝向階級平等與性別平等。以上這些趨勢皆對應於人們情感與認知形式的變遷與發展。

以文明化過程來看休閒活動，則應有三項觀察結果（Rojek, 1985: 164-165）：第一，現代的休閒活動並不等同於自由，相反的，它服膺於一種歷史獨特的制衡式情感控制。第二，現代社會中人們興奮的、暴力的與強烈情緒的釋放或爆發，比起中世紀的人具有較高的「文明化」控制程度。第三，現代休閒活動愈來愈對應於一種「擬仿的」（mimeti）行為形式。所謂「擬仿的」行為是指社會中的遊戲活動，在此強烈的情緒能以一種控制形式而被釋放，例如運動、電影、音樂活動、打牌與下棋等。在這些休閒活動中，深

層的情緒以一種相對愉悅的方式而被釋放及累積。當然，深層情緒隱含著危險與興奮，因而擬仿的休閒活動也可能失去控制，例如足球暴動或熱門音樂會的群眾失控。

換言之，人類的情感控制不斷被強化與規律化，以防止高漲的情緒未經調節就任意宣洩出來，此由於社會分工愈發精細，人們的互賴關係變得更爲多樣與複雜，因而自我控制的必要性也隨之提高。不只工作領域受到這種情形的影響，休閒及消費亦皆處於此種形態過程中，它們並非工作以外的純粹自由時間，也不只是對工作的一種彌補，而是涉及長期歷史發展下的人類情緒管理水準，埃利亞斯認爲現代人比中世紀的人呈現更大幅度的自我控制。

四、蓋布瑞和藍

蓋布瑞（Yiannis Gabriel）和藍（Tim Lang）認爲，雖然過去已有許多理論及觀點在探討消費、消費者及消費主義，但其實它們皆未能充分處理當代西方消費特有的片斷性、變化性，以及歧異混雜的情形，因此他們試圖指出消費者的多種面貌、消費經驗的弔詭，以及消費主義的矛盾現象。

（一）消費者的多樣性

蓋布瑞及藍認爲從過去的相關論述來看，消費者具有多種面貌：包括選擇者、溝通者、探險者、尋求認同者、享樂主義者或藝術家、受害者、反叛者、行動主義者、公民。這些觀察各有其優缺點，不過這些形象都不能算是完整的，因爲它們未能掌握當前消費

現象的特性（Gabriel & Lang, 1995）。蓋布瑞及藍針對每一種消費者形象進行剖析，以下簡要說明。

第一，選擇者：視消費者為選擇者的特性在於，「選擇」具有正反面的隱含意義，正面包括認為：(1)所有選擇都是好的：消費者的選擇愈多，對消費者愈有利。(2)選擇對經濟有好處：選擇代表著效率、成長與多樣性。(3)以選擇作為驅動力的社會體系，勝於無選擇的社會體系，選擇成為最高價值。(4)消費資本主義就是意味每人擁有更多的選擇。反面意涵則包括：(1)選擇必須以資訊為基礎，缺乏資訊的選擇不能算是真的選擇。(2)相似選項之間的選擇只是一種意義不大的選擇。(3)若選擇只提供給擁有資源的人，則將會傷害所有人的利益。(4)過多的選擇會降低效益，因為它會導致害怕失敗，擔心無法選出正確選項。(5)選擇也可能成為一種煙幕，被用來推卸責任或進行欺騙。整體來看，這種消費者被看成是在估計或然率，必須承擔風險與降低不確定性。此外，另一種消費者模式則成為問題解決者，他們如何選擇端賴自己如何框架問題及後果。總之，選擇是被想像的，但也是真實的，選擇可能解放了某些人，但也可能加速壓迫其他人。

第二，溝通者：包括偉伯倫、齊穆爾、道格拉斯與艾秀伍德等人都持這樣的觀點，不過偉伯倫並未觸及深入的溝通理論，也沒有對象徵進行有深度的討論。對偉伯倫而言，財物就是收入的證據而非象徵，所以根本不需要精緻的解讀。事實上，炫耀性消費可能受資本主義的影響而被強化，但也可視為所有文化的一種特性，也就是社會中各團體由於地位競爭而引發模仿。據偉伯倫和齊穆爾的看法，展示（display）並非消費的副作用，而是消費的本質。道格拉斯與艾秀伍德則比早期學者更關切經由物質客體而溝通的精緻意義，以及此種消費所需要的創造性選擇。相較於被動的模仿或強迫

性分化，他們強調消費者的一般目標，是利用對消費品的選擇而建構一個可以理解的世界。消費品不只表達出社會範疇與社會階層，它們還是高度變異的、獨特的與充滿象徵的意義領域。與偉伯倫不同的是，對道格拉斯而言，誇示不必然隱含社會競爭，而是在固定意義，也就是在從事社會與道德的判斷。道格拉斯與艾秀伍德超越偉伯倫和齊穆爾之處在於，前兩人視物品之間的相互聯繫如同物品本身具有的一種溝通潛能，而非將每個物品視爲各自獨立，因爲物品並非只是產生獨白式的個別陳述，而會與其他物品一起進行溝通3。

　　第三，探險者：認爲消費者如同財貨、市場與符號的探險者。齊穆爾的觀點也應屬於這種，齊穆爾在探討追求差異時強調兩點：其一，消費者爲彼此設下了詮釋之謎（如流行），所以製造商與廣告商只不過是追隨此一趨勢，而非創造趨勢。其二，差異並非一種事實，而是一種觀看的方式。當消費者尋求差異時，事實上是在尋求不同的觀看方式。將消費者看成探險者的問題在於，此觀點未能說明哪些因素造成特定事物或空間值得消費者去探險，以及哪些因素造成它們後來失去魅力並被拋棄。另外，這種觀點還忽略了一項事實，亦即許多消費者也在追求熟悉感與安全感。一般而言，探險者的比喻呈現出一種個人主義的消費概念，它可能低估了社會的影響。

　　第四，追求認同的人：如果視消費者爲尋求認同者，則會走到一個交叉口，一方面人們能追求消費者的自由、進行選擇、得到滿足或挫折、達成協議，並在某程度上建構一種理想的自我（ego-ideal）、企求他人的尊敬與激發自愛；但另一方面，消費者如同一個成癮的人，迷惑於一種由消費品中介，並最終將惡化其生活條件的環境。這種觀點促使人們思考究竟認同是一種投射或是一種安

慰，消費品把人們導向一種理想或帶入虛無，以及人們是否都同樣以消費來處理認同問題。

第五，享樂主義者或藝術家：坎培爾（Colin Campbell）認為消費旨在追求愉悅，現代享樂主義呈現出所有個體皆具有自主性，能自我控制所經歷的刺激與歡愉經驗。在他的觀點中，快樂原則就是最高原則，可跨越階級、種族、性別、年齡及其他社會文化區隔。不過他並未說明當一個人的快樂排除或抑制了其他人的快樂時會發生什麼事，或當個人的快樂對立於社會的道德、宗教及法律時又會發生什麼事，最後，坎培爾筆下的消費者似乎無視於世俗需求與生活艱難，而只一味追求享樂與冒險，呈現出高度的個人主義，人人各自追求愉悅，沉浸於自己的幻想中。另外，布迪厄重新整合美學消費與日常生活消費，而揭穿品味（特別是高雅品味）的概念，他結合了享樂主義與視消費是一組建立社會差異的實踐，認為消費既是追求愉悅也是尋求區別。他以為品味是一條通往愉悅的道路，也是一種階級現象，它有如一種文化資本的形式，亦是一種壓迫的工具。在布迪厄的說明中，日常生活的美學化是一種中產階級的困擾，而非如一些後現代主義者所認為是晚期資本主義的普遍原則，他以為消費者的品味具有頗為黑暗的面向與性質，美學判斷如同一種思想恐怖主義。對坎培爾而言，享樂主義的消費者會被導向探險者的形象，但布迪厄的消費者則由審美的唯美主義者變成勢利鬼、虐待狂與反叛者，也就是愉悅被聯繫到階級暴力與攻擊。

第六，受害者：此種觀點下的消費者不只是受到明顯剝削與詐欺的受害者，甚至消費者也是使自身成為受害者或使他人受害的共犯。目前消費環境中常出現的是消費者的單子化，低教育的個體消費者面對著資源豐厚且強而有力的公司廠商，因而消費者的受害與不滿足被訴求於消費者保護運動，但當代消費者運動的弔詭之一便

是常訴求於個別的中產階級，較未強調大規模結盟的集體實踐。此外法律與市場在防止受害者出現中扮演的角色也是討論重點之一，跨國的消費者、受害者與全球化的面向等都是注意的範圍。值得注意的是，消費領域中一些標榜賦權（empowerment）的觀念，有可能成爲忽視不平等的藉口。

第七，反叛者：消費者的反叛計策不一而足，例如：破壞消費品、重新定義消費品與消費行爲、挪用消費品、進行杯葛、另類消費、拒斥西方形態的消費，並代之以不同種類的消費，包括：減少消費、消費本土產品、抵制大公司產製與推銷的產品、拒絕現金與使用其他的經濟交換方式。

第八，行動者與運動人士：消費者的反叛是以個體的身分而行動，但消費運動人士總是強調必須透過集體組織以改善消費者的福祉。西方社會歷經四波的消費者運動，它們各自代表不同的組織形式，與不同的觀照消費方式。第一波：合作消費，主要出現於一八四四年英國西北部的羅區戴爾（Rochdale），這是首次廣泛且有組織的消費者運動，主要原因是勞工階級不滿一些價格高昂卻品質不良的產品（特別是食物）。第二波：品質與價格合理（value-for-money）運動。十九世紀末與二十世紀初的美國消費者關心資本的集中與壟斷會對消費者造成威脅，第二波的支持者自視爲改良者，希望透過使市場更爲有效的方式來保護消費者的利益，他們旨在教育民眾，使之成爲更有能力的消費者。第二波強調廠商應提供產品資訊與標示，以及建立補償的權利與機制。不過第二波消費運動存在一些問題：其一，後福特主義與利基市場的成長破壞了在衆多相似產品中進行比較的實質意義。其二，一九九〇年代的經濟不景氣造成這些消費團體的成員減少。其三，第二波消費主義強調消費者如同個體，因而使消費者之間並無強大的共同利益。其四，第二波

消費主義未能強調長期的環境與社會議題。其五，它具有強烈的中產階級取向，追求生活水準的不斷提升，卻忽略了貧窮消費者的困境。其六，具保守傾向，多只重視消費資訊的安全性與適當性。其七，他們堅持獨立而拒絕廣告，有時近乎宗教性地執著於正確原則，儼然一種權威，而全然不顧公司與政府的立場。第三波：奈德主義（Naderism）。第三波崛起於美國，領導人為出身哈佛的律師奈德（Ralph Nader），他成立一系列組織，由一些年輕專業人員組成，這些組織的共同精神是不信任企業公司，主張保護個體來對抗商業巨人，並要求政府必須保護公民，另外還主張所有的美國人都是公民，而不只是消費者。奈德主義一方面強調消費團體提供的資訊，旨在破解公司財團散布的錯誤資訊，所以資訊自由（而非只是產品資訊或產品包裝標示）一直是奈德強調的主題，他認為秘密易導致政府與商業利益之間的合謀，消費組織即旨在打破這些關係。奈德主義相信唯有當地公民的積極參與才能對抗這些勢力，所以他們也主張進行遊說、示威與從事草根公民行動。第四波：另類消費。這個運動出現於一九七〇年代，並於一九八〇年代達到高峰。第四波運動包含許多要素：綠色、倫理、團結第三世界、公平交易組織。其中最具影響力的是綠色消費團體，主張消費者應扮演保護環境的領導角色，並採取多種因應方式，包括購買環保產品與抗拒消費。

第九，公民：公民與消費者原是兩個不同的概念。公民的概念隱含有相互性與控制，以及權利與義務的平衡。公民是主動的社區成員，能夠傾聽與服從多數。公民必須主張自己的觀點，也參與他人的觀點，雖然他們可以選擇，但公民必須具有高度的責任感。另一方面，消費者不必是社區的成員，也不須以社區之名而行為，他們可在市場中活動，可做選擇而無須受制於罪惡感或社會責任。公

民是政治人，消費者是經濟人，後者在市場中追求美好生活，他們不須爲崇高的目標而犧牲，不代表任何他人，也不須順從任何集體多數。如今，公民與消費者之所以合流，乃因爲兩個原因：第一，左派不相信消費者可成爲右翼經濟的英雄，因而力圖使消費者成爲負責的消費者，也就是具有社會意識的消費者。第二，右派已把公民吸納到消費者的形象中，藉由僞裝的「投票」與選票的概念，使人們以爲消費者在市場投票，就如同公民在政治領域中投票，市場成爲政治論述的代理人，公民被重新定義成買方。可以想見的，公民觀念常被消費資本主義及其相關的政治與意識形態權力予以商品化及腐化。

蓋布瑞和藍藉由檢視消費者的多樣性而認爲目前消費的弔詭在於，一方面消費者已被塑造成一種宛若神明的形象，市場與政客在消費者面前皆須俯首稱臣，無論在任何地方，消費者都儼然是征服者。但另一方面，消費者又被視爲是脆弱與柔順的，他們易受操控、依賴、被動，甚至愚蠢、沉湎於幻想、耽溺於追求更高的生活水準。蓋布瑞和藍兩人以「難搞的消費者」（unmanageable consumer）以凸顯消費經驗的複雜、破碎及易變性，二人認爲未來這種經驗會變得更爲嚴重、矛盾和不安（Miles, 1998: 31）。

(二)消費主義的矛盾性

消費主義（consumerism）一詞的意義會因脈絡因人而異，蓋布瑞和藍認爲消費主義至少有五種含義（Gabriel & Lang, 1995: 8-9）：第一，消費主義如同先進國家的一種道德守則：隨著主張禁慾之新教倫理的沒落，消費已無法被質疑與挑戰，轉而成爲美好生活的本質。消費被當成自由、權力及幸福的媒介與橋梁。所有這些

美好的結果皆取決於消費者的選擇、獲取、使用、享受物質與經驗的能力。在這種論述中，舉凡風格、品味、幻想、情慾都成為主角，性別反成為配角，至於階級則被忽略。第二，消費主義如同炫耀性消費的意識形態：消費已取代宗教、工作與政治，成為一種建立社會區別與地位區隔的機制，展示商品被用來對應於商品擁有者的社會位置與特權。第三，消費主義如同全球發展的一種經濟意識形態：隨著共產陣營及其生產主義論述的瓦解，消費主義（追求更高的生活水準）成為跨國公司主宰的全球體系中資本家追求累積的一種意識形態力量，並已成為貿易、援助與外交政策等國際關係中的一項特性。同時消費者成長也被視為是影響國家經濟發展的重要因素。第四，消費主義如同一種政治意識形態：過去曾是右派的標誌，現在這種消費主義則漸包圍不同的政治派系，並橫跨第一世界到第三世界。現代國家已成為消費權利與最低消費標準的保護者，同時也是財貨與服務的主要提供者。據此，消費主義已進入政黨政治的領域。許多右派政黨已調整政治修辭，將自己呈現為屬於選擇、自由與消費者的政黨。舊的社會主義政黨近來也改變過去反對愉悅的觀念，以及作為奶媽政府與父家長教誨的形象。其目的都是要讓消費者尋求他們所能支付的消費。第五，消費主義如同一種社會運動，旨在尋求提升與保護消費者的權利：這些運動可溯及十九世紀的合作運動，並已發展出不同的形態與消費範圍。有些消費運動已從關切產品的品質與合理價格，轉而批判在資源有限與脆弱之自然環境中進行無限制消費。

　　由於消費主義的多重涵意，所以蓋布瑞和藍認為消費與消費主義已變成高度爭議的領域，它被許多學科入侵，這些學科各自都想要加諸它們自己認定的消費概念。所以自此而後，消費將更難以定義與管理，簡言之，消費主義是一種高度弔詭與矛盾的現象。

五、布希亞

　　被喻為後現代主義「大祭司」的布希亞，他的觀點在消費文化與大眾媒介的研究領域中充滿爭議性，然而也因此成為極負盛名的代表性人物。

　　一九六〇年代的布希亞主要是從馬克思主義與記號學的基礎，探討資本主義中商品世界與消費文化的特性，他認為消費品具有一種記號價值，不過他強調消費品構成一種符碼系統，並成為社會秩序的基礎。消費品處於一個歇斯底里的世界中，因為商品指涉的是慾望的滿足，但實際上卻永遠無法達成這種滿足，因而進一步引發消費者的無窮慾望，造成慾望的持續流動。換言之，他和許多學者一樣，認為消費者所消費的是消費品的意義，但由於「需求」具有非真實性，因而消費者在消費過程中只是基於自由與自主的幻覺，從事無限的符號遊戲（Baudrillard, 1998）。

　　大體上，此時的布希亞仍然維持著左派的觀察角度，然而從一九七〇年代後，他開始逆轉之前的理論基礎，主張意旨（signifieds）與使用價值都只是一種不在場證明，到了撰寫《生產的鏡像》（*The Mirror of Production,* 1973）一書，布希亞正式與馬克思主義決裂，認為馬克思主義並未對資本主義進行激進的批判，反而成為資本主義正當化與意識形態的最高形式。他強調符碼的運作係從社會中抽取而出，並在媒介中重新部署成浮動的能指，同時媒介產生的擬像世界無法以理性主義來進行批判，因為擬像消解了真實與模仿、真實與想像的界線。之後布希亞被認為走向悲觀的宿命論，由於他認為傳統的批判基礎已然瓦解，因而試圖另尋其他的激進來源，結果

他在死亡、沉默與過度順從中，看到策略性反抗的可能性，所以提倡以此來反抗擬像與符碼的世界（Poster, 1988）。

(一)物體系

布希亞重視消費的體系層面，他以為需求並不能用來了解現代消費，相反地，需求與物體系（system of objects）有關，它們和特定具體物體或特定個人對特定物體的慾求也都無關。古典經濟學理論認為經濟人被賦予需求，這些需求會引導個體趨向物體，而這些物體能夠提供滿足，但是布希亞認為其實並無可靠方式來界定需求，如果這些需求是天生的，則需求應無理由擴大，然而目前所謂的需求遠比數世紀之前更為複雜，所以需求不能置於個體之內，而應在其他地方，這些地方是指行銷與廣告，也就是指製造商絞盡腦汁意圖藉由廣告來影響消費者的行為，所以這種情形破壞了古典經濟的神話，因為過去認為個體能夠在經濟體系中行使權力。布希亞認為不應簡單地以為製造商為了特定商品而創造出需求，這並非重點，真正情形並非需求是生產的結果，而是需求體系是生產體系的產物，這種需求與慾望可以加在任何物體上，在這種情形下，所有的人都成為廣義的消費者，而不只是某些物品的消費者，被生產出來的需求如同一種體系中的元素，事實上，需求與消費是生產力的系統性延伸，因此消費並不在於滿足個人的需求，而是在使資本主義能夠穩定發展，所以布希亞認為消費者不太有能力決定自己的實踐。另外，布希亞也認為消費品並非屬於物體領域，而是屬於記號領域，他以為商品與物體如同文字般地構成一種全面的、獨斷的與嚴密的記號體系，而這也是一種植基於價值與分類之社會秩序所構成的文化體系，所以消費者的主要目的並非消費具體物品，而是在

消費記號進而創造及形成社會差異，因此人們再也無法以理性及功利的角度來限制需求（Corrigan, 1997: 19-21）。

(二)消費社會

　　布希亞認為個人與社會一樣，唯有在富裕有餘且還能浪費時，才會感到不僅是在生存而且是在生活。不過浪費並不全是負面的，它也能產生積極作用，例如它能表現出價值、差異與意義，因而所有社會都會在某種必要範圍內允許浪費。基本上，生產和消費擁有相同的邏輯，當代資本主義的根本問題不是最大利潤與生產理性化之間的矛盾，而是巨大生產力與銷售之間的矛盾，因此資本主義目前不僅須控制生產機器，還必須控制消費需求。消費者的需求與滿足都具有生產力，它對資本主義的持續運作具有極大重要性，簡言之，消費者就是一種生產力，而為了達成此種效果，廣告及相關媒介必須有所作為，布希亞認為廣告是在進行操縱、導演與虛構，不過並不能因此而認為廣告及其他大眾傳媒是在欺騙，因為它們超越了真假的問題，廣告主要是在創造一些無關真假的說服性論述，廣告效果的驗證是基於自我實現的預言，換言之，廣告主要是要讓人們產生希望。廣告的目的不在於增加商品的使用價值，而是要消除它的使用價值、時間價值，從而使之服膺於時尚價值，並能夠快速更新。此時消費社會出現的心理特性就是好奇心與欠缺了解，人們面對與吸收大量的空洞符號並否定真相。布希亞進一步批判大眾傳播媒介，他指責媒介內容經常冒充訊息而隱瞞媒介的真實功能，但事實上真正的訊息是人類深層關係發生結構變化，電視的訊息並不是它所傳送的畫面，而是它造成新的關係和感知模式，以及家庭和傳統結構的改變。因此大眾傳媒的真相是它們稀釋了世界的獨特

性，並代之以一個充斥同質性的社會。布希亞認為消費社會同時包含關懷與壓制、和平與暴力，日常生活在平靜中持續吸收媒介傳送的暴力，這兩種情形皆依相同的神話和符號而存在。同時值得注意的是，在這種社會中，民主原則將從原本強調人民在能力、責任、機會及幸福等方面的平等，一變而成講究物品與其他種類的平等，也就是電視、汽車和音響的民主，這是一種看似具體而實際的民主，又符合憲法中的形式民主，這種民主意識掩藏了社會矛盾與不平等的真相（Baudrillard, 1998）。

　　布希亞認為目前消費出現的質變，是十九世紀之後的必然階段，由於鄉村人口被驅趕至產業工人的處境，因此必然被社會化而發展出一種全新與不同的行為與思考方式，十九世紀發生於生產部門的生產力之理性化過程已然完成，接下來二十世紀的關鍵在於消費部門，資本主義將大眾轉化成勞動力後，產業體系為了持續運作而必須進一步將大眾轉化成消費力。所以布希亞認為消費是資本主義發展的另一個邏輯階段，消費深化了勞動紀律。因為在生存條件下，人們不太可能受消費主義的支配，所以也無法被剝削成消費力；然而一旦超越生存條件，如果人們想成為適當的消費者，則消費就會迫使人們成為一種勞動力，所以目前的剝削與控制不只發生於生產領域，還發生在消費領域。布希亞不認為消費是消費者慾望的自由展現，而是另一個受到生產體系控制的生活領域，消費並非自由的場域，相反的，消費是深度依賴的場所（Corrigan, 1997: 19-21）。

　　布希亞認為消費主義在當代社會中造成一些徹底的改變，消費實際上並無關於愉悅，經濟價值的意符（即貨幣）已經與真實價值的意旨完全脫離了任何必然的關係，因而出現擬像與超真實的情形，在這種無根的社會中，被創造出來的只是真實的一種「美學」

幻想。消費之所以變得如此重要,乃在於其提供一種手段來表達如夢似幻的再現,而大眾媒介在助長這種現象中扮演非常關鍵的角色,因為它強化了一種表面的世界(Miles, 1998: 25-26)。

六、費舍史東

費舍史東(Mike Featherstone)在探討消費與後現代主義之關係上有其重要性,他說明了消費文化的根源、發展以及與後現代世界的關係。

(一)日常生活的美學化

費舍史東的著作(1991)是有關後現代主義議論中探討消費問題的最重要研究之一,他指出消費具有建構認同的功能,由於後現代世界鼓勵人們相信凡事都有可能,只要能夠消費,人們就可成為任何自己想要成為的人,所以他討論了日常生活的美學化(aestheticization of everyday life),即一些原屬於設計及風格的美學標準滲透到人們日常生活的每一個層面,生活被重新定義成一種藝術作品,並促成一種藝術的生活方式。費舍史東(1991: 66-68)認為所謂日常生活的美學化有三重意義:

1.達達主義、前衛派與超現實主義所形塑的一種藝術次文化

他們試圖在作品、書寫與生活中泯除藝術與日常生活的分野。一九六○年代的後現代藝術及一些反對博物館的制度化與學院派現代主義的運動,便是建基於此種策略。

2.將生活轉變成一種藝術作品的計畫

　　這項計畫在某些藝術家與知識分子的生活圈中已出現一段時間，也發展成藝術反文化的一項重要主題，例如十九世紀中期至晚期巴黎的波希米亞人與前衛人士便是主要支持者。同時人們在巴爾扎克（Honor'e de Balzac）、波特萊爾（Charles Baudelaire）等人的作品與生活中亦可發現這種特質。這種雙重聚焦於一種美感消費的生活，以及一些藝術與知識領域的反文化，想要形塑一種賞心悅目的整體性，都應與大眾消費的普遍發展有關，而追求新的品味與感覺，以及建構獨特的生活形態，都已成為消費文化的核心。

3.符號與影像的快速流動，並充斥於當代社會的日常生活中

　　截至目前為止，有關這種過程的說明，大都援引馬克思主義的商品拜物教理論，同時一些學者如盧卡奇（George Lukacs）、法蘭克福學派、班雅明（Walter Benjamin）、勒費布耶（Henri Lefebvre）、布希亞、詹明信（Fredric Jameson）等人，也各以不同方式使用這個觀念。例如對阿多諾而言，愈來愈具支配地位的市場邏輯取消了事物原有的使用價值，並代之以抽象的交換價值，因而只剩下一種替代的或次等使用價值的商品，此即布希亞後來稱之為「符號─價值」（sign-value）。另外，影像經由媒介與廣告的商業操弄，使得都市生活充斥著各種表演與獵奇，同時伴隨著一種經由影像而不斷重複運作的慾望，所以消費社會並非只是釋放出一種支配性的物質主義，它亦使人們面對無數訴說慾望的夢幻式影像，並將真實予以美學化。這個面向就是布希亞與詹明信強調影像在消費社會中扮演一種新的重要角色。對布希亞而言，當代社會生產出巨量及無所不在的影像，把人們推向一個完全不同的新社會，在這個社會中，真實與影像的界線消失，同時日常生活呈現美學化的風格。日常生活美學化的第三種意義是消費社會的發展重點，同時它與第

二種意義具有交互作用。

　　一般而言，費舍史東與之前學者一樣，認爲象徵及影像在晚近資本主義發展中具有更重要的角色，以爲物品的符號價值在消費社會中更受到消費者的重視，並已經影響到人們對品味與生活形態的解讀及經營。當然日常生活的美學化也是影像的商品化，經濟的美學化只是一個戴著人類面具的資本主義，美學實踐被整合於經濟形式中，並進一步形塑現代的新主體性，在這種趨勢下，人們若要在現代社會中成爲一個眞正的公民，就先要成爲一位獻身的消費者（McCarthy, 2003）。由於這些現象是屬於消費資本主義的一種機制，因而消費者的選擇與解讀不宜完全從個體角度觀察。

(二)消費文化與後現代主義

　　費舍史東關切若干現象的出現，包括眞實轉變成影像、時間的片斷化、藝術及美學經驗變成知識、經驗與生活意義的主要典範，其結果爲閱聽人發展出後現代的敏感性（postmodern sensibilities）（Miles, 1998: 24-25）。對費舍史東而言，後現代世界是一個文化扮演重要角色的時代，人們現在不只是針對產品本身進行消費，還是在消費由廣告行銷及各種展示活動所建構的產品意義。這種現象與美學標準的變遷有關，例如，人們不再進博物館接受高級文化的教導，轉而追求各種際遇、觀看與經驗。如果舊式博物館的規定是「請勿觸摸」，則新式博物館便是鼓勵接觸的經驗。傳統的文化殿堂已被拆除其神話外衣，轉而成爲童稚式慾望所向無敵的場所。以前的康德美學已被推翻，代之以一種反康德的美學。費舍史東認爲許多美術館與博物館都朝這種民粹方向發展，過去高級文化之神秘性中的嚴肅教訓，被代之以獵奇的、流行的、愉悅的與立即可接觸的

經驗（Corrigan, 1997: 179）。因而美學符號成為日常生活中唾手可得的經驗對象，同時物體的象徵層面也扮演更重要的角色，包括人的身體也是如此，費舍史東認為在消費文化底下，人的身體其實包含兩個部分：內在身體與外在身體，但費舍史東更注意外在身體，認為內在身體所扮演的角色僅在於維持良好的健康狀態，以便能使外在身體成為具吸引力的外表。在一個由外表與形象支配的文化內，不管喜歡與否，人們的身體總是處於展示的狀態中。他以飲酒為例，指出傳統親密的小酒館已被代之以寬敞的酒廊大廳，後者吸納了一種社會空間的組織形式，因而使人們具有較大的機會去進行監視與展示。在一個看重外表的世界中，既然人們的身體被強調其行銷的價值，就有必要努力維護身體，而各種維護身體的產業也會強烈提醒人們去注意這項事實。在此觀點中，影像變得相當重要，而費舍史東以照相及電影的角色說明此情形，例如照片可讓人們在一段長時間中比較身體的外觀，而這種情形會讓人們清楚意識到隨著年齡增長而出現身體外表的任何改變。若非經由蒐集相片，人們可能沒有其他方式來進行這種活動，如今人們可以輕易地進行前後比較。另外好萊塢電影則將一些新的身體影像傳布到世界各處，這些身體被當成具吸引力與理想的身體，並一再暗示人們應該像什麼樣子（Corrigan, 1997: 156-157）。

然而消費文化的另一個特徵便是造成界線的模糊，也造成詮釋的不確定性增加，例如費舍史東認為從一九七〇年代以後，想要依據細微的差異來辨識不同階級已變得愈來愈困難，費舍史東認為由於商品的不斷變化，因而使得解讀商品承載的地位或階級標記時更為複雜，象徵商品及消費品的過度供給與快速流通，會威脅到消費品作為社會地位符號的可解讀性，例如社會中將不再出現藉由選擇象徵產品（如衣服）而可辨認及固定的地位團體（Corrigan, 1997:

174-175）。換言之，雖然如同道格拉斯與艾秀伍德所言，物品的符號一方面被用來標記社會差異，然而另一方面，這種效果也會隨著符號及影像的大量流通與被挪用而走向相反的方向。

不過後現代消費文化的現象也有可能被放大，許多後現代主義者只是依據他們自己極特殊的中產階級經驗，去複製他們所描述的一些消費形態，但最終可能只是一些例外。當然也有可能是中產階級的藝術價值對大部分人具有重要性，不過這種文化的產製將會愈來愈從屬於一種商品化的過程。從某個角度來看，消費主義的本質在於人們覺得消費者似能獲得某種權威性，並得以透過消費而控制自己對日常生活的建構，不過這種控制的眞正範圍值得進一步討論（Miles, 1998: 24-25）。事實上，是否消費社會中的每個人都過著後現代的生活，費舍史東認為人們不應只問後現代的生活形態出現在哪些地方，還應問究竟是哪些團體、哪些人參與了這種生活，並且持續了多久的時間。人們不能單純地假定一個時代的最明顯特徵，就是當時多數人的想法、經驗與作法，因為事實上可能只有少數人實際參與所謂的「典型」。費舍史東甚至認為後現代生活形態只是一種玩物，它較屬於新中產階級、一些旨在建立大型文化資本保護區的城市（如巴黎與倫敦），以及一些藉著重新包裝以成為觀光景點的地方（Corrigan, 1997: 180）。

消費主義與後現代社會一直是爭議的課題，費舍史東透過討論後現代與文化變遷，並藉由觀察當代社會中都市文化、大眾媒介、廣告、行銷的發展傾向，指出對消費模式與生活形態的可能影響。

本章的第一節介紹了古典社會學家提出的消費觀念，包括馬克思、韋伯、偉伯倫與齊穆爾四位學者對消費的相關討論。其中馬克思提出的異化與商品化概念，一直是對消費文化進行批判研究時不可或缺的基礎，而韋伯將資本主義之發展聯繫到宗教倫理，有助於

認識消費的社會文化脈絡，同時現代性中的除魅現象，亦在消費倫理的發展中扮演某種角色。偉伯倫的炫耀性消費更已成爲一種周知的消費行爲，觸及了消費的社會區別功能，以及消費與階級的課題。齊穆爾則從現代社會中客觀文化之發展，特別是貨幣的抽象性質，探討現代生活的變遷，這其中包含都市生活的心理特性、時尚的問題，當然也包含消費在內。

　　第二節針對一些現代與後現代的消費理論，包括道格拉斯與艾秀伍德、布迪厄、埃利亞斯、蓋布瑞與藍、布希亞、費舍史東等人的研究。道格拉斯與艾秀伍德強調消費的溝通功能，布迪厄看重文化資本與習癖在消費品味中扮演的角色，埃利亞斯認爲心理結構的歷史變遷與社會結構的發展關係密切，消費休閒活動也同樣展現出文明化過程的特性，蓋布瑞和藍認爲隨著消費的晚近發展，消費者已出現難以捉摸的多樣性，同時消費文化也充斥著矛盾與弔詭的特質。布希亞雖然提出一些爭議的觀念，但他在早期著作中對消費文化的探討仍可明顯看到馬克思主義與記號學的色彩，特別是他對大眾媒介的觀察，指出了後現代消費的一些問題。最後費舍史東承襲了許多前人的看法，包括布迪厄、布希亞、李歐塔（J.-F. Lyotard）、詹明信等學者，從而探討當代消費文化的性質。

註釋

1 如果從主要消費文化理論的發展來看，似乎存在一種重點的轉移，亦即由強調結構的影響，逐漸轉向重視消費者的力量（劉維公，2001；潘榮飲，2001），這種分析架構的轉變使得消費者的角色更為正面。

2 以布迪厄的觀點來看，品味主要是受文化資本的影響（吳秀瑾，2001），於是文化資本成為一種支配力量的來源，布迪厄的這種看法主要試圖挑戰屬於菁英之認知模式的權威與正當性。

3 這裡還可看出道格拉斯與布希亞的不同，道格拉斯視具體的客體有如社會意義的貯存庫，布希亞視每個客體如同符號價值（sign values）的承載者，同時對布希亞而言，客體的符號價值是流動與不確定的。道格拉斯強調客體具有穩定化效應，但布希亞則認為符號價值是浮動的與移動的（Gabriel & Lang, 1995）。

第三章　媒介消費與日常生活

近年來，傳播媒介高度普及，人們隨處可接觸到各種媒介，媒介使用與閱聽經驗成爲日常生活的一部分，由於閱聽人的媒介消費是以日常生活爲主要背景，因此有必要進一步了解日常生活的特性，以及它對閱聽人的意義與影響，本章試圖呈現日常生活的複雜性與變化性，並據以說明媒介消費的多樣形構[1]。

媒介消費的日常情境

究竟應該如何從日常生活來觀察媒介經驗？這裡不妨先來看一項特殊且頗有意思的研究。

一、一個研究案例：空白螢幕的收看經驗

這項研究（Boyns & Stephenson, 2003）旨在探討電視在日常生活中的意義，主要透過受訪者的收看經驗進行分析，該項研究的特殊之處在於，研究者要求受訪者（一百五十名社會系學生）進行一種特殊的「收看」行爲，也就是不要打開電視，面對著空白螢幕持續「收看」三十分鐘，「看」完後接著寫下自己的「收看」經驗。研究者依據受訪者撰寫的報告，歸納整理出六種「收視」經驗：

第一、剛開始的反應，大都感到無聊與愚蠢。這種情形反映出電視通常並非僅被視爲一個具體客體或某個房間中的一個物件，電視經常依其影響社會經驗的方式而被定義。人們對電視總是抱持一

些特定的期望，例如，電視被預期能夠吸引注意力、轉移焦點、提供資訊、娛樂。

第二、覺得時間似乎靜止不動，並出現「新的」感覺。受訪者感覺時間過得極慢，相對於平常看電視時總覺得時間飛逝。另外，受訪者開始注意到平常並未留意的事，例如，有人發覺電視螢幕很髒、有些人的感官變得很敏銳，能夠聽到房間周遭的各種聲音。過去他們看電視時，並未注意到這些。從這種反應可看出電視能夠影響個體經驗周遭世界的方式，換言之，電視最重要的角色之一，並非經由播放內容而傳遞訊息，而是形塑電視觀看經驗的脈絡。

第三、有些受訪者出現企圖打開電視的「強烈衝動」。他們經驗到一股內在的巨大衝動或強烈慾望想要去打開電視，反映出日常的電視習慣。閱聽人或許並未察覺電視的意義在於它是日常生活的一個面向，但收看電視確實屬於日常例行活動的一個核心，它們已成為一種強而有力的習慣。

第四、電視似乎變成具有靈魂與生命。有些人出現一種特殊的感覺，感到自己好像被觀看、被電視注視的錯覺。這點反映出電視被擬人化，儼然具有自己的「精神」或意向，還可能被想像成一種監視工具。有些受訪者甚至覺得電視想跟他說話。

第五、電視「收視」的現象學經驗：這是指有些受訪者在心理上看到一些電視節目，並想像它們映演於電視螢幕的範圍內。換言之，閱聽人不只暴露於電視，還學習到使用電視語言去做白日夢。研究者認為這個結果具有重要意義，因為它意味著「看」電視未必一定要「打開」電視，更重要的，它造成電視節目的主觀內化，並最終助長了消費主義。

第六、寂寞。這是因為電視常被當成一種替代的夥伴，用來消

解獨自一人時的不舒服感，因此當電視無法被使用時，便產生一種難以排遣的孤獨感。

最後研究者的結論認爲，看電視是一種社會活動，它受到日常習慣的影響，然而這些習慣卻未被充分認識。其次，電視可能被擬人化爲一種「社會的」存有。電視不只提供一種社會在場的經驗，它還能形塑認知過程與結果。日常生活的許多面向常被電視經驗所置換，包括環境的聲音與氣味、人們的在場或不在場，以及時間的消失等。此外，閱聽人也有能力再製收視經驗，這如同一種心靈習慣，並且常以電視語言來進行這些事。總而言之，電視對「存有的安全」具有重大影響。

這項研究讓我們發現媒介與日常生活之間存在繁複的共生關係，而這些往往被傳統的觀察取徑所忽略。

二、過度抽象與片斷的媒介消費觀

過去的皮下注射理論以及使用與滿足理論，都未能掌握閱聽人使用媒介時的社會文化脈絡，也都忽略相關結構因素對媒介使用的影響。文化研究反對一九七〇年代以Screen刊物爲代表的主張，後者受阿圖舍（Louis Althusser）影響，將媒介視爲一種意識形態國家機器，認爲媒介文本設定了閱聽人的解讀位置，從而複製資本主義的支配結構。文化研究企圖挑戰文本的權力，強調閱聽人具有生產意義的能力，並進一步探討這些意義生產的脈絡，例如霍爾（Stuart Hall, 1980）認爲讀者的解讀差異並非來自個人不同的偏好，相反的，讀者在解讀之際所運用的文化能力與創造性資源，皆

可溯自社會及文化，也就是舉凡階級、種族、性別、年齡等社會學因素都可能影響讀者採取文本解讀的形式。莫里（David Morley）試圖驗證霍爾的觀點（Morley, 1980），不過卻發現受試者的社經背景不必然決定他們的解讀，事實上，一些具有相同背景的人，有時會有不同的解讀形式。莫里意識到他的研究中遺漏了對家庭與工作場所進行觀察，因而接續探討媒介消費的真實日常情境，他發現不管節目的意識形態內容為何，收視皆植基於家庭脈絡的權力關係（Morley, 1986）。一九八〇年代後，許多研究者了解到分析文本解讀只能獲得部分的答案，還必須進一步深入解讀的情境脈絡，因此研究者必須盡可能接近閱聽人的日常生活與常識觀點（Taylor & Willis, 1999: 168-183）。

在此之後出現許多類似的研究，原則上將研究焦點指向日常生活，但通常會特別著重特定因素，例如探討電視的社會使用（Lull, 1990）、性別（例如：Hobson, 1982; Radway, 1987）、認同（例如：Moores, 1996; Gillespie, 1995）、兒童（例如： Hodge & Tripp, 1986）、科技（例如： Gray, 1992）、肥皂劇（例如： Ang, 1985; Buckingham, 1987; Liebes & Katz, 1993）。這些側重某些因素的日常生活研究，不能說是理想的觀察方式，因為它們已在研究者設定的框架下去引導及凸顯日常生活與媒介消費的特定面向，然而這些面向是否亦是閱聽人認定的重點，則成為另一個問題。這種情形反映出一個現象，閱聽人與研究者之間的認知及經驗距離，可能來自雙方對閱聽人的概念及所屬脈絡的認識差異。

事實上，由於研究者具有特定的研究目的與研究需要，往往抽離了閱聽人的真實情境，並將之重新置於研究脈絡內，使之服膺研究架構及研究方法，並把所取得的閱聽人相關資料予以重新組織成

某種形態或模式，這種結果必然與閱聽人的真實經驗有別。由於閱聽人的日常生活包含錯綜複雜的影響因素，媒介消費往往糾葛於這種繁雜的網絡中，如果未能深入這種情境，理解其中或隱或顯的相關因素，單只是從一些社會文化範疇作為觀察主軸，恐怕不易實質地貼近閱聽人的生活與經驗。

三、閱聽人的定義問題

西弗史東（Roger Silverstone, 1994）認為閱聽人屬於一種個體、社會、與文化的實體，閱聽人總是生活於不同或重疊的空間與時間：家庭空間、族群空間、廣播空間、生活史時間、日常時間、規律的、自發的但又是社會的時間。西弗史東認為閱聽人研究總是處於緊張狀態，因為它還未真正確認閱聽人在這些時間與空間位置上的差異，也同時未能將這些差異納入方法學中。因此他認為閱聽人研究應成為「遊牧式的」，也就是指研究者不應將閱聽人視為預先構成的一群個體或範圍明確的社會團體，而應從一些日常活動與論述著手，這些日常活動包含接觸傳播媒介的複雜行為，以及其他一些共同存在與進行的活動，通常媒介行為便是由此而構成。西弗史東以為一般而言，閱聽人研究可分成兩種取徑：媒體中介論與收訊研究。媒體中介論強調傳播媒介在傳播過程中產生的動力，以及對閱聽人的影響。媒體中介論將動力來源分成四個層面：科技、意識形態、文化與文本。此四個層面可各自提供一種閱聽人概念的起點。媒體中介論強調媒介本身是形成閱聽人概念的重要基地，因而閱聽人成為一個依變項或一種後果，它是產物，是媒介的創造物。

收訊研究著重閱聽人的收訊層面，並由他們的主動性或社會地位而
衍生出某種閱聽人概念，此中端賴研究者找出何種收訊要素，以及
如何理解這些收訊要素而定。

　　閱聽人研究的分歧或紛擾，真正原因可能在於研究者使用的閱
聽人概念，法樂斯（Jib Fowles）對閱聽人觀念有一些值得注意的
看法，他以為許多人提及「閱聽人」時，其實常以一種未分化的方
式來指接觸媒介內容的人，並隱含某些收訊性質。但事實上，「閱
聽人」只是一個概念，而且不算是強而有力的概念，雖然如此，此
概念所具有的柔軟性仍有其實用價值，因為「閱聽人」一詞畢竟可
方便使用，被用來指收訊的處境，以相對於訊息的製作與傳遞。法
樂斯認為對「閱聽人」概念的堅持或許源自一種慾望，即想要對收
訊活動予以壓縮、一致化與被動化。有趣的是，如果說原本的閱聽
人概念幾乎已消失或揮發殆盡，但當此概念被不嚴謹地應用於大眾
媒介（特別是觀看電視時），電視觀眾的概念卻經歷一種反方向的
轉型，它變得愈來愈有力且愈來愈精緻，此乃由於人們的注意焦點
轉移到觀眾個體，也同時注意到個體所擁有之象徵體系的範圍及其
複雜性（Fowles, 1996: 22-23）。法樂斯的看法有幾點值得注意，其
一，「閱聽人」概念只能是一種方便概念；其二，「閱聽人」概念
已無法指涉集體的相同行為；其三，「閱聽人」概念目前轉而強調
閱聽個體賦予意義的能力。

　　安（Ien Ang）將閱聽人論述分成兩大類（Ang, 1991, 1996），
制度觀點的閱聽人與實際的閱聽人，制度觀點是以官方權力來界
定、利用與管理媒介在文化與社會領域占有的空間，然而卻缺乏認
識主觀、複雜與動態的閱聽現象，制度觀點將閱聽人看成一個明確
的範疇、一個理所當然的概念，以制度觀點而言，閱聽人只是一個

想像的實體、一種抽象的建構，它指涉一種結構位置，位於制度化的傳播關係網絡內，並被建構成一個有待控制的具體對象，換言之，制度觀點下的閱聽人是一種可確定的、雖然未知但能認識的群體。至於實際閱聽人的觀點，則是指人們在日常生活中出現無數的、衝突的、分歧的與動態的閱聽活動與經驗，閱聽現象被當成一種動態與複雜的文化過程，並充分整合於日常生活中，總是具有獨特的意義與影響。實際閱聽人的觀點屬於一種論述建構的眞實，由此而對閱聽現象產生局部與暫時的了解，而非將他們拘禁於資訊的靜態組合中。制度觀點往往試圖找出一種能全面測量閱聽人的方法，但安指出這種想法係植基於一項假定，即實際存在「閱聽人」這樣一個明確而完整的對象，它包含若干組成部分，並可從歷時性與共時性來「確定」其「身分」。在這種情形下，更等而下之的結果便是閱聽人不只變成商品與勞工，甚至個人資料與隱私亦面臨挑戰（Gandy, 1995）。

安在追溯閱聽人概念的發展過程時指出，近數十年來傳播學者對閱聽人形成的觀點，大致可分成兩大階段：其一，古典的閱聽人概念（視閱聽人爲大眾與市場）；其二，新的閱聽人概念（著重媒介消費的意義，包括使用與滿足、媒介收訊、強調日常生活脈絡）。在古典概念方面，大眾閱聽人常和媒介連接在一起，因爲人們常認爲媒介涉及大眾傳播的過程。大眾閱聽人的概念強調大眾的特性，視其由孤立與匿名的個體所組成，大眾常被認爲是個體化的、被動的，以及易被操弄的。古典概念的另一種認識媒介閱聽人的方式，源自媒介產業所屬的商業脈絡。在此，閱聽人被視爲媒介內容的潛在「消費者」與「市場」。雖然大眾與市場的概念各有不同的起源，但它們對媒介閱聽人卻有一些相似的假定，其中最重要

的兩項爲：其一，它們往往忽略一個事實，即媒介閱聽人是由人類組成，而這些人不會只是被動地回應於媒介產物，反而會在情感與理智方面主動投入特定的媒介內容與形式。其二，它們未考慮到一項事實，即人們從事媒介消費時並非個別孤立的個體，而是處於特定社會情境與特定文化架構內。新的閱聽人概念旨在挑戰大眾與市場的支配性概念，試圖發展另一種觀點來探討媒介閱聽人，強調研究媒介消費的意義，並視媒介消費爲一種社會與文化活動。這方面的努力包括使用與滿足傳統與媒介收訊研究，前者認爲媒介對人們具有功能，使用媒介能夠滿足特定的需求與慾求；媒介收訊研究則探討人們詮釋與理解媒介文本的方式；近來閱聽人研究圈中出現一種傾向，認爲有必要了解大眾媒介如何銜接於日常生活脈絡，因此致力於探討日常生活中的媒介使用情形（Ang, 1991, 1996）。

基本上，安的觀點可以整理如下，她認爲古典的閱聽人概念（即把閱聽人視同大眾與市場）是不足取的，而新的閱聽人概念中，使用與滿足研究的個人主義取向、忽略媒介內容，以及替媒體的既存方式正當化等，皆是明顯瑕疵；至於收訊分析雖強調閱聽人的詮釋以及賦予意義的過程，但由於經常將文本─閱聽人的關係去脈絡化，未能扣緊日常生活情境，終究美中不足；所以唯有重視媒介消費在日常生活脈絡中的情形，才算能夠眞正了解閱聽人的經驗。

話雖如此，但如何才能算是重視日常生活？日常生活對每個人而言是否代表不同的東西？日常生活的範圍或邊界爲何？什麼時候或情況，會被認爲已超出日常生活？個體的日常生活不太可能是自己單獨建構出來的，因此還必須考慮他人以及社會、文化、政治、經濟等層面的可能影響。就媒介消費而言，應該如何釐清其日常生

活脈絡，它的時間與空間應涵蓋多大，應包含怎樣的人事物景，這些都是有待進一步討論的問題。

❖ 日常生活的批判：勒費布耶

法國馬克思主義社會學者勒費布耶（Henri Lefebvre, 1901-1991）是一位日常生活的批判學家，探討的問題包括語言、身體、空間、想像等。他的理論基礎除馬克思主義外，還兼蓄存在主義、現象學、結構主義等，但勒費布耶並不只是單純地綜合這些學說，而是批判性運用相關理論，他主張以辯證思考代替抽象理性，強調辯證邏輯視社會與自然有如一種複雜的整體（totality），具有多重與交互制約的相互關係（Gardiner, 2000: 78）。

勒費布耶的許多著作皆針對日常生活（Lefebvre, 1984, 1991a, 1991b, 1996），他認為長久以來，人們對日常生活未加重視。對傳統的研究者而言，日常生活若非太小就是太大，既太瑣碎不值，又過於野心勃勃。但勒費布耶認為這些都誤解了日常生活的重要性。基本上，他認為日常生活受到資本與商品邏輯的影響，特別是二次戰後資本主義的擴張已澈底滲透到日常生活的各個角落，這是一個無人可逃避的事實，例如戰後法國的重建便象徵著現代化與消費文化攜手並行。儘管勒費布耶對現代日常生活有諸多批判，但更重要的是，他堅持日常生活具有轉型的可能性，這種情形可以用一種比喻方式來看，即日常生活中封存著一個秘密，它就是日常生活想要變成科層體制與商品化以外的東西（Highmore, 2002: 113-144）。

　　因此，簡單來說，勒費布耶認為日常生活同時是壓迫與解放的，日常生活再現一種複雜、多面向的真實，其交雜著壓迫性與解放性。因而人們透過辯證理性，有可能從異化中抽取出一些新的、積極而有價值的需求及實現（Lefebvre, 1991a: 42）。以下簡單說明勒費布耶的觀點。

一、日常生活的異化

　　勒費布耶認為日常生活已遭受到資本主義的全面控制，此意味著他認為日常生活原本存在另一種更為真實與完整的內涵，這種日常生活才是人類的真實經驗。

(一)日常生活是關係的整體

　　勒費布耶指出日常生活包含人類許多生機盎然的經驗、千變萬化的真實，是各種關係的整體（totality）。日常生活大部分具有潛意識活動的形式，因此許多人並不很清楚自己的生活，或是了解得不充分（Lefebvre, 1991a: 94）。他強調日常生活代表一種場域，人們由此進入一種與外在自然和社會世界的辯證關係。這個場域也是人類基本的慾望、權力與潛能等被管理、發展與具體實現的地方。經由人類與物質世界的互動，主體與客體方被充分構成並進一步展現人性化。同時人們會在日常世界中以最立即與直接方式遭遇到具體的「他者」，並且個體在此獲得一種連貫的認同或自我。勒費布耶在說明日常生活時，他強調的整體性概念具有未來性、即興與彈

性，因為日常生活的知識就是這種整體性的必要成分，日常生活是
「連接組織」（connective tissue），其為整體性賦予結構與連貫性
（Gardiner, 2000: 75-76, 79）。

　　勒費布耶認為微小的日常事件其實具有兩面向，一方面它們是
瑣碎與個別的偶然情事，另一方面又是一種無限複雜的社會事件，
包含豐富的意義。因此若要認識日常生活，就必須採取多元取徑，
徹底將日常生活置於批判性的跨學科架構。因為他堅持日常生活不
是一個客體或一個地方，而是眾多關係的整體（a totality of rela-
tionships）。但是勒費布耶又強調探討日常生活不能只是一種跨學科
研究，還應批判「政治」與日常生活及美學的分離，他認為批判日
常生活必然涉及批判政治生活，所以僅試圖由經濟與政治方法來轉
變社會，不只是錯誤，還根本誤解了革命計畫（Highmore, 2002:
113-144）。

　　勒費布耶認為在前現代的社會中，日常生活並未與他人及專業
活動分離，反而充分整合成一種相對未分化的實踐整體。這種社會
產生一種獨特的生活方式、一種共同文化，並影響每個人的語言、
姿態、習慣與儀式。他認為前現代社會的生產性勞動有機地連接到
日常生活、大自然的節奏與循環，以及客體的使用價值。簡言之，
勞動的空間與時間並不脫離日常社會關係、民俗節慶與集體儀式
（Gardiner, 2000: 76）。

　　然而隨著資本主義與布爾喬亞社會的形成，上述情形隨之丕
變，社會活動高度分化，不再凝結成一個統整的整體。勞動日益片
斷化、編制化與專門化，家庭生活與休閒皆與工作分離，也不再聯
繫到有機社群及真正的互為主體性，個體變成孤立與自私的人。人
類意識被分割成一個公共的自我以及一個私人的自我，勞動也被切

割成勞心部分與勞力部分。社會互動變成純粹的功利取向，受生產與市場之命令所主宰。多數人的生活皆受限於僵化與固定的社會角色及職業種類。勒費布耶認爲現代社會中一些原本具想像力與創造性的人類活動，往往被轉變成例常與商品化的形式，交換價值凌駕效用性與使用價值，導致了馬克思所指的商品拜物教。另外，集中化的國家也將人類權力與能力日益轉移到一種隱匿與科層的機器中，由於勒費布耶認爲眞正的互爲主體性或社群必然位於日常社會領域中，而不是在國家之內，因此他主張「國家的枯萎」是解放計畫中的重要一環。對勒費布耶而言，日常生活的概念可作爲批判資本主義之形式化與異化的立足點（Gardiner, 2000: 76）。

(二)日常生活的殖民化

勒費布耶認爲現代性並非一種穩定的社會形構，反而內部充斥著紛亂和變化，並對日常生活造成莫大影響。他認爲十九世紀中期到一九五〇年代，現代性的主要特性爲：日常生活與專業活動的分離、有機社區的破壞、交換價值取代使用價值。而這些轉變的後果之一就是原本穩定的象徵體系終於解體，導致「非－指涉的」(non-referential)符號的增生，進而造成脫序與意義喪失等現象。這些變化可溯自布爾喬亞社會的特質及其意識形態基礎，例如，占有性的個人主義、私有財產的普遍化，以及經濟拜物教。1950年以後，現代性出現更進一步的變化，結果，日常生活與個體的存在基礎徹底變形。早期資本主義強調的生產、工作尊嚴及禁慾性累積，都已變得扭曲錯亂。據勒費布耶的觀察，這個階段的現代性有三項特徵（Lefebvre, 1984: 42）：(1)新資本主義的來臨，它是獨占性，

而非競爭性的，並以國家指導取代自由放任。(2)顛覆性創造與革命的能量，被高度成功地收編與商品化。(3)歷史感與變遷意識的消失，當代社會彷彿被卡在一個「永遠的現在」（eternal present）。對勒費布耶而言，這些變化意味著支配的抽象理性主義占領了日益擴大之制度與體系，造成人類技能與創造力的嚴重貶值（Gardiner, 2000: 87-88）。

在空間方面，勒費布耶認為在新資本主義下，科層國家會全面支配空間，特別是把都市納入支配計畫內，旨在利用科技官僚的理性而全部控制或同質化空間，以便消除地方性中的獨特與差異，並移除日常生活中生動與情感的意義及質素，他指此一過程為創造「抽象空間」的過程，其致力於將生活空間與自然世界轉變成一種可獲利的生產力，空間如同商品般地被切割、分配、碎裂。原本不受束縛的自然被代之以一種益形濃密的「社會空間」，並被當成人定勝天的指標（Lefebvre, 1991b: 49, 71）。

勒費布耶指出商品、市場、金錢，以及它們那些頑強無情的邏輯，如同天羅地網般攫取了日常生活，資本主義以各種方式擴張到日常生活的細小毛孔中。資本主義的日常生活就是都市生活，其中充斥著大眾文化形式（例如電視、廣播），並藉以遮掩支離破碎的日常生活，而這些斷裂泰半源自都市生活中的衝突。勒費布耶認為資本主義現代性充滿矛盾，一方面日常生活日益同質化，這是由於普遍的商品化以及勞動與客體的標準化所使然。另一方面，社會差異卻又日益擴張與深化，包括階級、種族、性別、年齡等之層級差異皆出現不斷強化的情形（Highmore, 2002: 113-144）。

由於資本主義造成勞動的墮落，以及私有化意識的出現，許多個體在休閒活動如電影、運動、藝術中尋求逃避日常生活的單調與

沉悶。這些活動被視爲消遣並作爲一種對工作的補償，以及一種從憂煩與操勞中獲得解放。但不幸的，休閒無法擺脫其他社會生活領域（特別是工作），資本主義下的休閒仍然是一種異化，因爲在現代社會中，休閒被編制與商品化，其實正好代表一種被動與被操縱的方式，並以此去和世界建立關係。人們工作是爲了賺取休閒，而休閒的唯一意義就是遠離工作，兩者之間存在一種惡性循環。休閒活動的商品化是戰後資本主義從生產轉向消費的一個關鍵，事實上，現代性創造了一種對休閒的普遍性需求，並經由廣告中商品化的客體、影像及經驗累積而得到假性滿足。也就是廣告投射的觀念與幻想，助長休閒與日常生活的分離，並提供一種非異化之愉悅與實現的擬像，勒費布耶對此稱之爲一種「休閒的科技官僚」（technocracy of relaxation）（Gardiner, 2000: 84）。

　　日常生活被科層理性殖民化，還包括重組語意領域。語言愈來愈從屬於科層支配與模控化，文字與象徵脫離它們的指涉（referents），意符與意旨之間出現徹底的斷裂，引發一種普遍性的意義危機，結果僅留下無意義的浮動意符，並不連接於眞實客體、人類勞動或共同活動（Lefebvre, 1984: 116）。社會中的溝通日益被一些貯存、再製、傳遞之電子形式所中介，因而抽離了日常生活的社會性。前現代文化的聆聽，大部分被代之以純粹的視覺刺激（書寫文字、電視、相片），因而原本生動言語的豐富語音與個人化的共鳴都被代以書寫科技，並且後者是固定、隱匿以及去脈絡化。在這些條件下，過去多面向的象徵如今被代之以訊號（signal），後者把語意領域化約成單一向度，並傳遞固定的概念或觀念。據此，語言表達原本具有的生動豐富則退化爲宣傳。人們被大眾媒介與廣告的大量符號所籠罩，個體被拋擲到被動的幻想中，大量的記號取代了能

動（agency），並作為社會參與及實現慾望的替代品。文字與象徵的指涉性大部分消失，因為語言本身已幾乎完全變成一種自我指涉，跳脫活生生的社會脈絡，甚至浮動的記號似已獲得一種自主的權力去改變真實（Gardiner, 2000: 92）。

商品的擬像，目前變成交換與溝通的基本媒介。為了生存，消費主義需要大量的偽裝與幻想，且將之隨時注入日常生活，此種傾向模糊了幻想之消費以及實際事物之間的區別。當然，無止境的影像消費會造成失望與無聊，因為它們不能實現真正的人類需求，這種情形必須靠持續操縱動機與誘因才得以解除，因而一些新的與誘惑的人造需求不斷取代老舊的需求，勒費布耶稱此過程為「需求的退化」（obsolescence of needs）（Gardiner, 2000: 93）。

雖然日常生活飽受資本主義的摧殘，不過勒費布耶並不完全悲觀，他相信在資本主義底下，日常生活還是能夠存活，但是會以一種全面重建的形式而存在。

(三)日常生活的性質：重複與節奏

以一般的角度來看，日常生活可能是指普通與陳腐，但對勒費布耶而言，日常生活是指不斷的重複、周而復始。日常的歡愉是在補償辛苦工作，即使一些非例常的事，例如露營旅行，也是日常生活的一部分，因為它是工作與休閒之循環的一部分，包括年假、週末、生日慶祝等皆是。勒費布耶指出，日常生活由重複性組成，它們包括勞動與休閒、人類與機器的機械性運動、時間方面的小時、日、週、月、年等線性及循環的重複，以及自然與理性的時間。勒費布耶之所以強調日常生活的重複與節奏，乃因為透過這種重複之

觀念，便得以構連日常生活中最根本的操作。日常生活如同生活所有各層面的相互關係，亦即日常生活可視爲不同領域之間的關係，在此，日常生活不只是與特定活動或社會領域有關，而是深刻地聯繫於所有活動，並包含全部活動的所有差異及衝突，日常生活是它們的交會之處、它們的束縛，以及它們的共同基礎（Lefebvre, 1984: 18; 1991a: 97）。

在新資本主義下，日常生活已成爲再製資本主義社會關係的基本場域，現代性代表日常生活諸多性質或特性的「扁平化」，它們被純粹量化的東西所取代，並表現於抽象的商品形式中。這種情形造成深度、複雜性與差異的喪失。日常生活的重複性使它特別容易受到功能主義邏輯與同質化的影響，勒費布耶有時將這種資本主義稱之爲「控制性消費的科層社會」（bureaucratic society of controlled consumption），它代表理性的純粹科層形式已經充分發展，在此，消費凌駕生產，日常生活遭到全面支配與商品化（Gardiner, 2000: 91）。

勒費布耶指出在現代世界中，日常生活不再是具有豐富之主體性潛能的「主體」，它已變成社會組織的一個「客體」，日常生活變成一項被考慮的對象，以及一個被組織的領域，它是一個志願性自我管理的空間與時間。當它被高度組織時，便出現一種封閉的循環，人類的需求會被預先看見，因爲它們是被引發出來的，並且人類的慾望也會被詳細查明。因而日常生活必須突然變成一種完美的體系，目的在將思想予以系統化，以及將行動予以結構化（Lefebvre, 1984: 59, 72, cited in Gardiner, 2000: 91）。

從許多層面來看，勒費布耶的觀念似乎接近於法蘭克福學派，也類似於布希亞（J. Baudrillard）的看法，然而勒費布耶對他們都

採取批判的態度，因爲他以爲不管是法蘭克福學派或布希亞的後現代主義，都未能充分注意到個體的反抗能量。勒費布耶自己的日常生活批判理論，固然指陳了資本主義的破壞性影響，但他並不認爲這就是全部的答案，他相信被支配與壓迫的日常生活，也正是解放希望之所在。雖然勒費布耶晚年改持較爲反省與謹慎的論調，認爲日常生活的頑固可能難以出現革命性變遷，同時也易受科層體制之重新結構的影響（Gardiner, 2000: 74），不過他確實爲日常生活的轉化潛能提供一些值得參考的說明。

二、日常生活的轉化

(一)轉化的潛能

勒費布耶雖然批判現代社會中的抽象理性與商品邏輯，但他卻反對浪漫主義或保守派對現代生活的抨擊，他對現代性的看法是辯證的，既非對一個失落之「黃金時代」的懷舊式沉思，亦不是對一個未來完美社會的烏托邦預測。他反對無限進步的敘事，如班雅明（Walter Benjamin）所稱「空洞的、同質的時間」，因爲這是屬於布爾喬亞的現代主義世界觀。他也反對阿多諾所指的全面退步。相反的，他認爲現代社會同時包含壓迫的與解放的性質。在資本主義下，固然物質及科技的自由潛能與主客觀的異化效應之間的矛盾相當尖銳，但亦是首度在人類歷史中清晰瞥見一種轉化之社會發展的可能性（Gardiner, 2000: 77）。

　　疏離與否定並非如存在主義所認爲的是人類處境的一種必然性，事實上，它們只是一個暫時現象。勒費布耶相信有可能出現一種徹底去異化的社會生活，人性之類存有的完全賦權與實現也有其可能性。這種時刻曾在前現代社會中被象徵性地驚鴻一瞥〔例如在慶典（festival）〕，但從未在現代性之前被實現（Gardiner, 2000: 78）。這種想法並非不切實際，事實上，它是現代社會迫切需要的一個發展方向，此種解放計畫需要對布爾喬亞意識形態予以去除神秘化，因爲這種意識形態遮蔽了日常生活的眞正性質，並壓抑它的潛能。

　　雖然勒費布耶與文化工業的批判觀點皆認爲現代主義之工具理性的控制力量與範圍高度擴張，然而他們的差異在於，勒費布耶較傾向辯證思考、更具樂觀取向，也沒有菁英主義的色彩。

　　他以爲雖然資本主義試圖全面控制消費，但它畢竟無法販賣幸福，因此現代資本主義導致一種普遍的騷亂與不滿之感覺，以及一種深刻的價值危機感，依據勒費布耶的看法，此乃資本主義的阿奇里斯之踵（Achilles' heel），這是指慾望的脫序、渴望逃逸於社會之外、並抗拒被化約成分門別類的需求滿足。然而慾望在日常生活中窒息了，但它亡於一種專業化的脈絡內，因爲如要組織慾望，就必須掌握意符與意旨，但慾望拒絕被意指，因此慾望的符號與象徵只能挑動一種慾望的嘲諷，而絕不會是眞實事件的呈現（Lefebvre, 1984: 172）。

　　勒費布耶認爲應找出慾望，以回到前現代社會的感知與感覺，打破日常生活的單調，並找出自由與歡愉的空間。他主張身體蘊涵一種表達或感覺的能力，藉此，它可構成一個集合點，以抗拒現代性的物化與量化的力量。勒費布耶以爲身體不會任憑肢解而不加以

反抗，也不會被分割成片斷、剝奪其韻律、化約成被登錄的需求、受制於影像與專業性支配。身體是不可化約與顛覆的，它拒絕壓迫關係，身體雖易受傷害與折磨，但它也必然抗拒（Gardiner, 2000: 96-97）。

（二）全人

　　勒費布耶在探討日常生活之去異化的可能性時，使用了「全人」（"total man" or "total person"）的概念，也就是指不再異化的人類。「全人」是慶典式的與嘉年華式的、狂歡的及縱情的，是人類未知的潛能，此種潛能植基於一種由於對社群之澈底了解而發展出來的社會性，這種潛能與社會性不僅能轉變日常生活，而且還是「由下而上」地進行轉變，也就是它源自日常生活。勒費布耶此處的的重點有二，第一，重視創造性對轉化日常生活的重要性與能力，強調讓日常生活變成一種藝術作品。第二，主張瓦解集中式與組織化的社會（Highmore, 2002: 119）。

　　雖然有人認為勒費布耶的「全人」觀念是一種黑格爾（G. W. F. Hegel）的概念，可能抹消差異，並暗示一種普遍的主體性，或一種人類的「真正」本質。此外，「全人」概念過於模糊，可能被法西斯主義與馬克思主義挪用，或被當成一種正當化的工具。不過換一個角度來看，勒費布耶使用這個觀念其實有如一種啟發性工具（heuristic tool）（Highmore, 2002: 124-127），如果人類的理論概念不想落入一種不連貫的多元主義，則可能有必要以某種烏托邦式的焦點（雖然不精確），來號召人們合力進行集體的社會轉型，所以勒費布耶的「全人」可提供一種對人類純粹潛能的概念性認識，而

並非用來指實際的非異化人性。

（三）嘉年華或慶典

　　勒費布耶強調以創造力轉化日常生活、釋放潛能、使日常生活成為一種藝術作品，而嘉年華或慶典便是一種典型的例子。他指出在盛宴期間無限歡樂：跳舞、化粧、變裝、穿著動物毛皮或面具，共同結合而成一種全新的勝景，各種比賽、運動、選美、玩笑、競技等應有盡有，這是過度與踰越的日子，諸事皆宜，百無禁忌。富饒、狂歡、盡情吃喝、解除限制、沒有規則（Lefebvre, 1991a: 202）。

　　勒費布耶重視的是，慶典具有推翻傳統文化價值以追求革命目標的潛能。嘉年華或慶典就是推翻既有建制所設定的差異，例如性別差異與階級差異。然而這種推翻並非完全抹除差異，而是一種否定，並產生重新安排差異的可能性，嘉年華具有烏托邦的潛能，這是一種不同的事物秩序，就呈現於日常生活本身之中。慶典不同於日常生活，在於前者是力量的爆發，這些力量原本就已在日常生活之內緩慢累積（Highmore, 2002: 113-144）。

　　有人認為在勒費布耶的著作中，嘉年華並非顛覆或去異化的例子，而必須認為它本身就是被異化的，在驀然瞥見不同生活的可能性之際，嘉年華只是一個短暫時刻，現代世界中的慶典則是進一步的異化，在此乍然一現（glimpse）已被包裝成可被消費的假日或其他東西。所以若要轉化日常生活，則慶典不能只停留於少數耀眼的時刻，而必須穿透日常生活以及轉變生活。勒費布耶提示的重點不在於嘉年華的基進能力，而在嘉年華的價值是一種應許的註記，

它標示著另一種存在的可能性。放棄一味地全面頌揚前工業的過去，轉而強調慶典的特殊性，它的重要性在於，勒費布耶透過嘉年華此一概念來主張抗爭的對話要素，在此被支配者以過度與慶典的方式來回應支配者及其支配，並暗示了另一種對立面，也就是關於真實性的批判與鬥爭，這種批判的內容是要翻轉世界、換裝（扮裝）、象徵性地逆轉主人與奴隸，在此過程中方能批判所謂真實的文化，其實就是既得利益的文化（Highmore, 2002: 124-127）。可見，勒費布耶是在執行一項重要的文化批判，揭顯與嘲諷正統價值的操作手法，並且質疑其正當性。

(四)休閒的商品化與批判潛能

勒費布耶的重要研究之一，就是分析休閒，對他而言，休閒是一個活動領域，並認為它與工作及家庭等社會領域有關，因此休閒不是一件事，而是許多事。休閒構成許多不同的活動範圍，並不包含一種特定的共同取向，此正是勒費布耶辯證思考的展現，休閒世界既是異化勞動的延續，又是對異化勞動的批判。例如假日露營一方面既維持與勞動的複雜互動關係，也同時否定勞動。它是一種對勞動的補償、一種暫時舒緩工作壓力以及有效延續工作的必要之物，所以它具有異化的烙印，休閒的異化與勞動異化並無二致。露營就和多數現代休閒一樣，與商業化關係密切，不只是出現「假日」的商品化，還包括希望購買新的露營器材等慾望，但它也同時聯繫著人們追求一種不同於勞動的日常世界，而這是一種真實需求，並且批判與否定這個世界，例如：露營可能構連於一種追求與大自然維持不同關係的日子。對勒費布耶而言，現代社會的休閒是資本主

義下日常生活的一種例常事件，也是慶典延續的一種證明。慶典可能因為休閒的商品化而被嚴重異化，但它依然出現，仍然具有批判潛能（Highmore, 2002: 129）。

　　勒費布耶認為當代社會中舉凡休閒、工作或其他活動，都應以辯證方式進行分析，因為它們是主動與被動的複合體，雖然部分是虛幻的，但同時自身也包含對日常生活的自發性批判。這種企求超越日常生活的一成不變，是一種真實需求的表達，一種真正的烏托邦衝動，雖然它本身可能被異化與神秘化。勒費布耶相信一種澈底去異化的計畫有其具體的可能性，雖然表面上看來，這是屬於樂觀與民粹的立場，但勒費布耶力圖避開法蘭克福學派常被指責的菁英主義與唯智主義，同時也拒斥當代文化研究傾向去詮釋意義創造的過程，以及視文化消費本質上為解放的（Gardiner, 2000: 85）。

　　隨著消費社會的成形，休閒、空間及娛樂的商品化都逐一排除了人們的主動參與。相反的，聲音、影像與物質客體皆被被動地消費，而且是以一種「獵奇」（spectacle）的方式被消費。在當代資本主義下，休閒不再是一種慶典、勞動的酬賞，也不是一種自由選擇的活動，它通常展現在電視、電影、觀光等領域中。從資本主義的邏輯來看，若要持續擴張自身的系統，日常生活就必須被進一步理性化並整合到生產與消費的循環中（Gardiner, 2000: 90）。因此勒費布耶指出在日常生活中，每個客體與產品都獲得一種雙重的存在，它既是可認識的對象，也是一種偽裝。所有能夠被消費之物都變成一種消費的象徵，並且消費者被餵養大量象徵，包括精緻與富裕的象徵、幸福與愛情的象徵，結果符號與表意取代了真實，隨處可見的是許多的替代、大量的轉移，一切都只是迴旋於令人眼花撩亂之流轉中所創造的虛幻（Lefebvre, 1984: 108）。

勒費布耶的觀點強調日常生活具有壓迫與解放的可能性，然而在他的討論中，資本主義的控制力量與日俱增，消費原本擁有轉化日常生活的潛能，也迭遭收編而飽受威脅。不過有人以爲情形並非全然如此，以下便是德賽特的看法。

日常生活中的機巧：德賽特

法國社會學家與歷史學家德賽特（Michel de Certeau, 1925-1986）對日常生活提出許多值得重視的看法，一般而言，他對消費與日常生活的觀察較樂觀，更重視非理性的重要性，也更能呈現彈性應變的機動能力。乍看之下，他的觀念與勒費布耶及傅柯（M. Foucault）都有些相似之處，但其實他們之間存在明顯的差異，此反映出德賽特獨特的觀察能力。以下先透過說明及比較德賽特與勒費布耶及傅柯的觀念異同，呈現德賽特的基本立場，再進一步概述他的重要理論內容。

一、基本立場：弱者的力量

基本上，德賽特同意多數左派文化批評者的看法，他相信資本主義對文化社會產生負面與破壞的支配性影響，不過德賽特以爲這些影響不宜被看成全面化與絕對化的控制，他認爲科層控制與資本邏輯固然力圖擴張自己的支配範圍，但是它們並不會形成天衣無縫

的控制體系，另一方面，他也認爲消費者並不如一般人想像的那般
被動無力，反而在他們的日常生活中能夠因應隨時發生的狀況，而
操作各種機巧與靈活的計策，所以德賽特認爲日常生活中充滿著許
多抗拒科層理性宰制的可能性，可以讓被支配者突破箝制及封鎖，
從而「就地閃避」（escape without leaving）支配的社會秩序。因此
德賽特認爲像勒費布耶的理論，其實尚未能眞正認識日常生活的複
雜性與變動性。

(一)消費的解放性vs.被殖民的日常消費

　　對勒費布耶而言，現代資本主義下的日常生活，由於受到資本
力量與商品化的殖民，已成爲千篇一律且劣質陳腐的世界，無法爲
人類的創造與對話提供一個支撐的架構。無數被動與操縱的符號及
影像消費，取代了人們原有的豐富經驗與生活，並提供一種替代性
滿足，消解了任何潛在的社會不滿。其實這是當時許多人的共同看
法，特別是戰後法國面對美國流行文化的大行其道，認爲已威脅到
法國的語言與文化，因而導致對流行文化的反對，並引發流行文化
與精緻文化之爭，其中類似阿多諾（T. Adorno）與霍克海默（M.
Horkheimer）對文化工業的批判，是最典型的一種觀察。

　　然而德賽特反對這種看法，並從1960年代就開始挑戰此種立
場，還主張流行文化的「復興」，此點亦是英國文化研究的標記。
德賽特強調消費與流行文化具有解放性與創造性，並非只是被操
縱。德賽特比布迪厄（P. Bourdieu）更早認爲爭論流行文化及高級
文化的美學優點，會使人們無法了解一種文化形構的運作過程與方
式，以及如何聯繫到權力與支配的動態發展。因此，人們必須注意

一些特殊的文化實踐如何被菁英團體視為知識對象，這些菁英披著科學與客觀的外衣，他們在描述流行文化時所使用的修辭與隱喻，並非「中性」或純粹的描述性用語，相反的，這些論述有助於正當化一種霸權與政治性的計畫。對立於這種霸權的是一種反制，反對將流行文化與日常生活實踐收編到形式化的論述與工具化的實踐中，並賦予流行文化（包含文化消費與意義的挪用）一種過去被剝奪的正當性。

德賽特反對官方的編年史與社會學分析，提倡一種多元化的意義構成的實踐活動，藉此以彰顯與保存人類社會文化形式之不可化約的多樣性。德賽特雖然肯定社會文化批判的重要性，但他也警告人們必須注意它的侷限性，他懷疑我們能由此而期待一種全面的「文化解放」、一種最終的自由，或是一種無限的自發性。他認為社會轉化無法仰賴理論與意識形態，相反的，必須了解社會的可能限制及變遷潛能，而這些只能出自人們在特定時刻中的直接經驗與所能獲得的選項（Gardiner, 2000: 161-162）。由於這種觀念，所以德賽特認為人們大可不必悲觀地面對市場化與商品化的世界，固然支配權力高高在上，然而總有鞭長莫及之處，他相信日常生活中存在著無數的機會與巧門，並認為消費者可以從中進行各種游擊式的抗拒，進而展現消費者的主動與創意。

(二)理性的侷限vs.辯證理性

基本上，勒費布耶堅持辯證思考，並以此批判現代資本主義，他認為現代性的特質之一便是強調抽象理性，因而經常發展出屬於觀念論的、教條的以及脫離具體存在的觀察，而他所重視的辯證理

性則是物質主義與批判的，能夠觀察與說明創造性與想像性的人類活動，例如包括慾望、集體慶典、身體的命令等。值得注意的是，勒費布耶並不認為對當代社會進行理論化，會形成一種宰制與破壞性的權力影響，雖然後現代主義認為這種慾望一方面在認識論方面是很有問題的，且另一方面帶有對探討對象施加一種「象徵暴力」的罪惡，但勒費布耶認為這種理論性知識是社會轉型計畫所不可或缺的。

就此而言，這其中隱含著黑格爾哲學的基本主張，黑格爾認為歷史展現出理性在時間中成長，「真實」(the "real")與「理性」之間具有一種進步性的對應關係，此意謂著現代性標示著人類進一步自我實現的潛能，對勒費布耶而言，雖然現代性存在種種負面缺失，例如異化與商品化，但是這個時期也同樣代表著人類解放的最佳希望，因為它為一個真正的自由民主社會提供了科技與物質基礎。而此暗指了日常生活雖有其隱性的抗拒與解放性，但它本身無法提供動力來促成社會文化革命，因為日常生活過於脆弱與變化不定，太易受到強大商品形式的傷害。

德賽特則以為像勒費布耶的這種看法，本質上仍保留著現代主義式的幻想，以為理論能正確「再現」社會關係的整體，並以為這種知識形式在某方面優於日常生活所產生的非形式化知識。所以德賽特強調應該去注意理性的侷限，包括辯證理性、抽象理性或其他，並提出有關慾望能夠掌握語言與思想中的「真實」(the "real")問題，他之所以強調這個問題，部分原因是因為德賽特傾向精神分析，他重視人類思想與行為中非理性與非論述的成分，以及強調後結構主義挑戰對「真實」與「虛構」的獨斷區別（Gardiner, 2000: 163-164）。就這方面而言，德賽特比其他人更能接近與了解日常生

活，他注意到複雜而多變的日常生活並不能以單一邏輯去規範，或換另一個角度來看，日常生活所蘊蓄的能量，就在於它往往擾亂了那些由上而下的理性設計。

（三）立足邊緣vs.全面批判

雖然勒費布耶強調日常生活，但他的理論有時反而會讓人以為他並不十分關注日常生活，因為他重視的是在陳腐與劣質的日常生活中所出現的一些戲劇性與慶典式的斷裂，例如發生於社會政治動亂時期的工運、學運等，或指一些非西方或前現代的實踐，譬如誇富宴或嘉年華，它們都屬於非異化之社會實踐的重要例子。換言之，勒費布耶重視的是日常生活中的少數例外，而且是一些顯著並頗有規模的實踐。但是德賽特的觀察則更為細緻與敏銳，他試圖在日常生活日復一日充塞著綿密且混亂的俗事俗務中，找出創造性與慶典性的要素，因為它們才是人們在日常的消費行為中所實際經驗到的情形。也就是德賽特注意的對象是那些隱匿於日常瑣事中的抗拒元素，它們或許只是人們慣用的一些反應及辦法，尚未成為論述的對象，因而常被人漠視，也或者它們是一些能做不能說的小伎倆，被認為不登大雅之堂，所以也容易被人們忽略。但是德賽特強調這些要素才是日常生活的重點，是消費者面對非自己能左右的市場及科層控制時的重要資源。

德賽特放棄「全面批判」（total critique）的虛矯，也放棄了一九六八年五月行動人士主張的全面革命之目標。德賽特認為消費資本主義固然高度壓迫與宰制，但它終究不能完全遏止人民自發與想像的能量。事實上，正是由於商品形式的無所不在，以及資本主義

社會所展現的堅韌，其不啻意味著能在此際偵測出抗拒的痕跡，以及一種批判的想像力。許多左派的文化批判人士，皆忽略了邊緣的實踐與儀式中所匿藏的創造力，它們散布於日常隨處可見的食衣住行中，也是人們經常和親朋好友一起進行的活動。據此，德賽特對創造力的解釋大不同於勒費布耶等人，後者主張一種植基於自我管理生活之時空的創造與再創造，此與馬克思主義力圖使歷史從屬於人類計畫的關係密切，因此勒費布耶後來感慨晚期資本主義下文化的片斷性與功利性，並寄望再次出現一個共同與統整的文化。然而對德賽特而言，這種耽溺於一種整合性文化是很有諷刺性的，因為它恰好正是支配當代社會之科技官僚理性的一部分，就是它試圖將世界的內在複雜性與分歧性化約成同質性或相同性，進而否定「他者」的存在權利。所以德賽特不像勒費布耶去強調一種普羅米修斯（Pometheus）式的「全人」概念，他反而更有興趣去探討文化的非系統性與多元性，更願意注意大眾生活所在的「隱匿」邊緣（Gardiner, 2000: 164-165）。對德賽特而言，無用之用是為大用，那些看似零碎或卑俗的，其實飽含價值及能量，可以產生十分有效的妙用。

(四)隱微的抗拒vs.顯著的權力

德賽特認為日常生活與文化消費中具有抗拒力量，這部分他特別強調自己與傅柯的差異。整體而言，德賽特認為傅柯對權力與現代性的討論是很有價值的，因為傅柯較不針對一些明顯的權力（如國家、軍隊、司法），反而更注意權力的微觀運作，也就是權力在日常生活層次的實際運作。不過德賽特反對傅柯在探討監獄的誕生

及形成時，傾向把整體社會的運作化約到一個單一的、支配的程序，例如全敞式監視（panoptical）或規訓，雖然他也同意這些規訓機器的目標是要有效監視與控制各種異質的實踐，但德賽特認為不管是傅柯所指的權力技術，或是阿多諾及霍克海默的工具理性，它們之所以高度奏效其實與特定歷史條件有關，否則單憑這些技術，並不足以確保它們能夠有效產生連貫性或剷除他者。這是因為社會中原本就一直存在著許多隱微或瑣細的實踐，它們可在不同條件下分別發揮高度效能。不過，傅柯、阿多諾及霍克海默都未能說明這種非正式的實踐，其實它們也具有內在結構與邏輯，德賽特認為這些微小的實踐雖未受到歷史重視，但卻叢生於體制的許多縫隙中。德賽特指出傅柯所描述的明顯權力，它們的程序與技術〔德賽特稱之為「戰略」（strategies）〕占有醒目的物理空間（學院、診所、監獄），至於非正式或邊緣的戰術實踐（tactics），則沒有這種固定場所。所以德賽特認為傅柯的理論其實是針對正式權力的戰略，而非弱者用來破壞官方權力的語藝戰術（rhetorical tactics），所以儘管出現顛覆意圖，但仍是透過全面監視與運作去擁護規訓的機器與論述。傅柯想要建立一種規訓的系譜學，但德賽特則想要探討「反－規訓」，也就是一些屬於沉默的、未被承認的抗拒形式（Gardiner, 2000: 165-168），由於德賽特相當重視抗拒與能動（agency）的議題，這種取向使他在當代法國思想家中獨樹一幟，展現出較不悲觀的論調以及具有較大的政治靈活性，是後現代主義與後結構主義理論家中頗為特殊的一位。

二、戰術與戰略

　　德賽特認為日常生活是一個充滿豐富抗爭資源的場域，他以戰爭用語來形容社會世界中當權者與被支配者之間的權力鬥爭，簡單來說，德賽特認為，當權者透過制度化控制機器所行使的操縱策略與支配手段，可稱之為戰略（strategies），至於日常生活中一般人面對當權者所能採取的反應或計謀，則稱之為戰術（tactics）。以下分別說明之。

(一)強者與弱者的力量

　　德賽特指出，所謂戰略是指權力關係的籌劃或操縱，它的運作必須透過確立一些意志與權力的主體，例如：企業、軍隊、城市、科學機構等。戰略須先設定一個地方（place），將之規劃成自己擁有的地盤，並以之作為行動的基礎，藉此來管理和外部的關係，這些外部包含一些它所認定的標靶或威脅，例如：顧客或競爭對手、敵人、城市周遭的鄉鎮地區、研究目的與對象等等（de Certeau, 1984: 35-36）。

　　另外，所謂戰術是一種精心計算的行動，由於沒有自己的地盤，因此它必須在一種由外來權力制訂法則及組織的領域中活動，並設法與之共存。戰術的重點在於必須利用並依賴「機會」，它沒有任何地盤能用來累積勝利的成果、建立自己的位置或籌謀劃策，同時它也無法保持勝利的果實。這種無處落腳的特性讓戰術具有一

種流動性，但是這種流動性必須在行動中隨時掌握任何時刻出現的機會與可能性。它必須在當權者的監視下，警覺地利用特殊時機所開啓的漏洞或裂縫，以便在裡面進行盜獵，或創造驚奇。它出現在最意想不到的地方，是一種狡黠的計謀（de Certeau, 1984: 37）。

可以說，戰略是透過一些建制化的空間來對外部環境進行支配管理，包括一些屬於政治、經濟與科學的理性，都是依據這種戰略性模式來建構，它劃出一條清楚的界線來區隔自己與他者。然而戰術是屬於那些不可能擁有空間的行動，所以它必須倚賴時間，隨時觀察機會，審時度勢，以便機動掌握各種可能性。它也沒有辦法區隔自己與他者，因爲它必須暗中將自己滲透到他者的地方。它不管贏取了什麼，都不可能保有它們，所以它必須不斷地進行各種操弄，使之轉變成有利的機會，因此它總是處於遊走的狀態。

戰略與戰術之不同，在於前者是屬於制度化權力的標誌，所以它是醒目與顯著的、大張旗鼓的，而後者是屬於被束縛於規訓網絡內的一些分散與變化的創造力所採取的隱密形式（Gardiner, 2000: 165-168），所以戰術必須藉由低姿態來確保自己不受注意及檢查，從而得以秘密進行反制行動。

從這裡可以發現德賽特並不強調一種啓蒙理性主義所標榜的完全理性與自主的主體概念，事實上，他更重視實踐的基本操作邏輯，在此涉及一種集體性或結構性的邏輯，也就是任何看似個別行動者的活動、意向或自利行爲，其實都必然從屬於實際使用與社會性的條件。

(二)日常生活中的抗拒／叛變

　　基本上，德賽特認為日常生活中的多數消費活動，都具有「戰術」性質。戰術迥異於戰略，戰略企圖否定時間與記憶，並將之化約成一些可觀察與可解讀的體系要素。戰術則相反，它們是分散、隱藏、變化不定，並依當時情境之具體要求而隨機（伺機）反應。所以戰術是暫時的，必須依靠集體記憶的藝術，並有賴於世代相傳之人民抗拒與顛覆的傳統。戰術旨在使弱者變成宛如強者，創造柔弱勝剛強的可能性，在弱者無法直接挑戰或對抗的既存權力結構底下，為弱者取得各種可能獲得的機會及好處（Gardiner, 2000: 168-174）。德賽特的這種信念，為日常生活中許多平凡的無名小卒賦予一種力量或潛能，以此觀之，被支配者不再是過去那種備受宰制與壓迫的無力個體，他們固然一時之間不能翻轉世界，然而卻可能利用自己寄生於支配權力結構，一方面從中汲取生存養分，另一方面釋放破壞因子。所以德賽特不像法蘭克福學派的人把資本主義制度與文化工業想像成全面控制的支配系統，也不像傅柯強調全敞式監視的權力關係和規訓社會所造成的自我管理。另外，他也不像布迪厄認為特定社會空間中存在一種制約思考及行動的實踐邏輯。相反的，他主張存在一系列矛盾與多樣的、或隱或顯的邏輯。德賽特雖然也相信建制化的支配管理有其強而有力的影響，不過其中依然布滿罅縫與破綻，因此作為資本主義社會下的被支配者，並不至於受到結構決定的控制，事實上，德賽特認為被支配者能夠產生反一規訓的力量，雖不致能推翻既有權力結構，但起碼應可為自己獲得某種更為有利的自保條件。

　　從德賽特的觀點來看，權力的作用及影響並不是絕對的，同時權力（特別是弱者的權力）必須不斷操作才得以維持。對弱者而言，這些權力操作並無定則，也不宜規則化，因為弱者必須善用自己卑俗而隱微的處境，視狀況而進行不同的機動對應，規則化或形式化皆是不智之舉，易讓自己暴露於體系的檢查機器之下，所以不停地遊走，匿藏於邊緣，伺機而動，才是上策。日常生活中的抗拒不是採取明目張膽、眾目睽睽的方式，也不必要求規模可觀，反之，且戰且走，遁入地下，隱沒市井，憑藉機敏的觀察與判斷，觀風望勢，以一種見首不見尾的游擊戰術，進出體系、利用體系，創造獨特的生命情境。德賽特意圖為消費資本主義下的弱者譜寫小人物狂想曲，讚賞無數在邊緣戰鬥的無名眾生。

三、消費的潛能：消費令人「有力、悅志」

　　由於德賽特不以生產對立於消費的方式來觀察資本主義體系，所以不傾向認定消費是屬於完全被動的範疇，雖然消費者的機動範圍是高度受限的，不過透過機警地注意情境，以及靈活地採取適當的行動，消費者仍然有可能獲得主動及創造的機會。因此消費能夠變成一個賦權的場域，消費的愉悅不盡然是被商品操控的結果。

(一)文本盜獵

　　對德賽特而言，消費的潛能主要展現於消費者對文化產物的利用、挪用與賦予意義的過程中。而其中挪用之最具代表性的例子就

是解讀，或是對視覺象徵的理解與詮釋。德賽特認為解讀是一種戰術性的活動，而且是極為重要的一種，因為當前媒介飽和的社會愈來愈倚賴於符號與視覺性製碼的資訊。這部分德賽特與「讀者一反應理論」及「接收理論」一樣，他主張解讀行為表面上看似被動，但其實是一種「靜默的生產」（silent production）。一般而言，以一種純粹而直接方式去解讀文本是少有的情形，而且非常困難，事實上更常見的情形是，讀者漫步於文本的表面，挪用與盜獵某些影像、文字或段落，並忽略其他部分。在此，讀者建構了呂格爾（Paul Ricoeur）所指的「文本的世界」、一種想像的領土，它們可能是作者從不曾預見或料想到的。德賽特認為文本變成一項文化武器，一個私人的狩獵區（de Certeau, 1984: 171）。

眾所周知，人們經常在重讀一本書時發現以前的解讀有誤，德賽特認為我們不應把「誤讀」文本視為一種不適當的行為，因為這正好彰顯出讀者普遍未被動接受文本的「權威」，反而是去尋找他們自己的愉悅與個人的意義。德賽特強調當一位讀者趨近一項文本時，他是在進行盜獵（poaches on it）、在改寫它。如同一個房客將原本空無一物的公寓，藉由放置各種傢俱而予以轉變成一個可以居住的空間，並對這個空間賦予主觀意義。讀者在文本中穿插自己的敘事、影像、慾望，因而當代的消費呈現出一種精緻的「房客」藝術，他們知道如何暗中把自己無數的差異滲入支配的文本中（de Certeau, 1984: xxi -xxii）。

德賽特認為日常生活的對話包含著一些複雜的實踐，它們會挪用與轉換傳統的語言系統，將之變成一種「口語組織」（oral fabric），把說話者拉攏在一起而去生產語言具體脈絡的獨特意義，因此言說（speech）在本質上就具有修辭性與戰術性。德賽特認為

「交談」是在操弄「共同性」與事件的藝術中，一種即興與集體的效果，使之感覺到舒適宜人（de Certeau, 1984: xxii）。德賽特還認為這種解讀與言說的操作特性，可延伸到其他實踐，換言之，語言領域以及社會實踐的廣大網絡之間，二者在行動的管理程序方面具有對應性或相同性。德賽特的分析也包括影像消費（電視、電影），這些分析對當代文化研究具有重大影響。德賽特認為記號學者〔例如巴特（Roland Barthes）、李維史陀（Claude Levi-Strauss）〕所使用的語言模式，無法說明權力、支配與抗拒的機制，所以他主張將語言學典範替換成對抗典範，以便能分析強者與弱者之間的戰爭或競賽，並關注弱者可能採取的行動（de Certeau, 1984: 34）。在這些實踐中，未被承認的生產者，能發展出非決定性的軌跡，它們異於既定文本、客體與空間內醒目的支配理性，並且勾勒出各種利益與慾望的奇招妙式（Gardiner, 2000: 174-178）。

換言之，在解讀與言談之間，人們對所接觸的文本和語言形式並非照單全收，而是不斷地去改造與挪用，力圖使之納入自己的操作範圍，並符合自己的運作形式，從而產生一種具備特殊意義的非異化結果。所以德賽特認為解讀是一個創造性的過程，讀者在他者建立的意義結構中，另行開拓自己的意義世界。

(二)消費即生產

在德賽特的想法中，社會世界無法僅從表面被了解，也不宜以簡單的化約方式來涵蓋其中的複雜性。對被支配者而言，他們必須同時生活於兩個世界中，一個是統治者設定與規範的世界，另一個是他們自己小心翼翼拓展的世界，並且這兩個世界之間無清楚的界

線，常常是在不得不寄生或服膺於統治秩序下，還同時存在著一個避秦之地。

　　德賽特表現出對日常生活的信心，認為日常生活不會被資本主義殖民化，因為他相信大眾具有不可忽視的能量。從資本主義的生產邏輯來看，固然大眾是屬於邊緣性的，並且這種邊緣化被用來再製消費資本主義，但他不認為「體系」是自足的，同時體系的再製是由於社會行動者，所以雖然消費者的行動受到限制，但他們仍能以許多新穎與創造的方式去利用所獲得的資源。易言之，我們必須高度注意具體情境，包括從事消費的社會團體、商品的性質，以及在消費過程中產生作用的力量（例如，特定的消費場域為何？公共的？私人的？半公共的？）。為了充分探討這個文化領域，我們必須聚焦於經濟架構內消費特有的操作種類，以辨識出創造力與自我表達的隱藏要素。雖然消費者的文化活動大部分都是隱晦的、難以解讀，並逃離官方權力的凝視，但它們確實存在並出現。這些都是消費者以各種非預期與驚奇的方式尋求挪用、使用與建構意義的過程。

　　德賽特認為「消費的戰術就是弱者聰明地去利用強者，因而引導出日常生活的一個政治向度」（de Certeau, 1984: xvii）。因此德賽特反對布迪厄式強調社會階級的決定性影響。在日常生活中，消費者採取「漫遊」或非形式化的實踐去從事「生產」，這些實踐所服膺的內在邏輯，通常圈外人無法了解，雖然這些實踐最終還是須利用到菁英階級提供的語彙和資源，但它們被採用的實際形式已反映出消費者另有圖謀的其他利益與慾望，因此並未受到系統的決定或掌握（de Certeau, 1984: xviii）。這種創造性挪用或非決定性使用的過程，代表一種「改寫」（transcription）的行為，它將原本內含於

商品中的象徵性及物理性的材料，轉變成一些極為不同的其他東西。

　　由此觀之，消費並非受到生產的制約或決定，前者本身就是一種生產過程，它可以跳脫原設計者的規劃，重新建構產品的功能與價值，所以消費的意義並非命定的。

(三)流行文化

　　由於德賽特對消費的樂觀看法，所以他對流行文化也具有較為積極的觀察。這點源自他對馬克思主義的不同看法。

　　德賽特挑戰正統馬克思主義者對生產、需求與意識形態的假定。首先，德賽特反對馬克思主義式的「勞動的形上學」，因為這種立場主要認為人們是在勞動過程的生產與再生產活動中獲得自我實現，但德賽特主張個體是經由消費才獲得一種認同感與自我意識，或者更具體地說，消費才是晚期資本主義條件下的生產場域，因為需求係經由日常生活實踐與消費者的慾望而被定義，而非由知識菁英來界定。德賽特質疑區分「真」和「假」需求，或「使用價值」與「交換價值」的有效性，這種區分被一些批評者視為非歷史與菁英的觀點，但卻是多數左派文化批判的基石，特別是法蘭克福學派。最後，德賽特反對「支配的意識形態」之論題，他認為大眾並非「假意識」的受害者，他們並非內化菁英提供的價值與信念，雖然他們無法清楚提出自己的異議，但他們是以一些現成可用的、較不明顯的，與較不硬碰硬的方式來顛覆權力結構。所以，德賽特應會反對布希亞以為廣告與其他媒介賦予商品的象徵內容，會隨著商品而被消費者自動吸收，德賽特相信艾柯（Umberto Eco）所指

的「語意的游擊戰」，認爲消費者能夠從事一種不受限制的想像（Gardiner, 2000: 168-174）。

因而對德賽特而言，流行文化能夠讓消費者逆轉被動的處境，改而扮演生產者的角色，結果原本資本主義那種理性化的、擴張主義的、集中化的、獵奇的與喧囂的生產，如今遭遇到一種完全不同的生產，也就是「消費」，它的特性爲充滿奇招、斷裂、盜獵、隱密、活力十足但靜謐的活動，簡言之，具有一種準—隱形性，因爲它並不直接展現自身，而是利用那些強加於身的行爲而顯現出來（de Certeau, 1984: 31）。所以消費者的生產成爲一種資本主義生產下的反制力量，它創造一種屬於消費者與弱者的獨特脈絡，在看似服從或順應的表象下，醞釀主動與積極的生活經驗。

以此來看，流行文化並非澈底商品化，也不必然成爲階級結構影響下的收編工具，透過消費者的各種挪用及解讀，它們可變成消費者在日常生活中的建構素材，欺敵於無形，偷渡另類或異端的實踐。

❖ 現代性、日常生活與媒介消費

依據以上的討論，人們可以認爲現代資本主義下的日常生活是複雜多樣的，也就是說可以從更多的不同角度來觀察日常生活，因此它們分別對媒介消費經驗具有不同的意義。

一、異化與潛能

如果單獨以馬克思主義的觀點來看，很容易產生一個結論，便是現代資本主義的宰制力量不斷擴張，以致包括日常生活與消費都無法逃脫商品邏輯的控制。因此在當前的環境中，不僅勞動過程受到剝削，連消費休閒都同樣被置入市場操縱的範圍內，造成異化現象進一步滲透到每個人的日常生活與消費活動中。

不過對德賽特或其他人而言，這種觀察未免失之過簡，是以一種主動／被動二元對立的邏輯去簡化日常生活與消費的複雜性。誠如勒費布耶認為日常生活具有轉化的潛能，德賽特更進一步以為消費本身具有高度的戰術性質，因此日常生活是一個充滿抗拒與創造能量的空間，而非一個備受殖民的場域。所以我們可以說，日常生活的複雜性就在於它可能同時具備異化與潛能的性質，以下進一步說明之。

(一)資本主義與日常生活

隨著社會日益分工與專門化，人們的生活逐漸分化成不同部分，形塑公私領域及各種社會空間的界線，同時也因此規範了行為表現模式。這種發展過程主要建基於理性主義的觀念基礎，由於理性主義成為現代社會中最重要與最具主導性的意識形態，因此它不斷擴張其支配版圖，雄霸人類各種生活領域，包括日常生活。目前的問題不僅在於理性主義本身的偏狹性發展，例如備受批評的工具

理性膨脹，還在於理性主義不斷排擠其他生活經驗，導致社會的單面向發展。因此現代人的生活飽受壓抑，理性主義意識形態在政治、經濟、文化等領域中，藉由建立霸權而使人們不自覺地接受它的支配，並主動進行自我壓抑以服膺理性主義之資本主義的各種要求。

因此消費及休閒也從屬於這種意識形態的控制，例如我們經常區分出所謂理性的消費以及非理性的消費，認為某些閱聽行為是理智的，而有些媒介使用則是屬於愚蠢的或病態的。例如父母師長常鼓勵兒童青少年多接觸資訊性與社教性的「益智」媒介內容，認為這些內容有助於兒童的理性發展，並憂心某些被認定為「不良」媒介會影響青少年的心智能力與道德能力。

在我們的社會中，媒介存在若干分類，質報vs.小報、精緻的vs.低級的、男性的vs.女性的、成人的vs.兒童的等等。這些分類預設了對閱聽人及社會的可能效果，包括正面與負面的影響，因此這些分類與預設成為一種制約閱聽行為的重要因素。更重要的，資本主義生產體系為求利潤最大化，會充分利用這些分類概念，進一步發展出標準化與規格化的產製模式，在媒介內容中一方面強化主流價值與支配性意識形態，另一方面壓縮了不同的或另類的經驗空間。

特別是傳播科技的高度發展，大力助長媒介的普及性與易得性，因此消費資本主義的價值與主張隨著傳播媒介極輕易地進入每人的日常生活，五花八門的廣告與行銷不斷明示與暗示，產品必將緊密地銜接著一些生活風格與自我價值，而這些又是現代理性主義社會視為個人成就與生活意義的重要指標，因此商品焉能不具吸引力，消費焉能不受重視。廣告行銷所操弄的商品拜物現象，讓產品

及其象徵本身成爲一種神奇的魔術表演，甚至能再現社會集體性，例如可口可樂曾經設計一系列電視廣告，呈現許多不同種族與文化的群體，大家和樂融融地齊聲歡唱（Jhally, Kline & Leiss, 1985），在商品的引領下，一切美好事物都將降臨，人世間的各種階級或族群衝突皆消弭於無形。

然而這種情形並非只限於廣告，新聞與娛樂媒介同樣扮演類似的角色，隨著媒介日益資本主義化，新聞廣告化、置入性行銷、資訊娛樂化等趨勢愈來愈常見，日常的媒介使用其實是在跟無數的商業資訊與宣傳打交道，媒介本身就是商品世界的重要組成，同時也是後者的中介。

(二)後現代的遊戲場域

以文化研究與某些後現代主義的觀點來看，上述的說明就顯得過於悲觀，忽略了眞實的個體在日常生活中的實際生活與經驗，而只是從體系及制度的框架進行觀察。

許多消費理論都將消費視爲旨在複製或完成生產，並強調商品化過程，因此消費成爲一種抽象與同質化的過程〔例如齊穆爾（G. Simmel）與布希亞傾向這種看法〕，然而我們無須將消費化約爲商品性質，也不必要將消費化約爲獲得商品的過程。相反的，消費是一種轉換活動，把客體從原本的異化狀態轉變成非異化的狀態，從一個陌生與價格的象徵轉變成一個被賦予特殊內涵的東西。這種文化實踐除了構成社會區別之外，它們也具有建構社會關係與認知秩序的能力，因而會產生道德觀念、理想世界與其他的概念、原則。

如果一個商品被定義爲抽象象徵與壓迫結構的產物，則消費的

客體便是對商品的否定。雖然客體的物質形式在消費過程中仍然不變，但它的社會性質卻已截然不同。當然，並非所有的消費皆能如此，也不是現代經濟中的所有參與者都能實現此目標，然而人們不得不承認，這種情形確實存在於消費中。消費和生產一樣，可以經由重新挪用的過程而出現一種客體化的完整計畫，在此主體可以與他者安然相處。當產品不只被視為商品時，便可能出現這種消費的可能性，並成為現代文化的一種主要構成內容。這裡出現一個諷刺的情形，即唯有經由創造性地使用產業製造的商品，人們才可能反制資本主義。不過這點也讓人們得以主張消費活動是一種持續的抗爭，透過挪用異化狀態中的產品與服務，使之轉變成非異化的文化，進而創造自己的意義產物。這種觀點還能進一步強調建構主義的自我觀，以有別於本質主義的自我觀，前者認為自我概念作為一種文化形式，總是不斷受到社會判準的重新評價，因此消費對建構自我具有某種程度的重要性，而後者則以為自我遭受資本主義商品文化的污染或偽裝（Miller, 2001）。

換言之，消費其實是一個重新脈絡化（recontextualization）的過程，並且這個過程充滿了不確定性（Silverstone, 1994: 118-119），因為消費者在從事反異化的活動中，並無固定規則或模式。電腦可以作為一種像俱擺飾、報紙具有不錯的吸濕效果、有些褓姆利用電視來安撫小孩。德賽特以為日常生活充滿各種機會，固然可能是一種過於樂觀的想法，不過這種說法對平凡百姓與一向居於弱勢的消費者應該很具吸引力，事實上，這些原本就是許多人處世之道的一部分，上有政策，下有對策，總不能坐以待斃，因此各種千奇百怪的走後門、鑽漏洞等所謂「臨機應變」的情事層出不窮。特別是晚近拜傳播科技之賜，一些媒介設得以讓閱聽人處於更有彈

性的處境，利用遙控器的快速前進、轉台、編輯功能，傳統的媒介文本變得更不固定，電腦科技更讓使用者同時成爲訊息的製造者與傳遞者，改變了閱聽人與傳播者的相對位置。

有關迷（fan）的研究更是將這種現象推到極致，相關研究指出迷們如何成爲創造者與生產者（例如： Fiske, 1992; Lewis, 1992; Grossberg, 1992; Jenkins, 1992），他們也能聚沙成塔，集結多人力量，建構各種各樣的社群（影友會、後援會），進一步影響原本的生產機構。許多偶像明星的影友會不僅人數眾多，舉辦活動及動員力量皆相當可觀。當然，左派評論者還是會質疑這種現象，認爲這些所謂的迷仍然受到媒體產業及商業活動的操縱，並且是更精緻化的操縱。然而主張讀者反應理論與接收分析的人，則強調閱聽人的解讀並非完全受制於文本，特別是媒介消費乃發生於日常生活的複雜脈絡內，其中許多不同的情境、人際與個人因素，都可能影響當時的媒介使用與解讀經驗。如果說純粹而直接的解讀是特例，誤讀才是常態的話，那麼即使閱聽人想要百分之百與文本結合，也是一項很困難或不可能的事。德賽特認爲戰術處於一種半隱形狀態，因而得以自由操作，同樣的，媒介消費與解讀通常不易掌握，因爲它們在自然情境中，如水銀瀉地般地流竄於日常生活的各個角落，或客廳、或臥室、或街頭、或車上、或凝神注視、或驚鴻一瞥、或獨自一人、或三五好友、或大庭廣眾。閱聽人的媒介使用並沒有清楚與具體的輪廓，它們或者與日常作息交雜在一起，或者隨性又隨機地此起彼落。

閱聽人以各種文本盜獵的手法去挪用所接觸的媒介與媒介內容，已不再是可能與否的問題，而是究竟能夠操弄到怎樣的程度，以及如何讓閱聽人獲得與學習更多樣的戰術。

現在多數人都已知道媒介不可盡信，並學會以嘲諷方式來看電視，同時只要利用錄影機與遙控器，就可以避開絕大多數的廣告，另外也有些叩應節目的觀眾對打電話或騷擾討厭的節目頗有一套。這是個有待進一步開發的領域，在一個媒體勢力如日中天的局面下，如果閱聽消費者的力量尚無法與之爭鋒，那麼另闢蹊徑採取輾轉迂迴的方式，或許仍有以小搏大的可能性。此處要強調的是，雖然體制改革很重要，但也不排除其他另類的反制行動，閱聽消費者可以遊走、嘲諷、批判、抗拒、挪用、盜獵等等，它們包含嚴肅冷靜的分析、義憤填膺的反應，也可以將計就計、旁觀冷笑、愉悅的遊戲，簡言之，閱聽人必須是機靈的、具有玩／頑耍的能力。

二、日常生活中的媒介消費

勒費布耶認為尋求能夠展現嘉年華與慶典精神的「時刻」，才得以抗拒資本主義的制度性支配，而德賽特認為這種「時刻」其實廣布於日常生活中，因此人們有必要發掘閱聽人在日常的媒介使用過程中，存在或隱含哪些積極的能量，而在此之前，必須先了解媒介消費過程的特性。

(一)媒介消費過程的要素

西弗史東指出媒介消費過程包含六項要素（Silverstone, 1994: 124-131），以下簡要說明。

第一，商品化（commodification）：主要指產業與廣告的影

響，這些過程製造出物質與象徵的產品，並將它們轉變成可銷售的商品，以便進入正式的市場經濟。商品化也指這些物質與象徵的產品包含的意識形態，它為這些產品設下定義，並表達出社會的支配性價值與觀念。不過人們不宜將商品化視為消費過程的起點，因為消費過程是循環的，強調消費循環有助於人們注意到物體的商品地位是不斷變動的，物體可以同時是商品與非商品。

第二，想像（imagination）：商品在廣告與市場中被建構成慾望的對象，而此有賴於廣告與市場能有效建立一種意象（image）的引誘，誘發消費者對商品產生美好的想像。然而在這些意象中，消費者的想像卻又必然是一種挫敗的經驗，實際上人們出現失敗的消費經驗遠多於成功經驗。因此布希亞指出消費有如一種集體的歇斯底里，其導因於消費者對物體貪求無厭，卻永遠無法滿足的慾望。在此，需求無法界定，因為需求並非基於想要一種具有某種功能的物體，而是源自於一種追求差異與社會意義的慾望。廣告創造了追求社會意義的慾望，並經由這種慾望去呈現產品，所以產品總是被想像與被夢想的，這些夢想的核心是理想境界以及更美好的真實世界。在實際的消費活動中，產品被購買之前，必須先被想像（但購買後，隨之而來的常是幻滅），就此而言，購買是一種轉化活動，在想像與真實之間劃出界線，在物體的意義上開啟一個想像與實際活動的空間。

第三，挪用（appropriation）：米勒（Daniel Miller）指出產品（科技或訊息）被售賣之際，就已經被挪用了，產品此時脫離商品世界與交易世界，並被某個個人或家庭擁有，產品由於這種挪用而變成真實與有意義的對象。所以挪用代表物體跨越正式經濟界線的一刻，它也展現出消費核心存在的特殊緊張關係。在日常的消費活

動中，人們依賴大量製造之物質與象徵的物體，但同時也在消費中表現出人們創造性地參與大眾文化的自由。

第四，對象化／客體化（objectification）：挪用出現於對特定產品取得所有權之時，而對象化／客體化則發生於展示之際，並呈現出家庭的自我意識與自我定位所依據的特定原則，這些原則會形塑地位意識，進而界定出家庭內建構的性別差異與年齡差異。對象化亦發生於家庭室內布置裝潢，從各種產品被安排與展示的方式，以及由此創造的環境裡，可看出屋主認同的價值、美感與認知形態。藉由觀察這種對象化的運作，便可了解家庭空間的分化形態，包括私人的、共享的、對峙的；成人的、兒童的；男性的、女性的等。對象化並不限於物質客體，電視節目（與其他媒介文本）亦有其展示機制，首先，電視節目具有商品地位，它們可以被挪用，也會經由展示（例如張貼明星相片）而在家庭中被對象化，媒介內容亦會進入家人談話而被對象化，電視演員或新聞事件的主角也可能成為認同與自我再現的基礎。

第五，收編（incorporation）：這是指科技與物體被使用的方式。科技產品具有功能，但它們也可能因消費者的其他考量而被購買，並被用來達成其他文化目的。消費者眼中的科技功能可能異於原來設計者的構想，原有的功能可能改變或消失（例如原本為了教育目的而購買家用電腦，但後來變成遊戲工具，或被束諸高閣），若要使科技產品產生功用，就必須為它們在家庭生活中安排一個位置，它們必須被編入家庭的日常習慣中，這種收編包括時間的控制與使用（例如利用收音機作為陪伴工具或充當起床鬧鐘）。前面敘述的對象化較著重家庭生活的空間面向，而此處的收編較強調時間面向，例如電視可能成為家人共同作息時間的架構。科技產品的收

編方式與家庭中的性別與年齡分化有關，並可被用來強化某些人的家庭地位，例如爭奪遙控器或電腦的使用權皆會反映出家庭權力關係。

第六，轉換（conversion）：前述對象化與收編旨在說明家庭的內部結構，而轉換與挪用則側重界定家庭與外在世界的關係。雖然家庭已成為協商與轉變異化之商品的基礎，但是如果沒有對外展示，如果未接受外在世界的意義，則轉變的結果依然是屬於私人的，因此挪用之所以具有社會意義與重要性，乃因為還有轉換的運作，也就是產品及其意義被家庭用來界定與宣稱自己的社會地位。如今，人們將電視內容作為日常閒談的素材、兼用電話與面對面交談來傳遞訊息、同時依據電視廣告以及鄰居或階級文化來決定購買行為，這些都已是普遍現象，因此電視在家庭中具有雙重構連：其一，促進轉換（與對話）；其二，成為轉換（與對話）的對象。換言之，挪用與轉換是社會成員及其文化能力的一種指標。

在西弗史東的說明中，我們可看到消費並非只是購買，而是一種改變產品之商品地位的過程，將原本異化的商品變成一種具有獨特意義的對象，而其中包含想像、挪用、對象化、收編與轉換等機制，這些機制都是關於意義改造與創造的活動，因而屬於閱聽消費者主動操作的領域，雖然其中仍然可能受到社會文化的影響，例如性別刻板印象或階級品味，不過畢竟它們並非凌空而降地堂皇直入家庭生活，而必須有賴於閱聽人的協商才能進一步產生影響。因此以下進一步觀察閱聽消費者如何操弄這個意義協商空間。

(二)媒介的日常意義建構

此處不宜用二元對立的方式去解釋閱聽人的意義建構，固然閱聽人能夠主動操弄符號與解讀文本，然而他們並非可以天馬行空地任意揮灑，因為閱聽人的媒介使用必然位於某些情境之內，因此情境條件所加諸的限制，並無法憑藉閱聽人的主觀而幻化於無形，不過閱聽人還是能夠在某種程度上去嘗試與所面對的限制進行拉鋸戰，所以閱聽人的解讀是主客互動的結果。

一般而言，閱聽人似乎只能選擇與使用特定時代及環境所提供的媒介資源，同時還會面對特定生活情境所構築的框限，例如台灣許多中學生都會經歷被嚴格限制電視收看時間與種類的日子，因而有些人被迫轉而選擇報紙或廣播作為替代資源，一些住校或在外租屋的大學生，他們的媒介使用模式大都與原本居家時期不同，必須做某種調整，因此可發現，其實每個人的媒介經驗並非只是客觀環境提供媒介資源的結果，而還要仰賴閱聽人自己去進行某種程度的爭取、變通、經營、建構等，這其間會涉及他們與家人或朋友同學之間的衝突、妥協與合作，因此他們不只須部署可用的媒介，還須處理牽涉的人際及社會關係，更重要的，他們必須運用巧思把相關的多種複雜元素，進行最適宜的組織，並依據自己的生活形態而彈性地因時因地去營造不一樣的媒介環境。值得注意的是，這些過程並非只是一種對媒介的操作，其實在一些看似瑣碎的或無關緊要的行動中，它們彼此扣連成一個盤根錯節的意義網絡，表面上看來可能只是閱聽人日常作息的一些例常活動，但卻是他們的日常世界得以日復一日持續運轉的重要基礎，並隱然呈現出他們在種種前述之

堅持、協商或共享過程中所蘊涵的認同、價值與經驗模式（盧嵐蘭，2003， 2004）。

閱聽人有時並未清楚意識到所面對的限制以及自己的操作，當然其中也有許多嘗試錯誤或擺烏龍的情形，因爲這個領域尙無理論，沒有定律，是一個必須依靠摸索而從做中學習（learning by doing），但也因爲如此，所以它可能爲閱聽消費者製造各種樂趣，包括在試驗、設計、創造、挪用之間衍生的得意與喜悅，閱聽人也許有時會苦哈哈地感覺左支右絀，但也會有狡計得逞的快感。

本章探討日常生活的媒介消費，旨在說明日常生活的複雜性與多變性，強調閱聽人的媒介使用既以日常生活爲脈絡，並同時成爲日常生活的肌理。同時透過勒費布耶與德賽特的觀點，呈現日常生活一方面深度殖民與異化的現象，另一方面又彰顯及飽含抗拒與創造的潛能，目的在凸顯日常生活的多元性質，據此進一步說明媒介消費在其中所承受的限制以及可能出現的主動與遊戲能量。

註釋

1 雖然由於傳播媒介無孔不入，現代人的媒介使用經驗已成為極平常的行為與經驗，不過對傳播的學術界與業界而言，閱聽人還是一個不太能明確掌握的對象。從某個角度來看，閱聽人難以掌握或認識，未必全是不好的事，至少它隱指閱聽人尚未被完全瞄準或鎖定。另一方面，也反映出閱聽人研究中的困難之一，有一部分是媒介使用的情境所致，因為媒介消費乃發生於日常生活，但我們對日常生活的了解往往不夠，因此也就對閱聽人產生各種有限的認識。

第四章　家庭與媒介消費

　　家庭是日常消費的主要場所，更是媒介消費的重要情境，強調日常生活脈絡的傳播研究大都會以家庭爲主要觀察背景，雖然日常生活不只包括家庭，但家庭生活卻是一般閱聽人從事媒介消費的重要參照點，同時許多媒介的訴求方向也針對家庭中的閱聽人，因此媒介使用經常必須聯繫到家庭情境。不過近年來隨著社會變遷，家庭及其相關概念也出現顯著的改變，因而連帶使媒介消費產生不同的面貌，並具有多樣的意義，本章將從家庭作爲一個現代社會的觀察側面，勾勒家庭及相關現象的主要問題，以進一步說明媒介消費與家庭生活之間的動態關係。

✵ 家庭與閱聽人

　　對現代人而言，家庭可能是最素樸自然的觀念之一，因爲多數人從出生到死亡都一直與家庭維持相當密切的關係，所以傾向認爲「家庭」是一個理所當然的生活情境，也因此容易忽略家庭其實是一個複雜與變動的社會文化現象，以及它被賦予的霸權式概念所可能衍生的問題，所以人們有必要謹慎面對這個與自己極其切身的對象。

一、家庭與公／私領域

(一)公／私領域的意識形態

　　由於社會分化而導致生活世界被區隔成公領域與私領域，私領域的建立確保個人生活能夠不受社會制度與公權力侵擾的自由，也使個人隱私得以獲得某種程度的保護，這對人權的發展具有重要價值，直到現在人們依然強調私領域的不可侵犯是基本權利之一。然而值得注意的是，如何劃出私領域與公領域之間的界線，以及公私領域的分野是否固定不變，這本身便是一個具爭議的問題。

　　眾所周知，恩格斯（F. Engles）認為一夫一妻制的核心家庭與私有財產權的發展具有密切關係，它們使得女人與小孩成為男人的財產，由於私領域的出現與資本主義社會中布爾喬亞階級的發展關係密切，因此公私領域的劃分便涉及利益與權力的爭奪，女性主義者很清楚私領域對公權力的禁足，正好強化了男人對女人與小孩的壓迫與剝削，家庭暴力得以受到清官難斷家務事的包庇，雖然目前已逐漸改變法不入家門的傳統觀念，不過多數人仍傾向認為私領域應不受外力干預。其次，相較於整體社會重視的是公領域的經濟活動，私領域的再生產活動往往被認為不具價值，因而使得私領域中的家庭主婦變成無償的勞動者，同時「家庭薪資」更使許多婦女成為男性的附庸，因此，人們發現私領域可以同時是被保護與壓迫的地方。此外，公私領域的劃分通常被聯繫到理性與情感的對立，並

被對應於男性及女性，因此前者的社會、文化與政治意義總是大於後者，公領域成為男性／白人／中產階級支配的社會空間，因此一般而言，公／私領域的界定包含一種不平等的觀念。

自從「個人的就是政治的」口號大行其道後，私領域開始獲得比以前更多的注意與討論，這種發展雖使私領域的重要性與日俱增，但由於它益發成為一種系統與科學化的論述對象，因而同時也將一些社會監視與規訓力量進一步加諸私領域之上。隨著工作形態與新科技的不斷發展變化，工作地點不再侷限於辦公室，許多人在居家生活中仍然同時處理公務，因此公私空間並不易截然劃分，特別是新科技使人們得以突破空間與時間的限制，因而人們也漸漸注意到公私領域的界線愈來愈模糊，有人在公共場所從事私人活動，也有人在私領域中進行公共事務，更甚者，有些既非工作又非私人生活的活動，也很難以二元對立的方式來進行歸類，因此如何定義公私領域，便成為一個相當麻煩的問題。至少目前可以斷定的是，傳統的公私領域的概念被認為過於化約，因為它已不足以或不適合說明當前日益複雜的社會現象。

(二)家庭神話

工業革命之後，由於工業經濟的需求，核心家庭成為現代社會的基本組成單元，也因此核心家庭被視為主要的家庭形態，並由此而產生對核心家庭的一種刻板印象，除了傾向將核心家庭視為一般與普遍的家庭形式外，還對之附加一些特定的界說，進而形成對家庭的一種共同想像，也因此制約了人們對家庭的認識與期望，並排擠與貶抑非主流的家庭形式。

　　但在實際社會中，除了核心家庭之外，還存在許多不同形式的家庭，包括單親家庭、再婚家庭、隔代撫養的家庭、同性戀家庭等等，不過這些非主流的家庭形式經常被貼上「異常的」標籤，新聞報導也經常去強調它們與一些犯罪行為之間的關係，例如強調一些犯罪青少年出身單親家庭或隔代撫養的家庭，隱指這些家庭無法發揮教養兒童的功能，也強化了家庭應扮演教育及社會化角色的觀念。此外，許多國家仍然不接受同性戀家庭是一個受到法律承認的對象，因而剝奪了它們的若干權利。簡言之，我們的社會存在著家庭歧視，以「正常／健全」家庭vs.「不正常／不健全」家庭來進行一些說明與歸因。

　　也由於家庭多是由具有血緣及親屬關係的個體所組成，因此被認為是一個關係緊密的單元，能夠共同行動，並具有一種整體性。因此家庭成員也常被認為具有相似的生活經驗，應該存在相同的需求，成員之間的互動關係應該展現出一種互惠與共享的特質。這也是許多人認為家人之所以有別於外人的特徵之一。因此出現了所謂「理想家庭」的概念，不少媒介的想像對象便是針對這種理想家庭，例如一些標榜適合全家一起收聽或收看的廣播與電視節目，許多廣告也經常訴求和樂家庭。

　　人們由於隸屬於家庭而獲得某種角色，例如丈夫、父親、妻子、母親、兒子、女兒等，同時因為這些角色規限了人們的行為方式，在角色規範的影響下，人們對不同角色產生一種制式的期望，嚴父慈母、父慈子孝、兄友弟恭，不同個體透過它們而建構出一種整合體，並視此為重要與基本的生活資源。因此功能論者經常強調家庭的功能，例如繁衍後代、社會化、經濟活動、情感支持等，它們都必須建基於成員之間的整合性互動。不過隨著社會變遷，家庭

已不復以往，學校教育與傳播媒介大幅取代了家庭的社會化功能，同儕團體或其他社會及人際團體有時比家庭更能提供心理情感的協助，在現代都市化與個人主義的狂潮下，家庭日益變成一個脆弱的單位。

二、家庭的變遷與多樣性

家庭的功能、形式與關係受到許多社會與文化趨勢的影響，因此家庭的變遷其實反映出社會結構與文化價值的發展方向。

(一)核心家庭的式微

核心家庭在社會變遷下，已面臨嚴峻的挑戰，一些另類家庭形式的出現，被認為威脅到家庭作為社會基本單元的基礎，因而有人認為出現家庭的危機，並進一步被認為代表社會的危機，因為家庭不只是一種物質或形式的社會組成，它象徵了社會的價值與理想，因此家庭價值一直是許多人捍衛的目標。不過也有人認為家庭價值是保守的意識形態，不管如何，擺在眼前的事實是，家庭的形式與組成已非一成不變，人們也不再像過去認定或相信家庭能夠扮演全然正面的角色，反之，現在更傾向注意到家庭的不同變體，以及所衍生的相關現象，並承認家庭並非一個固定不變的單元。

核心家庭經常被聯繫到性別不平等與異性戀霸權，被批評是屬於中產階級的支配意識形態，而隨著離婚率的攀升、女性意識的高漲、單親家庭的增加，以及同性戀權利的成長等現象日益普遍，代

表現代社會中有愈來愈多的人不再像過去那麼堅持與信仰家庭的力量，反而更鮮明地感覺到家庭所可能產生的束縛與負擔，也有些人不再恪守對家庭的責任與義務，同時人們對於父母及夫妻的角色也日漸出現變化，上焉者可能突破傳統男主外女主內的刻板印象，更能彈性地依照個人的需求與專長，進行多樣與變動的分工，下焉者則有時根本完全拋棄任何責任，使其他家庭成員遭到棄養或虐待。此外，由於有愈來愈多人為了追求更大的事業成就、要求更高的生活品質，或由於經濟因素，而不願或不敢生養子女，因此無小孩的家庭已日漸增加，或者父母因工作因素必須長期分隔兩地，也造成特殊的家庭形態，或父母因若干因素而不在或亡故，導致必須由祖輩養育孫輩的隔代撫養家庭，也是日益受到注意的社會現象，這些都顯示出雖然核心家庭仍然被認為是主要的家庭形態，但實際上，這種形式及其所代表的價值與理想，已一步步受到衝擊與挑戰。

(二)家庭生活的商品化

　　左派觀點通常認為資本主義為維持自身於不墜，其運作原理便是必須不斷地自我擴張，因此原本一些能夠免於市場控制的生活領域，早晚都會逐一陷入資本主義體系的掌握中，例如法國社會學者勒費布耶（H. Lefebvre）便指出，資本主義體系的擴張已將日常生活整個納入商品邏輯的支配範圍內（Lefebvre, 1984, 1991a），這種情形對家庭造成深刻的影響，包括家庭權力結構，以及家庭互動與關係，都受到市場力量的衝擊。

　　隨著工業化的社會變遷，人類的社會領域分裂成公私兩個部分，同時由於經濟活動的重心從製造業轉向服務業，各種服務性商

品如雨後春筍般大量成長，並竭盡所能地透過廣告與行銷訴求個人與家庭，結果家庭從生產單位變成消費單位，傳統家庭所具有的功能逐漸式微，並導致家庭生活的商品化，例如從一個家庭組成的肇始，舉凡婚禮的規劃、生育、坐月子、托嬰、兒童才藝班、家庭清潔、節慶宴客、宅送服務、家庭娛樂、疾病醫療、慶生及喪葬等一般家庭經常面臨的事件與活動，莫不已經成為各種市場目標，它們標榜更有效率、更經濟、更能節省人力與時間，並能減輕家庭成員（特別是家庭主婦）的工作壓力，這些對於必須每天面對職場競爭與挑戰的現代人而言，不啻是一種福音，因此許多過去泰半在家庭內部自行處理的活動，如今都轉移到其他專業服務領域，以前多數由家人親手打理的事情，目前也傾向藉由商品消費來解決。由於家庭領域敞開大門，讓商品長驅直入，因此家庭生活的肌理組織便比從前更明顯包含了各種市場力量的影響。

過去家庭成員之間主要透過共同工作而維持互動關係，例如共同下廚準備食物，或一起打掃房間，如今則透過共同消費來建立與維持家庭成員的關係，例如一起到飯店進餐，或一起出國旅遊。過去的家庭娛樂可能來自家人彼此聊天而得到愉悅，目前則更多是以一起看電視來作為家人間的主要休閒活動。換言之，當代社會中的家庭關係比起從前更多受到商品消費（包括媒介消費）的中介，因而家人之間的互動形式也同時濃厚地摻雜著個別成員或整個家庭與商品的關係，家庭生活成為一種消費性的建構產物，甚至消費也愈來愈被當成解決家庭問題的一種手段，例如有些家庭中的親子關係或夫妻關係便高度仰賴物質產品的中介。

（三）家庭的弔詭：私人化vs.監視與規訓

　　如果說由於公私領域的區隔，以及個人主義和隱私觀念的受到重視，家庭變得愈來愈私人化，人們強調保護私領域以免於外力干擾，則這種發展趨勢在晚近還同時伴隨一種矛盾現象，也就是家庭愈來愈成爲一個被干預的目標，包括政府與市場都企圖將家庭劃入管轄範圍內。國家對家庭的干預包括兒童的強制教育、老人照顧、無過失離婚、禁止家庭暴力、課徵遺產稅、親屬撫養免稅額等；此外，市場也透過各種調查與廣告，試圖介入家庭生活的各個層面，因此家庭成爲一個被注視與檢查的對象，同時，學術領域也透過各種研究與科學論述，來解說與定義家庭相關的現象與活動，例如怎樣才算是現代與理性的親子關係、父母應如何扮演稱職的角色、如何教養子女、如何經營夫妻關係、如何布置與美化家庭等等，這些皆影響人們對自己家庭的認識與處置方式。

　　不過另一方面，晚近的媒介文化似乎又造成其他不同的發展趨勢，例如傳播科技與影像訊息的高度成長，一種追逐八卦文化與偷窺文化的現象正在大行其道，因此人們可以在許多媒介中看到名人的隱私，電視也競相播出所謂的實境節目，將一些人的家庭生活與私密活動大量曝光，一些原本沒沒無聞的人也可以上節目大談特談自己的痛苦、不幸或私密的生活經驗（Calvert, 2003）。似乎隱私的觀念正在改變，人們樂於知道與窺看他人的家庭生活，而也有些人不在乎將自己的日常作息公開給不認識的無數大眾。過去人們在家中透過電視去觀看外在世界，現在則有些人利用網路將自己的家庭及日常生活當成一個舞台，不加遮掩地傳播給其他人，甚至有的還

以此達到商業目的。

　　綜合來看，現代人對家庭的想像與建構的理想已經出現相當程度的變化，因此家庭的意義、重要性或價值通常是因人因時因地而異，對於複雜與多元的家庭，有必要進行一些基本的概念釐清，以便能順利討論家庭與媒介的關係。

三、家庭的相關定義

　　一般人提及家庭時可能包含不同意思，最常出現的有三種：「家」（home）、「家庭」（family）、「家戶」（household）。雖然很多時候它們可以被交替使用，但嚴格而言，它們各自代表不同的面向，以下針對家庭相關概念予以分別說明。

（一）家：現象學真實

　　「家」這個概念強調那些屬於人類主觀經驗的層面，它具有如下幾種特性。

1.地方vs.空間

　　「家」這個觀念源自一個前提，就是區別地方（place）與空間（space），後者較屬於抽象與同質的概念，前者則充滿與人有關的內容。而「家」這個概念應該屬於地方而非空間，因為地方代表一種讓人有感覺與令人產生某種情緒的對象，它迥異於空間的冰冷與空洞。地方是指人類占有或存在的空間，充滿了人們的經驗與意向，同時也是記憶與慾望的焦點。地方不是抽象之物，它們是個體

與社群認同的重要來源。地方出現於我們對自己及他人的各種現在與過去的感覺中，那些無人之境不能算是地方，所以地方本質上就是全然與人類有關的（Silverstone, 1994: 27）。

　　由於這個概念，所以地方不僅對立於空間，它還相對於一種非地方性（placelessness）之觀念，所謂非地方性是指把人性從地方中過濾掉，所以它指涉一種沒有重要意義的環境，也意味著一種態度，就是無法辨識地方的重要性。傳播學者西弗史東（K. Silver Stone）引述了一段話：「它（指非地方性）回到最深層的地方，砍斷根基、摧毀象徵、以一致性代替多樣性、以概念秩序取代經驗秩序。追根究柢，它是一種普遍與可能無法逆轉的異化，即異化於類似家的這種地方。」（Relph, 1976: 143, cited in Silverstone, 1994: 27）因此相較於地方，所謂的非地方性掃除了一切與人類有關的屬性，使之成為一種標準化的、空洞的，以及可客觀計算的對象。以此觀之，地方與非地方的衝突可能還包含著現代性與後現代性之間的扞格，但它也是一種日常衝突，例如人們目前是在一個日益非地方性的世界中，致力於創造與維持所謂的地方與家（Silverstone, 1994: 27）。

　　簡言之，家是一個被人們賦予主觀經驗及情感的地方，人們之所以會將某些地方指稱爲「家」，就代表這些地方對他們而言不是中性的或無關於己的，相反的，「家」總是被聯繫到人的生活，是一個負載著人們情感的對象。

2.歸屬感

　　由於家是一種情感的對象，所以它是人們自認歸屬的地方，然而這種歸屬感並不侷限於具體有形的房子或庭院，還包含更多樣的對象與範圍，例如對某些人而言，家可以是一個國家或一個帳篷，

或是鄰里社區。家，不管是實質的或非實質的、固定的或變動的、單數的或多數的，都是我們能夠創造的東西（Silverstone, 1994: 26）。

在全球化的影響下，人們的歸屬感可能會經歷到日益明顯的變化，我們對某些地方的情感依附，已因為「地方」的變動、多元、界線模糊等後現代式的發展，而不同於以前那般地單純與固定，由於跨界現象的日趨普遍，同時鑑於風險意識的提高，過於強烈與執著的情感依附反而成為一種危險，但另一方面人們又苦於漂泊無根的寂寞與失落，而四處索求一些值得寄託與依賴的對象，因此在一個變動不居的世界中，人們的歸屬感變得更為詭譎與矛盾。

家是人們覺得可以歸屬的地方，是一個或多個能夠安頓身心的場所，通常人們會認為它們的物質條件並非足以影響對家的情感程度，所謂金窩銀窩不如自己的狗窩，但事實上，隨著日常生活的日益商品化，人們對家的感覺多多少少也受到商品消費的影響，包括商品象徵所傳達的溫馨感、產品經由被挪用後所代表的獨特意義、人們藉由家庭生活中的各種消費而營造自覺安適的小天地，乃至家人間以消費為媒介所建構與維持的親密關係，這些都成為家在具有歸屬感之過程中的重要構成元件。

3.關係概念

家是一個關係的概念。從地理空間的角度來看，家與「接觸範圍」（horizons of reach）關係密切，例如它們表達出運動／休息、安全／冒險、家務管理／工作，以及建立社區與社會組織之間相互關係。接觸是一個重要與複雜的觀念，它包含時空條件下個體日常活動的基礎、根源與慣例所發展出來的一種物理性、社會性與想像性的延伸。易言之，家是我們行動的基礎，也是我們回歸的地方，

而家的重要性與力量端視我們離家多遠及多久（Buttimer, 1980: 170, cited in Silverstone, 1994: 27-28）。也可以這麼說，家的觀念同時也表達出對非屬於家的指涉，不過家與不是家兩者之間可能存在一種連續帶的關係，而人們對家的感覺強度與重視程度往往是由對照所屬脈絡而決定。

由於科技、傳媒、全球化等引發的結果，目前人們的接觸範圍已日益脫離物理疆界的羈絆和束縛，而能夠無限地延伸，同時也改變了人們的家庭生活以及對家的依附情形（Silverstone, 1994: 28），例如當人們能夠藉由新科技而快速移動與彼此聯繫時，日常生活的活動範圍，包括家人之間的互動及關係形式，都可能超越以前的模式。怎樣才算是離家，如果家人之間能夠透過新科技而相互迅速且密切的聯絡；而怎樣又算是在家，假使人們借助傳播科技而得以和遠方之人頻繁溝通，甚至密度高於同一屋簷下的家人。

另外，我們也不宜忽略這其中包含的社會文化因素，例如出國旅遊的人、工作出差的人、有錢的移民者、弱勢的外籍工人，他們對家的定義或離家的經驗可能存在極大差異。

4.理想化

家之所以容易被理想化，部分原因在於它具有日常論述的功能，同時也由於它通俗易解，包括何種情形下能被看成是一個家，以及它可以變成一個人們想要離開、逃避與否定的地方。另外，人們也同樣可以看到家提供了多樣與不確定的參考點，包括直接與隱喻，並在其中構連出一個受到環境與文化之實質制約的概念，但這個概念也經由一種對地方（可能會因時而異）的情緒依附而獲得力量，並得以提出它的宣稱。家的理想化具有一種功能，影響人們的日常行為、安全感、依附感與失落感。家是一個強而有力的概念，

通常形容某人無家可歸時，其實隱指著某種道德瑕疵與人格缺陷，因為我們的主流社會已將人們能夠依附於某個地方或能夠被安置，視為當代生活的重要元素（Silverstone, 1994: 26）。

　　家經常被視為具有一種安定與整合的力量，雖然人們不否認它也常是壓迫與痛苦的來源，不過大體上它是多數人積極追求與保護的對象，這種被理想化的家，投射出文明社會對人類及人性的一種規範性界定，人們認為所有個體應能夠被扎根於某個定點上，並相信這樣對整體社會才是安全的，因為那些四處流浪的人在失去家的羈絆之餘，有可能變成脫韁野馬，而威脅既有的社會秩序。所以人們相信家與家人能成為個體的牽制與引導力量，無家的人容易迷失方向進而失控，他們就自身而言是不幸的，就社會而言是危險的。

　　綜合觀之，家的概念建構於側重個體對某些地方賦予主觀意義、情感與價值，因而使個體能對這些地方產生與維持某種強度的認同及歸屬，並被視為是其他生活與行動的根本基礎。不過這個概念除了是個體主觀經驗的結果之外，它同時也是社會文化的建構產物，因為我們對家的期望與想像，在某種程度上是受到社會文化的制約。

(二)家庭：社會真實

　　相較於「家」是屬於一種現象學的真實，「家庭」則是屬於一種社會真實，前者著重主觀經驗，後者強調客觀面向。

1.社會單位

　　從社會學的角度來看，家庭是一個社會單位，它包含了夫妻關係、親子關係、親屬關係以及家庭與外在世界的關係等。不過家庭

的範圍並非總是清楚明確，它應被視爲一種動態的社會實體，可能延伸到房屋與家的範圍之外，同時也必須以動態與歷史的角度視爲一個過程，因爲家庭必然植基於廣大社會關係中。多數人早期的媒介消費皆發生於家庭中，家庭的媒介消費從屬於一個複雜的社會情境，它們的脈絡包括程度各異的團聚與分離、權威與服從、自由與限制等關係形態，並表現於前述家庭內的各種人際關係，以及家庭與外部世界的關係中。它們呈現於各種內斂的或擴張的、高度分化的或渾沌未分的家庭空間內，並散布在各種組織或失序的、常規或混亂的家庭俗事中，另外，它們還出現於各種共同與私有的空間裡。媒介消費的形態，特別是看電視，就是在這些社會、空間與時間關係中被創造與維持（Silverstone, 1994: 33）。

2.家庭典範

家庭不只是一些個體與關係的組成，它們還包含某種特定的中心理念與精神，它們造成一個家庭成員會表現出某種共同氣質與作風，並可成爲不同家庭之間的差異辨識指標。瑞斯（David Reiss, 1981, cited in Silverstone, 1994: 34-35）認爲，家庭的成員關係通常植基於一些潛意識或隱然接受及相信有約束力的假定。他認爲家庭的建構與維持是一個持續的計畫，並經由家庭內外的動態社會關係而被支撐。他以典範概念來理解家庭，家庭典範（family paradigm）是家人對社會世界抱持的一套共享期望與幻想，每個家庭都會依據它們自己的典範，與社會世界互動，同時也可據此來區別不同的家庭。家庭典範是家庭成員歷經各種成敗經驗的產物，這些成敗經驗包括家人們矛盾經驗與衝突情緒的原始材料，它們在某種程度上成爲行動的一致性基礎。

以此觀之，家庭成員的許多媒介消費行爲都可能受到家庭典範

的影響，並反映出該家庭在社會中所處的位置，以及它們承受各種社會力量的影響。一個家庭所選擇訂購的報紙種類或習慣共同觀看的電視節目，多是在一些協商與折衝下的結果，它們顯現出該家庭的成員對所處社會環境的觀察與看法，並成為該家庭的一種特質或作風。

3.家庭儀式與規則

從家庭內部的運作過程來看，家庭包含兩種重要的元素，瑞斯指出它們分別是家庭儀式（family ceremonials）以及維持秩序的規則（pattern regulators），前者通常是一些極為重要的儀式，充滿著情感與象徵，需要家人的高度參與。後者則是屬於一些被視為理所當然的常規，通常家庭會利用它們來管理及調節家人之間的空間與距離，以及規範家庭與外在世界的關係。瑞斯認為主要的家庭儀式會形塑與穩定一些瑣細與下意識的秩序規則（Silverstone, 1994: 35）。所以在家庭內部透過儀式與規則，不斷管理與統合各成員間的互動關係，進而強化家庭以一個共同體的姿態，去規約與召喚家庭成員從屬於特定的思考及行為框架。

當然，隨著家庭功能的式微，若干家庭儀式與規則可能被替換或消失，另外由於科技與媒介的大舉進入家庭生活，它們也在這些儀式與規則中扮演日益加重的角色，例如電視產製一些所謂的節慶日特別節目（譬如除夕圍爐特別節目），以及不同類型節目的時間安排，便假定其能契合於家庭的儀式運作，並同時將媒介消費聯繫到家庭的秩序管理。

4.家庭時間與空間

家庭生活必須從時間與空間加以觀察，在時間方面，瑞斯依據坎特與勒爾（Kantor & Lehr, 1975）的觀點而區分出「定向」（orienting）與「計時」（clocking）兩個元素：「定向」（orienting）是指一個家庭用來處理日常事務的時間參考點，因為每一個家庭都可能表現出對過去、現在或未來的主要取向。過去取向是指強調回憶、再經驗或重複過去活動，是一種傾向生活於過去，或著重家庭的歷史或傳統。現在取向則與此時此地有關，重視實際的經驗或感覺。至於未來取向（可能是中產階級的一種刻板印象）則著重對未來的預期、想像或計畫，並傾向延緩滿足。一個家庭的時間取向會表現於家庭的室內布置裝潢、與親戚的互動往來、友誼的形態、保存與丟棄的東西，以及與電視和科技的關係。時間取向亦表現於家庭經濟的特性中，包括使用信用卡、儲蓄、累積的財富等，皆會顯示出該家庭對過去、現在、未來等不同的時間取向（Silverstone, 1994: 36）。

「計時」（clocking）是指依據每刻、每時、每天來管理當下經驗事件的序列、頻率與速度。它涵蓋一系列的活動，並回過來又包含與頻次、延續時間及時間表相關的序列安排與情境設計。它們可能促成或阻止一種同步化的出現，使家人聚在一起或彼此錯開，這種形態內建於日常生活的常規中，進而符合日常生活的組織要求，以及對世界抱持特定取向的文化要求。這些不只與同步化問題有關，它們還經常是家庭與家人之間對時間問題的衝突點。一個家庭的計時形態是它的基本機制，藉此家庭將自身結構成一個社會單位。坎特與勒爾認為計時是一種對家庭時間的組織與管理，會展現出家庭最重視的目標（Silverstone, 1994: 36）。

家庭空間文化的性質，主要表現於它們與外在世界之間的界線設定與維持，以及利用各種方式來管理那些穿越界線的物質性與象徵性的東西。它亦表現於家庭內部空間的規劃與布置，包括如何維

持個人之間的距離、家庭中的隱私，以及家庭對自身世界在物理上
與情緒上的組織等概念。瑞斯認為家庭對內部空間的管理，會清楚
反映出該家庭如同一個團體而如何去概念化或了解家庭的外在世界
（Silverstone, 1994: 36-37）。一般而言，每個家庭的內部空間都有若
干程度的分化，包括共同的空間、私人的空間、成人的空間、兒童
的空間、安靜的空間、娛樂的空間等等，這些空間分化反映出家人
們對彼此關係的認識與期望，也是家庭生活秩序極為重要的一部
分，許多家庭衝突便是導因於原有的空間建構遭受干擾或破壞，因
此家庭空間必須不斷訴諸一種共識，它是一個持續協商的過程。當
然，時間與空間是相互交纏的，例如前述的同步化便同時屬於時間
與空間秩序的活動。

　　簡言之，家庭作為一個日常生活的領域，它包含一些結構特
性，呈現一種形態與規則，使生活於家庭中的個體獲得一種安定感
與秩序感，並形成一種不假思索的習慣，但也會對個體造成制約，
影響思考與行為模式。

（三）家戶：經濟真實

　　西弗史東認為家與家庭皆是一種變動的範疇與變異的實體，因
為它們會受到主觀定義與歷史文化變遷的影響。至於家戶則同時是
一種概念與實徵的變項，它也可被視為過程，但卻是另一個具有不
同秩序的過程。如果說家庭是植基於親屬關係，則家戶便是建基於
接近性。家戶可視為一種經濟單位，它們屬於資源系統
（Silverstone, 1994: 44）。

1.生產與再生產的結果

家是被產生的東西（例如人們對自己居住與創造的空間，是否產生一種如在家中的感覺），它們是家庭成員之生產與再生產的結果，同時也是經由其他活動（特別是消費）而產生的最終結果，亦即一種關於認同、所有權與歸屬感的強而有力之陳述。以上是家的情形，至於家戶則是在社會、經濟及政治體系中產生前述結果。透過家戶的成員關係，不管是大人或小孩，男人或女人，都不再成為孤立個體，而能以某種方式整合到複雜的社會制度中。換言之，家庭成員必然建立與外在世界的某種聯繫，事實上，家戶作為一個經濟單位，其成員在家庭內外關於工作、休閒及消費等經濟活動上，皆會受到一套認知、評價、美學的影響，而這些又會受到家戶及其成員所擁有之歷史、生命史與政治等因素的形塑。這些皆表現於各種特定的世界觀及儀式中，它們會協助界定家戶作為一個社會與文化單位所應具有的統整性（Silverstone, 1994: 45, 48）。家戶的產生與維持必然有其憑藉，一般而言，土地、勞動、資本、時間、資訊與認同是家戶活動的六大必要資源（Wellman, 1984, cited in Silverstone, 1994: 44），因而家戶通常具有普遍相似的經濟特性與物質環境，並會因不同的生活形態與品味而出現明顯變化。

2.社會的參與者

由於家戶是一種經濟單位，因此它有能力去主動介入公共與正式的商品經濟，以及個體經濟的產品與意義，並產生它們介入的結果。家戶經濟也是一種意義的經濟，是進行產品與意義交換的一種公共及客觀的經濟，並處於一種實際或可能的轉變關係中。家戶藉由家庭成員的生產與再生產活動，涉入公共經濟，同時它本身也是一個複雜的經濟單位（Silverstone, 1994: 45, 48）。

綜合來看，家戶作爲一種經濟單位的概念，必須注意兩點：第一，它不具有評價目的。家戶經濟僅是指它以某種方式達成的結果，是每個家戶致力於支撐自己作爲一個社會與文化實體的成果，它略似於紀登斯（A. Giddens）所指存有安全的「計畫」（project）、瑞斯的家庭典範或威爾曼（Sandra Wellman）的資源「系統」〔以及布迪厄（P. Bourdieu）的習癖〕。它們皆試圖界定某種連貫性及一個底線，以便用來描述與說明家庭與家戶是否有能力成爲廣大社會生活的參與者。以此觀之，人們不應以單一標準來定義家戶或家庭生活的病態或健康、正常或異常，因爲這些說法是屬於評價用語，而非描述與分析的語言。第二，它不應該成爲一種物化（reification）。就實徵層面而言，家庭與家戶會對自己私人的文化與經濟空間創造出許多不同、整合、衝突與矛盾，以及變遷的觀點，這些都是相對於公共領域所標榜的行爲價值與規則而具有的變異性與獨特性，它們既無法預先定義，也沒有如此的必要（Silverstone, 1994: 49-50）。簡言之，固然家戶是一個普遍的概念，同時必然具有某些資源屬性與生產過程，不過它還是在不同程度上從屬於家戶內外多種因素的影響，特別是它仍然讓家戶及其成員擁有創造變異的空間，因此家戶也是屬於一種動態的發展過程。

（四）居家性質

另一個與家或家庭有關的常見觀念就是「居家的」（the domestic），西弗史東認爲「居家的」是一種關係概念，它是公領域與私領域相互作用的產物，也是現代社會郊區生活發展的一種產物。

1.邊緣化

居家生活（domestic life）不管從理想的或現實的意義來說，都是一種文化與歷史現象。某程度而言，它是一種布爾喬亞階級的產物，崛起於十九世紀初期，具有商業與文化的意義。布爾喬亞階級希望能夠創造一個獨立於公共事務領域之外的私人世界，使這個世界能夠支持與保護個人的愉悅與意見，並且摒除公眾的注意，同時在其中創造一個不同的世界：一個意象、慾望與幻想的世界（Silverstone, 1994: 24）。所以，居家生活在布爾喬亞的原本期望中，就是要讓它隱而不顯，以便使個體擁有一個不受外界打擾與干預的自主性私有空間，因而它劃出一條與公領域的界線，就當時而言，這種觀念與實踐被視為一種進步的方向。

一般而言，「居家的」是一個包含較廣的範疇，它可以包括家、家庭、家戶，並表達出公領域與私領域之間的關係。就歷史角度觀察，公私領域是共同發展的，在一個由生產與商品交換主導的工業社會中，以及在一個日益布爾喬亞化與社會關係私有化的資本主義社會內，人們常認為「居家的」不斷被邊緣化，並失去政治意義與重要性。人們唁嘆家庭變得漸趨孤立並脫離現代社會主流，如今唯有藉由技術性與高度中介的溝通形式才得以觸及家庭，而電視一直是這種公私界線異動中的一個主要因素，特別是它具有縮合公共與私人行為的結構能力（Silverstone, 1994: 50）。所以長久以來，人們常認為電視是一扇窗或一種橋梁，這種形容詞都隱指家庭與社會的距離，同時也意味著電視及媒介被期許的功能。

2.規訓

家庭並非一個自足的單位，不過隨著社會文化發展，「居家的」已日益從屬於明顯的管理壓力，並且在大眾傳播時代中，它可能成

為一個被動員的對象，因而服膺於公共領域日趨僵化的時間與父權結構（Silverstone, 1994: 50-51），因此家庭同時代表一個馴化的場所以及被馴化的目標，政治與商業勢力正不斷介入一般人的居家生活，同時媒介與科技成為這種介入的最佳工具，不過西弗史東認為家庭不會輕易就範，人們在家庭中生產與複製一些公開表達的認同與價值，家庭是人們消費活動的場所與來源，經由消費，家庭在現代公共領域中的重要性與日俱增。然而從另一個角度來看，在一個充滿運動、斷裂與全球化的後現代世界中，過去被加諸意識形態的安全感，以及被視為父權的基礎，並由複雜經濟體系所創造的家庭，似乎都已瓦解；不過事實上家庭並未消失，它們或許在形式與內涵上有所變化，但依然在個人生活與社會層面扮演重要的角色。

以上分別說明家、家庭、家戶與居家等概念，雖然它們各自強調不同的面向，不過在日常使用過程中，甚至是一些學術討論中，大都依據前後文脈而被交替使用，並非十分考究其差異，本書為說明與行文方便，採用一般習慣指稱的家庭，但會適時註明其著重的面向。而從以上的敘述，可發現不同面向的家庭概念皆與媒介消費具有密切關係，換言之，媒介消費可以聯繫到家庭經驗、社會、經濟、政治等面向。

❖ 家庭權力與媒介使用

通常家庭被視為一個具有某種規則或秩序的社會環境，因為家庭包含多位個體在其特定位置上所構成的關係網絡，一般而言，這

些關係並非完全平行對稱，因為家庭中的個體位置被賦予不同的重
要性順序，因此家庭成員所占有的位置，以及他們之間的關係，皆
展現權力的特性。家庭權力由性別、年齡、輩分、經濟貢獻與教育
程度等因素所構成，是一種多元的權力網絡，家庭成員的各種活
動，包括消費行為都必然在這些權力脈絡中發展。以下先說明家庭
情境與消費之間相互建構的關係，其次再敘述家庭權力對媒介消費
的影響。

一、消費的家庭脈絡

(一)家庭對消費習慣的形塑

　　家庭對消費的影響，主要包括家庭成員與家庭情境兩個方面，
以下前四項主要針對家庭情境，餘者為家庭成員關係的說明。

1.資源提供

　　家庭提供一個情境讓許多人得以不同於公領域的方式來使用媒
介資源，雖然有不少人在辦公室利用電腦來傳遞私人性質的電子郵
件，或從事遊戲性質的使用，但一般而言，它們在個體的主觀感受
上必然不同於在自己家中從事相同活動的情形。由於家庭被認為是
一個能免於他人干預的私領域，所以人們在這個情境內所製造與產
生的愉悅感或其他情緒表現，相對而言具有一種較不受監視與拘束
的自由與彈性。在公共場所（例如餐飲店）與在自己家中收看一齣
自己喜愛的連續劇，它們不會產生相同的感受；駐足店家門口的電

視機前看戰況激烈的球賽，和在自家客廳觀看，多少有不同程度的
情緒表達。易言之，家庭情境本身就是一種資源，它賦予媒介使用
及其使用結果具有實質與特殊的經驗內涵。

2.家庭地位

由於多數人的媒介消費最早皆發生於家庭中，因此家庭形塑個
體的媒介使用習慣與該家庭的社會地位有關，布迪厄認為習癖與地
位及階級關係密切，以此觀之，閱聽人從童年開始學習媒介使用方
式時，便已受到家庭社經地位的影響，處於不同社會位置的家庭擁
有不同比例的文化資本，它們發展出來的家庭典範將會引導家庭成
員傾向選擇某些種類的媒介形式與內容，例如在重視教育與文化陶
冶的家庭中，子女可能從小便被父母灌輸了媒介消費的品味。家庭
地位所造成的物質條件與文化資本的差異，即使並非決定個別閱聽
人的媒介習慣，但多少使閱聽人從小獲得不同的媒介使用機會，雖
然媒介普及或可在某程度上消弭這種差異，然而品味與鑑賞力的涵
養並不能完全仰賴媒介易得性，閱聽人家庭累積的文化特質與能量
往往具有關鍵性影響。

3.家庭空間

家庭中的空間分化與家庭成員的關係，在某種程度上影響了媒
介使用模式。家庭內的空間區隔象徵著家庭成員關係的一部分，從
歷史的角度來看，過去的家庭與現今的概念不同，並表現在不同的
生活方式上，例如中世紀歐洲的一般家庭中，除了具有血緣及親屬
關係的家人外，還可能有一些雇工、僕役、訪客等其他外人也經常
進出或住在一起，他們的日常生活不像現在講究內外有別，兒童與
大人在活動上的分野有時並非十分清楚（Elias, 1994）。但在布爾喬
亞資本主義的現代社會中，一般家庭大都發展出某種形式的空間規

劃，並對應於不同種類的日常活動，例如客廳與臥室的區別，使人們的日常家居活動也必須因應家庭空間的設計，並意味著有些行為與活動適宜或不宜在某些空間中進行。以此觀之，家庭空間分化也會在某種範圍上形塑個體的行為，例如在一個空間分化程度較低的家庭中，個體可能較難擁有私人空間，他們的大部分活動都暴露於家人面前，家庭成員的個人隱私不易維持。反之，在明確區分個人空間與共同空間的家庭中，許多人一回到家就躲進自己房間，有時家人甚至很難知道對方在做什麼。前者的家庭情境傾向使媒介使用成為一種共享的或他人監視下的活動，例如大家一起在客廳看電視，後者則使個體在使用媒介時較可能出現自己與私密的選擇，例如在自己臥室看電視或上網。

4.家庭時間

多數家庭都會發展出一種時間計畫模式，以便成為家人作息的參考架構，而每當一種新的媒介被帶入家庭時，它都必須在該家庭的時間計畫表中取得某種位置，進而融入家庭成員的生活世界，易言之，所謂的媒介消費意味著它們必須介入家庭時間（Silverstone, 1994）。家庭時間是家庭成員互動的結果，當然具有較大權力的人可能主導家庭時間的形成，它也代表著時間資源的分配使用情形。一般核心家庭的成員往往各忙於工作或就學，因此互動時間不多或隱含緊張關係，透過協商而建構的時間計畫顯現出不同成員之間被賦予的優先順序，並反映出他們在家中的地位差異。因此媒介消費的介入家庭時間，必然涉及這些互動形式與家人關係，家庭成員在不同時段中使用媒介的情形，例如晚餐時間由誰決定收看頻道的種類、假日期間哪些人較能決定要看何種電視節目、家中只有一台電腦時家人如何分配使用時間，這些決定過程都是家庭成員之間不斷

協商的結果，並會隨著彼此在工作或學習生涯的異動，而進行持續的變化，以產生一種對多數人或特定個體最適宜的時間規劃（盧嵐蘭，2003，2004）。

5.父母態度

　　家庭是重要的消費場所，然而由於每個人在家庭中的地位差異，因此家庭對其成員提供的消費機會也隨之不同。一般而言，只要家中有就學的子女，父母少有不限制媒介的使用，特別是電視與電玩。父母的監控、管教態度、媒體素養皆會影響子女的媒介使用，在監控方面，父母可以規定媒介使用時間、內容以及媒介消費的情境（例如共同收看），或透過共同討論來影響兒童對媒介的使用形式與判斷能力。在管教態度方面，態度一致性也有影響，一般而言，父母態度的一致性大概有四種情形：其一，父母有時出現不一致的態度，例如有時要求小孩看電影前要得到父母的允許，但有時則否。其二，父母對家中不同小孩持不同的態度，例如對某個孩子設定玩電玩的時間，但對其他小孩則無要求。其三，父母彼此之間態度不一致，例如雙方對兒童使用媒介的規定有不同看法。其四，父母本身言行不一致，例如沒人看電視時仍習慣將電視打開。一般推測父母態度的一致性會影響兒童媒介消費行為的養成。另外，在媒體素養方面，父母對媒介的認識程度亦是影響因素，因為這些媒介知識能為父母提供有關電視的資訊及建議，以增加親子討論電視節目、影響兒童對媒介的了解以及媒介對兒童的效果。同時，父母的媒介素養能有效影響兒童的批判收視能力、父母能傳遞價值給兒童，以進行所謂的「預防性社會化」（preventive socialization），也就是藉由傳遞知識、信念、態度與行為模式給兒童，父母能有效地影響兒童的媒介習慣及其結果，即使父母無法監視兒童的

媒介使用時。由於兒童的收視形態在學齡前期就已穩定地發展與建立，因此父母的媒介素養對於兒童早期的媒介習慣之建立，具有極大的重要性（Gentile & Walsh, 2002）。

6.子女的影響

親子之間對媒介消費的影響並非只是單向的，事實上，子女有時也會影響父母的媒介使用。例如有些人是由於為人父母後才開始去注意兒童節目；有些父母為表示以身作則，在規範兒童的收視之際，也只好自我限制觀看電視；隨著孩子年紀漸增，在電視使用規定鬆綁之後，年輕子女也會向父母推薦流行的節目資訊；而不少父母為表示自己與孩子親近，也樂於和子女一起觀看年輕人的節目（Descartes & Kottak, 2000）。或許應該這麼說，隨著家庭生命週期的發展，父母與子女分別在家庭中的相對性地位及重要性出現變化，使他們對媒介消費產生不同的影響力。

7.家庭互動

多數家庭都具有獨特的互動模式，這牽涉到許多家庭內外的複雜因素，諸如家庭成員的教育程度、年齡、職業、健康狀況、家庭人數、居住地點、社區環境等等。一般而言，家庭互動的頻次、形式、性質皆影響人們對家的感覺，例如溫暖的或敵意的、輕鬆的或緊張的，並會回過來影響與家人的互動。由於人們已習慣對媒介採取社會性使用（Lull, 1990; Morley, 1986），將它們當作促成或阻礙人際互動的工具，因此不同的家庭互動形態便自然影響其中成員使用媒介的方式。在衝突對立的家庭氣氛中，電視節目的選擇可能成為引爆另一次爭執的導火線，但它也可能被用來暫時轉移焦點以便舒緩敵意。另外，在一個家人各自忙碌而互動層次不深的家庭中，或許大家傾向獨自使用自己擁有的媒介，以確保相安無事，而不願

花時間去相互協商，因而減少共同使用媒介的機會與情境。易言之，個人與家庭的媒介消費有時須適應家庭原有的互動形態，甚至進而增強原來的形態。當然，這種影響方向有可能倒過來，稍候將進一步說明這種情形。

(二)消費對家庭生活的影響

消費對家庭的影響頗不一致，並可能因觀點而異，以下的說明旨在強調消費的衝突與複雜性。

1.資源多寡

從最直接與表面層次來看，家庭媒介資源的多寡總是直接或間接影響家庭生活的發展，不過其過程與結果不一，對有些家庭而言，家中媒介資源的豐富多樣，有可能吸引家人而造成留在家中的時間較長，因而促使彼此互動溝通的機會較多，但另一方面，如果由於多樣的媒介資源而使得家庭成員個別與媒介接觸的時間較多，也可能相對縮短與家人互動的頻率，例如擁有多台電視機的家庭，必然增加了家人分開收視的機會。所以媒體資源的多寡並非唯一的影響因素，還須視其他的家庭脈絡條件而定，不過一般而言，家庭提供媒介消費的機會與種類還是一個值得注意的現象，因為這些媒介必須在家庭的空間與時間面向取得某種位置，從而整合到家庭生活的關係網絡內。

2.媒介習慣

由於媒介習慣通常與家庭日常秩序結合，不管經過怎樣的協商而得到共識（或許是不公平的），都是透過成員間的共同建構而形成一種特殊的平衡性，因此家庭成員的媒介使用模式可能成為支撐

日常作息的架構，如果某種習慣使用的媒介突然消失，或有人破壞原有的使用秩序，都可能干擾家庭成員的日常運作，使得家庭生活出現失衡的威脅，不少家庭在電視機突然壞掉後，家人多少感覺到無所適從，原本訂閱的報紙沒送來，也可能影響既有的生活軌道，因為媒介消費不只是閱聽人使用媒體而已，它已經成為一種生活形態，更重要的是，媒介並非家庭環境中的一個個別變項，而是形塑複雜家庭生活之眾多交互作用之變項中的一部分（Gentile & Walsh, 2002: 158），因此它會與家庭環境的其他要素產生彼此牽絲攀藤的現象，所以媒介消費是家庭生活中相互扣連之眾多環節的其中之一。

　　媒介習慣是由家庭成員使用媒介的規則所構成，這些規則包括關於使用時間、使用情境、相關限制、成員在選擇上的優先順序、彼此對使用上之權利與責任的共識、衝突時的解決方式等方面的正式或非正式的規定。當然，我們很容易發現這些規定的形成，必然和家庭成員的權力差異以及家庭媒介資源的多寡有關，同時，媒介習慣也會隨著家庭生活形態的變遷而被調整與轉變。

3.家庭的內部關係

　　媒介消費對家庭內部關係（包括互動形態、角色關係、權力位置等）可能依不同條件而造成程度各異的影響。一般而言，電視影響家庭生活，至少包括兩個方面：其一，在家庭互動方面，電視可能造成家人之間口語溝通與彼此注視的密度減少，通常只有當電視開機時，家人們群集於電視機前，才得以出現較多的接觸。其二，媒介對某一特定家庭成員的影響，可能波及整個家庭體系，例如一個小孩被電影嚇得整夜無法入睡，就可能搞得全家人仰馬翻（Gentile & Walsh, 2002: 158）。由於媒介影響家庭互動，因此許多

人的家庭生活經驗其實包含大量的媒介經驗，並成為家庭歷史與家庭記憶的重要組成。有人認為在西方家庭中，現今的電視已取代過去客廳壁爐的地位，成為家庭的核心，過去置於壁爐上的家庭照片，如今也轉移到電視機上面，當人們看著電視螢幕時，也同時注視著家人的影像。

電視經常被視為一種家庭媒介，電視節目與廣告也通常以家庭為最常訴求的對象，電視媒介時常再現理想家庭的形象，它們可能成為參考與比較的標準，並可能強化傳統的家庭角色分工與權力關係。而有時媒介所傳達的進步性或另類的家庭形象，也可能暗示或引導家庭關係的變遷。

媒介消費造成家人之間的衝突已屬屢見不鮮，舉凡訂報、選擇電視頻道、父母對子女收視時間與內容的限制、使用電玩等，都是經常造成家人爭執的原因。當然如果從功能論的角度來看，這些由於媒介消費所導致的衝突，也可能有助於釐清家庭成員彼此的觀念與價值，並重新確認個別成員與整個家庭的需求與目標。

家人之間對不同媒介的嫻熟度差異，可能塑造特定個體的優越地位，暫時逆轉原有的權力關係，例如年輕世代熟悉電腦及網路等新科技的程度經常高於年長世代，因此在這方面的使用，有時父母反而需要子女的協助與指導，所以使子女取得較為有利的位置。此外，年輕人對流行文化的了解，也可能使其在觀看流行節目時暫時成為一種意見領袖。

另外，媒介消費也可能影響家人從事其他非媒介的活動，以及培養非電子媒介方面的興趣（Houston et al., 1990, cited in Gentile & Walsh, 2002: 163），一般認為電視會排擠發展其他活動或嗜好的機會，有些家庭的假日休閒大都只是在看電視，造成家庭休閒娛樂的

單調貧乏、缺乏創意，進而影響整個家庭的生活品質。

4.家庭的外部關係

　　媒介消費也會影響家庭對外關係，首先，由於消費是一種溝通，它表達出一些個人與社會的價值與理想，也傳達出消費者的社會地位，所以消費不只是消費一些財貨、服務與資訊，在消費之際，消費者（個人或家庭）已在建構形象，並將自己安置於某個社會位置上，所以即使是私領域的個人消費，它們也總是會聯繫到社會層面。現今大家都認為媒介（特別是新科技）能超越時空的限制，將世界拉進家庭客廳，使家庭與全球的關係更形密切，如今家庭並非只是座落於某個固定地點的房屋與成員，它們藉由媒介而將各種異質的象徵及文化編織到家庭生活的肌理中，並透過影像進行替代式的社會參與，套用威廉士（Raymond Williams）的「流動的私有化」（mobile privatization）說法（Williams, 1974），家庭生活由於媒介消費，使得影像與真實、商品與持有、主動與被動等交織於社會、文化、經濟的關係網絡中（Silverstone, 1994: 131），然而這些關係是一種充滿依賴與自由、整合與孤立的緊張關係，因此家庭的媒介消費在其實踐過程中，已使自己置身於如此複雜與衝突的廣大脈絡內。

　　但也有人認為隨著更先進與互動式新科技的發展－特別是網際網路－已促成一種「固定的社會化」（immobile socialization）的新文化趨勢，這是指藉由線上互動與網路社群，人們得以與他人分享私人經驗，也能討論公共事務，因而造成私人經驗的社會化，同時在個人化的情境中參與公共性論述（Bakardjieva, 2003），然而不管是流動的私有化，或者是固定的社會化，它們皆代表一種朝向公／私領域之間界限模糊的發展方向，原本中產階級在資本主義社會中

致力追求的家庭形構與公私區隔，似乎在媒介消費與科技商品的影響下逐漸出現變化。

5.消費的物化／消費的賦權

由於消費的意涵與影響頗爲複雜與分歧，例如馬克思主義觀點與後現代主義觀點便經常對消費互有歧異，以此觀之，消費對家庭生活的影響也可能包含不同的解讀。如果以左派的角度來看，消費大都屬於被動與被操縱的異化過程，只是爲了完成資本主義擴張市場的目標（例如： Adorno & Horkheimer, 1979），因此消費主義的大行其道，只是顯現出商品化力量加速滲透到家庭生活，使衆多用來維持家庭的元素或工具，全部轉由市場接手，同時在消費過程中，廣告與媒介誘發之無法滿足的慾望替代了實際需求，因而此派學者大都譴責大衆媒介與流行文化愚弄閱聽人，並認爲日益頻繁的媒介消費只是讓家庭生活進一步淪入市場與商品的掌控範圍。

不過一些後現代主義者以爲強調消費只是服務於生產及資本主義，似乎忽略了消費的其他意義，因爲財貨的物質面與象徵面（特別是後者）對消費者而言是一種可以轉化或挪用的素材，誠如道格拉斯等人強調產品即符號、消費即溝通（例如：Douglas & Isherwood, 1979），因此消費不只是持有、購買、使用，它還包括解讀、轉化、創造等積極主動的成分。左派常常以爲消費只是帶給消費者一種自由的假象，實際上只是浮沉於無涯無涘的商品洪流中，但後現代主義觀點則主張不要低估消費者的能力，他們認爲顛覆與抗拒的形式其實有很多種，消費者在消費過程中也可以同時從事挑戰或創造的工作。所以由此來看，媒介消費就是一種意義建構過程，並藉此進一步構築出家庭關係與秩序。

二、家庭中的權力關係

誠如前述，家庭是一個規則導向的社會環境，是一種由若干位置所組成的關係網絡，每個家庭的家規家法其實反映該家庭的權力關係，而由於家庭的形構受到社會文化的影響，因此家庭權力關係也往往在某些程度上服膺社會的規範與趨勢。以下分別從幾個常見的因素來說明家庭權力與媒介消費的關係。

(一)性別

一般而言，家庭中的性別關係通常反映主流社會的價值判斷，以下簡要說明之。

1.性別不平等

即使女性主義與婦女運動的發展已有一段時間，但事實上並未根本動搖資本主義社會中父權體制的支配性，不管是主張將資本主義與父權制視為兩個獨立的範疇或是一體兩面，皆強調當前居於主導地位的政治經濟體制及意識形態，往往明裡暗裡以犧牲女性的權益來圖利與壯大男性支配的統治機制。家庭便是一個極為重要的複製或再生產這種性別權力關係的場所，若以馬克思（K. Marx）與恩格斯的方式來看，家庭使女性成為男性（丈夫）的財產，女性的勞動與心理皆被置於男性支配範圍內，而一夫一妻小家庭更容易使家庭主婦成為無力的依賴者，因為她們被圈禁於狹小的生活空間，互動與溝通的對象僅限於家人與極為有限的鄰居，她們無償與恆久

的日常工作不被視爲具有經濟價值，因而被認爲在家中扮演貢獻不高的角色。如今雖然有愈來愈多的婦女進入職場，但她們多數並未能豁免家務的負擔，因爲父權社會仍然強調女性的特質比男性更適合處理家庭事務，因而家庭對男性而言，可以是脫離工作與職場的輕鬆及休憩之地，但對職業婦女來說，下班後回家只是進入另一個工作領域，她們被要求應責無旁貸地盡其「天職」。固然一般常將家庭視爲屬於女性與家庭主婦的活動領域，但事實上她們並未在此中取得主導權，反而成爲勞動者（無償的再生產）與依賴者。

2.消費的性別化

　　資本主義的發展將「生產」從家庭中分割出去，使得「生產」與「消費」一分爲二，從而區分出公領域與私領域，並使私領域－大部分指涉家庭－對應於「消費」範疇。因此人們可以看到「公領域／生產／男性」vs.「私領域／消費／女性」的二分法，成爲一種常識看法，消費被認爲是較屬於女性的活動，同時女性的消費相較於男性也更被認爲是瑣碎的、低價值、低度自主與控制性（例如家庭主婦的消費經常是爲了滿足家人的消費，她們購物時並非依據自己的需求，而主要考慮家人的需求）（Pringle, 2001）。再者，由於長久以來，消費一詞已經被賦予某種價值屬性，它不是客觀或中性的，反而經常隱含浪費與揮霍的意思（Williams, 1986），因此相較於「生產」所具有的積極性與創造性的陽剛意味，消費變成一種負面與陰柔的行爲。直到現在，所謂消費新聞依然傾向被認爲是軟性的新聞。

　　同樣的，媒介消費也有其性別意涵，電視節目被分類爲屬於男性的電視節目（例如新聞、體育節目、動作片），以及屬於女性的節目（例如肥皂劇），並被認爲會吸引對應的閱聽群衆，由於大衆

媒介屬於商業資本主義體制的一部分，所以它們傾向植基於父權意識，並再現傳統的性別刻板印象，從而制約閱聽人的解讀。晚近的文化研究與後現代主義的女性主義研究，雖然不再強調文本的決定性影響，也反對以整體性壓迫來看待性別問題，但依然必須警覺媒介對女性抗拒能量的收編與挪用，並同時思考在揚棄絕對眞理與普遍性原則的支配之後，還能如何從事實質的政治實踐（例如：Roseneil, 2001）。

　　有些研究指出家庭中的性別權力影響了媒介使用（例如：Morley, 1986），父權家庭中的男性成員（特別指丈夫、父親）擁有較大的媒介選擇與使用權力，例如他們往往掌握電視遙控器，也常占據最佳的觀看位置，同時他們的觀視模式是專心的，而家庭主婦則經常不能安穩地看完一個節目，必須邊看邊做家事，同時還時常懷著一種罪惡感在收看電視，彷彿有愧家庭主婦的職責。另外，母親似乎比父親更會去注意年幼子女的媒介使用情形，包括進行監控與討論（Descartes & Kottak, 2000, 2001），因爲母親角色被認爲更應關注孩子的生活。

3.媒介科技的性別化使用

　　科技過去一向被認爲具有陽剛屬性，因而是屬於男性的地盤。收音機剛問世時，由於體積龐大及操作複雜，通常都是家庭男性成員的把玩對象，電腦資訊領域也常由男性主導，因此人們一向認爲男性對科技的影響大於女性，目前這種看法已逐漸被挑戰，或至少已經不像過去那麼絕對化，不過在一般人眼中，科技仍然與男性具有更密切的關係。

　　新科技進入家庭後的性別影響，並非單一的，有人認爲一些家電用品大量發明後，家庭主婦並未減少家務工作量與時間，因爲家

庭電器固然減輕主婦的工作難度或提高效率，但也因為如此，所以許多人認為家庭主婦更應該能夠隨時應付與滿足家人的各種需求，以前一星期做一次的事，如今可能被要求應該每天進行，過去只有在用餐時間才能提供飲食，現在則以為只要有人想吃東西，就應能隨時端出食物，結果家庭主婦變成必須隨時待命（Pringle, 2001: 133-134）。

家用科技也被貼上性別標籤，例如洗衣機與微波爐被認為是女性的，除草機、錄放影機與電腦則被視為屬於男性的，當然使用者在這種區別中還隱藏著一些規避伎倆，譬如父親故意不想學會洗衣機的操作方法，以逃避洗衣工作，或者母親刻意不懂錄放影機的使用方式，以免家人要求替他們錄下節目。所以在家用科技的性別定義中，也包含著責任與工作的歸屬。

網路與性別的關係也是一個備受關注的課題（例如：van Zoonen, 1992, 2002），但意見不一，有人認為電腦與網路能夠打破性別界線，因為網路的訊息傳播特性以及互動性使用，使它被認為接近於女性特質，不過也有研究指出，兩性與網路使用模式依然是複製主流社會既有的性別差異，大致而言，目前這方面依然存在分歧的看法。

(二)年齡

年齡在家庭中所構成的權力關係並不具絕對性，但仍有一些經常出現的趨勢，一般而言，兒童在家庭中的媒介使用最常受到大人們的監控與限制；有些強調長幼有序的家庭，兄姊的權力可能大於弟妹，但有時候家中的老么又可能是大家寵愛與忍讓的對象；另外

家中的老人可能受到大家的尊重及禮遇，但也可能不幸地遭受漠視
與冷落。以下針對兒童與老人分別說明。

1.兒童

　　成人社會對兒童有一些矛盾的看法，一方面我們認定兒童的身
心成熟度不如大人，另一方面又覺得兒童的純眞與自然遠超過成
人，因為他們可以率直揭穿國王的新衣，也能不避諱地表達慾望。
成人世界透過各種社會化與規訓試圖將兒童轉化爲大人，但也同時
不斷抹除兒童一些高貴的特質。

■未成熟的個體

　　基本上，「兒童」是一個被建構的概念或一種論述，這是指目
前一般社會所指的「兒童」，除了年齡方面的特性外（連這方面也
是經常變動的，例如法定成年人、具有投票權的年齡標準），還伴
隨一系列約定俗成的看法與判斷，並帶有某種刻板印象式的假定與
想像。我們的社會透過一些諸如發展心理學或兒童心理學等科學知
識，界定出兒童的身心特質，並據此發展一些與兒童有關的行爲規
範與社會規範。簡言之，現代人被要求以一些特定方式來看待與對
待兒童，這是一種歷史發展與文明化的結果（Elias, 1994），中世紀
歐洲對待兒童的方式比現代人粗魯得多，過去對兒童的剝削及虐待
並不像現在被認爲是罪大惡極之事，兒童福利與兒童人權都是晚近
的產物。

　　一般而言，我們現在認識的「兒童」是屬於生理心理尚未成熟
的個體（相較於一般成人而言），也因爲如此，所以現代理性社會
認爲必須對他們加以保護，並多少以保護之名限制他們的行爲。大
概來看，不管在法律或習俗上，都習慣性認定兒童是弱者，並不具
備充分的理性能力，也無法爲自己負責，所以他們自然無法享有與

成人相同的權力與權利，且必須在成人的監護下去從事許多活動。這種情形也反映在家庭關係中，兒童的媒介消費通常會受到父母的管理，尤其是兒童看電視、打電玩、看漫畫等活動，更容易受到家長的注意，特別是有若干研究指出，大量使用電視及網路對兒童的學習能力、學業成就、人際互動、社會態度等都有負面影響（例如：Gentile & Walsh, 2002: 159-160），使父母認為必須加以管理。台灣升學主義濃厚，多數中學生都有被父母限制看電視與打電玩的經驗。即使現在有許多家庭愈來愈講求家庭民主、親子互動，但父母仍然扮演明顯的主導角色。

■兒童與成人的界線

當前主要的「兒童」論述，還包括將「兒童」與「成人」視為兩個互斥的範疇，一些媒介分級制也是建基於這種前提，普通級、保護級、輔導級和限制級是針對不同年齡層的閱聽人為主。因為人們認為兒童與青少年的認知發展與情緒控制皆不同且遜於成年人（諷刺的是或許不少成年人並非心智成熟到適合看限制級），因此對兒童與成人需要使用雙重標準，並且是由成人社會來設定與執行這些標準。不過兒童與成人節目的區隔有時流於形式，例如人們通常認為卡通影片屬於兒童節目[1]，但實際上許多卡通片充滿暴力內容與不合理的情節，即使評價不錯的《哆啦A夢》[2]、《神奇寶貝》這些兒童們熱中的卡通，也是不時出現暴力訊息；另外電視新聞與綜藝節目的日益羶色腥化，網路色情的氾濫，似乎都將兒童拉進成人世界中，造成所謂童年的消失（Postman, 1994），也由於這些現象的日趨嚴重，引發父母師長與關心兒童福利人士的憂心，不管是對政府或媒介進行呼籲、施壓或杯葛，以及加強宣傳父母應注意與參與兒童的媒介使用，這些隱然強化成人與兒童的權力差異，以及

父母與子女的權力關係。

　　基本上家庭中的兒童閱聽人與其父母之間存在一種依賴——保護的非對稱關係，兒童的媒介使用通常受制於成人世界對兒童與媒介的認識，由於「兒童」經常是大人們眼中的「他者」，被認為具有異於成人的特質與需求，因此兒童的媒介消費即使經過某種親子間的協商過程，但原則上仍然受到父母的管理，同時我們的主流社會也將這部分的父母權力視為適當的。事實上，許多父母可能日益感覺到自己對孩子的影響力愈來愈不如媒介，面對媒介對兒童的強大吸引力，家長多少感到權力旁落，而隨著媒介不斷快速增生與普及，似乎可預期到父母與兒童在媒介消費方面必然持續出現更多的衝突。

2.老人

　　老年族群由於社會人口變遷而具有不同的社會地位，他們在家庭中的角色也可能出現變化，重視生產力的現代資本主義社會容易否定老人的價值，而社會與家庭對老人的不同態度也包含一些現實因素的影響，以下簡要說明之。

■邊緣化與市場目標

　　現代社會認為老人是即將退出社會舞台的人，這其中固然包含體力與健康因素，但也涉及社會要求讓出位置與資源給年輕人，以功能論來看，老人的退休有助於社會體系的更新與持續運作，對辛苦一生的個體而言，是種卸下仔肩的休息與酬賞，但若從馬克思主義的角度來看，則傾向強調年輕人與老人的世代權力爭奪與資源再分配。不管如何，一般而言，現代社會由於強調進步、效率、速度、年輕化、新鮮感，因而多少是一個歧視老人的社會，這表現在大眾媒介內容中更是明顯，例如戲劇節目中的主角絕大部分是年輕

人，老人只能是配角，綜藝節目也是年輕人的天下。甚至一些年紀稍大的人也諱言自己的年齡，並刻意追求年輕化的打扮，因爲我們的主流社會將年老者嘲笑爲保守、落伍、沒有活力。

由於老人的刻板印象，使他們處於較不利的社會位置，老人被視爲或自認與一般人具有不同的消費需求，他／她們可能不像年輕時那麼注重外表與生活享受，或以爲自己已入土半截，所以不須過於浪費，也不必計較太多，同時許多人也認爲老人生活只是打發時間，不具重大意義或價值，因而不管在社會或家庭中都逐漸被邊緣化。另外，小家庭的發展趨勢，也讓老人處於較不利的位置，例如夫妻可能必須同時承擔工作、教養子女與照顧年老父母的多重壓力，使其無法充分關注老人的需要。不過這種情形也會因傳統文化而出現差異，例如在重視孝道與尊重長輩的家庭中，年長者的權力仍有可能高過晚輩（雖然有時是形式上的），或者在日常消費上獲得某種優先權。

晚近的人口變遷使得高齡化社會成爲一種趨勢，因而出現重視銀髮族需求的聲音，表面上這種情形固然是老人族群的權益受到重視與提升，不過其中不能排除一種將老人視爲市場目標的商業策略，當資本主義社會發現老人的消費能力後，便會開始將商品的力量注入老人生活中，從過去漠視老人的需求，轉而利用老人的需求，當然，在這種過程中，確實也爲老年族群提供更多樣的生活選擇。

■老人的媒介消費

一般而言，媒介對個人的重要性與生命週期有關，例如隨著年齡的增長與進入職場，有些人會改變對電視的重視程度，一些原本因爲工作忙碌而不常看電視的人，退休後可能會增加對電視的依

賴，通常剛退休的人尚有可能抗拒白天看電視，因為這會明顯讓別人與自己感覺到無所事事的蕭索與落寞，但到退休後的中晚期，看電視的時間就可能增加，因為他們或者因為體力、健康與經濟因素，留在家中的時間更多，另一方面也因同年齡的親友相繼去世，導致社會接觸明顯減少，也會被迫侷限於狹小的家庭生活中。再者，電視可以提供一種「虛擬的移動性」，替代性地彌補生活範圍的不足，同時藉由觀看溫馨愉悅的節目，一方面緬懷過去，也同時維持美好心情（Hirst, 1998）。

老人在家庭中的權力位置，可能影響媒介使用的情形，例如有些老人會儘量配合家中年輕人的需求，這點或者是因為他們自認重要性下降，或刻意表現自己的隨和與親近年輕人，或者是因為不嫻熟傳播科技的操作與功能。另外也有些老人會受到特殊的禮遇，看電視時可以優先選擇頻道與節目、可以坐在最佳觀視角度的位置、家中年輕人有時會刻意選購適合老人操作的電腦與電視；但有時為避免不同世代之間的爭執，也會出現媒介使用分離的設計[3]，例如在老人房間添加一台電視機，以便他們可以獨立收視，結果增加了老人的孤立感。

事實上，老人與媒介似乎被視為兩個對立的概念範疇，媒介代表新奇的、科技的、資訊的、快速的，這些都與老人範疇被建構的意義相反，而當前針對老人而提供的媒介內容其實不多。未來老人們憑藉其族群數量增加與具有規模的消費力，或許能夠獲得更具實質意義的重視，然而世代之間的差異與衝突也會是一個持續的問題，並且似乎無法訴求傳統價值來解決。

(三)對家庭的貢獻

當不同家庭成員對全家的貢獻不同時，會影響家庭中的內部分工、權力結構與資源分配。一般而言，這些貢獻主要來自兩個方面，經濟上的貢獻以及家庭社會地位的貢獻。

1.經濟方面

雖然不管是收入或地位皆與教育程度有關，但對家庭的實際影響可能還是來自較具體的層面。在物質主義的社會中，金錢收入往往與能力或成就畫上等號，即使在彼此親近的家庭中也不例外。傳統上，扮演一家之長的父親或丈夫常是賺錢養家的主要成員，因此父親或丈夫在家中的權力不言可喻，雖然有些職業婦女對家庭經濟也有貢獻，不過如果收入低於丈夫，那麼還是會被認為只是「貼補」家用，不具有重大價值。假使丈夫失業在家，而必須靠妻子的收入來維持家計時，則丈夫的權力便隨之下降。

當然，賺錢養家的人不只是父母，有時還包括其他家庭成員，則他們可能依據收入多寡而被賦予不同的權力地位，因為一般觀念中認為賺錢較多的人比較辛苦，所以應該擁有相應的酬賞。雖然這種情形並非決定性的，尚會與其他家庭因素交互作用，不過個別成員的經濟影響，通常具有相當程度的效果。

經濟貢獻大的成員被容許享有較多的權力，也會反映在媒介消費上，他們可能比其他成員更有能力購買與提供媒介資源，也可能有權優先選擇使用的種類與時間，或者他們有時也能對其他成員加諸特定的使用限制。有些人的經濟能力提高後，會致力於改善自己的媒介使用條件，即使無法抗衡家中權力最高的人，至少也會想辦

法自購媒介資源，擺脫之前的受限處境（盧嵐蘭，2000，2003）。

2.家庭的社會地位

除了收入外，個體的教育程度與職業也與社會地位有關，家庭成員中特定個體的個人社會地位可能提升整體家庭的地位，一人得道，雞犬升天，其他家人也會跟著沾光、分享榮耀。家庭中的權力階層也由此而生，能夠光宗耀祖的人被賦予更多的特權，並居於權威或領導者的位置，他們是家庭的光環。

當然，個體對家庭社會地位的貢獻必須得到其他家庭成員的認定，獲得一種共識，因而有時涉及個別家庭特有的互動關係，必須考量個別的情境，不過一般而言，個人的社會地位與其家庭中地位有關，並可能進一步反映於消費決策上。

(四)家庭空間分化與權力

家庭空間本身就是一種資源，因此它的分布與規劃情形也能夠反映成員彼此的互動關係。

1.空間分化的意義

基本上，家庭空間的分化程度五花八門，不過人們通常會發現，許多家庭在空間格局方面存在許多相似性，這點當然包括一些房屋建築師與設計者的主導與制約，房屋廣告每每標示幾房幾廳，已成為一般人對家庭空間的輪廓性概念，但其中也反映出一般現代家庭對家庭生活的觀念。

現代主義強調功能性，家庭空間通常依照各種家庭活動而進行區隔，包括客廳、臥室、廚房、書房等等。當空間不足時，若干活動會被迫在同一個空間中進行，例如現代都市地狹人稠、寸土寸

金，經濟能力影響住家空間的大小，很多家庭都已習慣廚房兼餐廳，或臥室兼書房，更有人必須擠在鴿籠般的小室中，根本無法有所區隔。但在一般家庭中，某種空間區隔已成為基本要求，這其中包含現代人對人際關係（即使是親近的家人之間）的認識與期望，並視為生活品質的一部分。因此我們可以看到愈富裕的家庭，家庭空間分化愈細緻，不只能夠依據家庭生活的各種活動而進行相應的詳細區隔，還能滿足所有家庭成員個別與多種的需求，反之，一般中產家庭就必須在有限的空間中，做一些能夠適合多數家庭成員的設計。

家庭空間的規劃同樣經過某種協商過程，不過其結果往往對有些成員不盡公平，有人獲得較有利的空間，反映他們在家中的地位與權力，當然，家庭空間分化會隨著家庭生命週期而變化，例如：小孩誕生、有人去世、子女離家獨立等等，都會影響家庭成員考慮是否要重新規劃家庭空間，然而每次的變動仍會指涉不同成員之間的關係位置，因此家庭空間分化總是具有重要的意義，是研究家庭生活與媒介消費時不可忽略的一個對象。

2.家庭空間與互動關係

家庭空間的分化除了具有功能性的價值外，它還包含一些社會文化的意義，代表一般人或特定家庭成員對日常生活的期望，以及對家庭互動的特定要求，而這些也多少受到一般社會觀念的影響。家庭空間的分化可以從若干向度來觀察，以下分別從五個面向加以說明。

第一，外／內：通常家庭空間會區分出對外的與屬於內部的兩大範圍，使之具有內外有別的特性，例如客廳及玄關是外空間，連接外在環境，臥室與廚房是內空間，要求陌生人止步。外空間也有

一種展示的功能，可供一個家庭向外界進行呈現與表演。相對而言，內空間則傾向屬於不欲外人知的場所。

第二，私密／共享：對家庭成員而言，有些空間是他們可以自由進出並共同活動，例如客廳或餐廳，但個人臥室則往往須得到主人的允許才能進入。外／內與共享／私密的空間分化，類似於高夫曼（Erving Goffman）的前台與後台的概念（Goffman, 1959），並與印象整飾有關。

第三，大人／小孩：當家庭中有年齡較小的孩子時，通常也會區隔大人與小孩的空間，例如：父母可能要求小孩在沒有大人的陪同下，不得進入廚房與浴室。有時大人的書房也會禁止小孩隨意進入嬉戲。

第四，安全／危險：例如一般認為廚房、欄杆不高的陽台，或堆積雜物的角落對小孩有危險。此外，家庭空間的有些部分可能因為破損或其他因素，而被視為不安全的地方，例如：會漏水的房間、地板較滑的浴室、囤放搖搖欲墜之雜物的儲藏室等。

第五，男性／女性：家庭空間的性別意涵涉及家庭成員在家庭生活中的性別實踐，例如：一個具有傳統性別觀念的家庭，可能認為廚房是女性空間，車庫是男性空間。

家庭空間分化透過對空間進行分配性使用，以及對不同空間的定義，在某種程度上規範了家庭成員的行為與互動，不同成員覺得在家舒適與否、是否受到重視，都與他們在這些空間分化中扮演的角色與所獲得的分配結果有關。

3.家庭空間、權力與媒介消費

由於家庭空間分化的結果會產生若干意義與價值不等的區隔，家庭成員不只生活於這些分化結果中，也必須將消費活動帶入這個

分配狀態內。一般而言，對個別成員來說，家庭空間分配的結果對他們可能是有利或不利的，有些人的房間較大，可以放很多東西，有些人分配到小房間，不得不把一些自己的東西放到其他可能不便取用的地方。有人可能獲得獨立使用的空間，有人必須與他人共用一個空間，前者讓個體擁有較大的自主性，後者則必須與他人協調，同時他們享有不受干擾的程度也隨之而異。

目前有些媒介已經變成個人擁有的物件，例如收音機，同時它在空間上也較少造成問題，報紙及雜誌亦如是。通常會引發爭執的，主要是電視與電腦，雖然多機家庭已愈來愈多，但不少家庭仍然只有一台電視機或一部電腦，因此如何協調使用方式便會反映出家庭關係的運作。即使電視機置於共享的客廳空間內，但看電視時的位置分配仍是一種特殊安排的結果，有人取得最佳的觀視座位，例如後有靠背，前能翹腳，可以很舒適地享受，有人則流落邊陲角落；如果原本坐大位的人不在，誰又能以第一順位占有此座。許多家庭的電視機擺放位置都歷經一個變遷過程，可能原本的位置讓某些人覺得不便，所以逐步挪移到一個大家都滿意（或不滿意也無權置喙）的結果，在這個移動過程中，是哪些人在主導，每次移動的結果又讓哪些人覺得不滿意。電腦是另一個值得注意的對象，它的置放情形也同樣會使家庭成員感到不同的便利性（盧嵐蘭，2000，2003），這些皆是觀察家庭權力關係的一個面向。

✵ 家庭中的媒介消費

　　現代媒介愈來愈深入一般家庭生活中，媒介不只影響家庭生活，同時也會因為媒介必須在家庭領域中被使用與消費，因此它們也須適應家庭生活的需求，所以媒介與家庭之間發展出彼此影響與相互構成的關係，以下進一步說明。

一、媒介／科技的生活化

　　媒介受家庭的影響主要在兩個方面，其一，媒介作為一種物體，在閱聽人使用過程中，必然受到閱聽人及其生活脈絡的改造與馴化；其二，家庭生活各種需求積蓄而成的消費力量，能夠影響生產面向的實踐。

(一)媒介被家庭馴化

　　前面已敘述過消費是把商品從一個異化狀態轉變成一種非異化的狀態，一台陳列於賣場的電視機只是一件商品，任何人皆可以依照標示的價格而購買與擁有，它的意義對每一個瀏覽與參觀的顧客而言是大致相似的，也可以說是疏離的，因為它並不屬於自己（指消費者或顧客），與自己尚未建立任何關係。然而一旦消費者決定

購買，在銀貨兩訖取得所有權後，它對消費者的意義幡然改變，它已經成為被某人擁有，即將進入一個家庭，並與這個家庭成員產生某種關係，將會在這個家庭中占有某種位置與重要性，所以此刻它對擁有者而言是有意義的，因為它即將以某種程度聯繫到擁有者的生活，它不再是一個異化的商品，甚至還可能成為擁有者的珍愛，而變成某種無價之寶[4]。

　　一個經常被使用的物品，由於其提供的功能，以及與使用者建立密切關係，也可能被擬人化成一個有人格與親密的物體，例如電視機常被當成陪伴者、電腦被視為得力助手，它們在日常生活中的重要性與意義已成為不可或缺的元素。由於媒介消費與個人生活及家庭活動緊密交織在一起，對許多人而言，媒介消費代表重要的生活經驗，也是對生命歷史的記憶，中壯年人對童年的記憶可能聚焦於電視布袋戲或棒球轉播，較年輕的世代更可能是電視兒童或電腦兒童，童年生活充滿著電視卡通與電玩的經驗。不只媒介內容成為記憶的一部分，同時媒介消費伴隨的家庭互動，也會成為重要的回憶。因此我們可以看到一些原本與閱聽人存在距離與歧異的媒介產品，透過媒介消費，以多種方式逐步滲入家庭及其成員的世界，最重要的是，在此過程中，閱聽人不斷去使用、挪用與轉化媒介文本及科技文本（de Certeau, 1984），將媒介產品的原始構造進一步打磨成適合自己需要的東西，使它不再是賣場上那個帶有陌生意味的商品，轉而成為一項熟悉與順手的生活物件。

　　簡言之，在媒介消費過程中，媒介產品必須面對個人與家庭的特殊條件，被進一步改造，才能成為一個可堪使用及持續使用的物品。閱聽人在媒介使用中所獲得的滿足，不只是由於媒介提供的功能，還包括閱聽人挪用與改造的過程與結果，能夠在某程度上符合

原來期望而得到的滿意。在此過程中，閱聽人以不同形式與程度展現其創造力，使媒介產品產生更獨特的意義與功能，進而被收編到特定家庭生活的組織內。

(二)媒介生產適應家庭生活的需求

眾所周知，消費力量可以影響生產面，在媒介消費領域也是如此，雖然如何才算是實質的影響可能見仁見智。在市場的壓力下，生產者必須產製更能符合消費者需求的產品，現代資本主義帶動生活形態的變遷，都市化、郊區化、核心家庭、雙薪家庭等趨勢，皆造成不同的生活需求，它們影響生產者的生產內容，以配合新興的消費習慣。

現代都市中的家庭空間有限，許多產品必須縮小體積以適合狹小的居住環境，工商業社會的生活步調緊張忙碌，因此消費品也必須提供迅速簡便的使用。收音機從過去的龐然大物轉變成如今輕巧的機型，電腦也從以前的笨重複雜，發展成現在可隨身攜帶及容易操作。媒介內容的規劃也是配合多數人的作息形態，包括兒童節目、新聞節目、戲劇節目的時段安排等，皆對應著多數家庭的生活節奏。廣播與電視的表達方式日益通俗民粹與詼諧風趣，也愈來愈對應於家庭生活的休閒輕鬆氣氛。

當然所謂媒介生產配合家庭需求也是一種行銷策略，能夠更有效地獵取消費者，最終還是滿足生產者的獲利目的，不過也不能否定這其中確實考慮到消費者的需要，並提供某種便利性。家庭生活的需要日益多樣化，有人必須在家中辦公，有人作息時間晝夜顛倒，許多新科技的問世，或多或少解決了特殊的需求。

　　近來社會在功利競爭之餘，不免緬懷溫暖的人性與親情，引發對家庭生活與生活品質的重視，也促使生產者必須關注這方面的要求。各種大眾媒介出現更多的家庭消費資訊，這些訊息五花八門，幾乎涵蓋家庭生活的各個層面，同時這些資訊也更強調實用性，例如美食資訊，不只介紹食材種類與烹調方式，還包括價格、地點、電話，及交通路線等，許多DIY的分解步驟、宅配的方式、生活小訣竅等應用性的訊息，都成為每日出現的媒介內容。此外，產品也迎合消費者對家庭氣氛的追求，由於重要的傳統節日成為儀式性的家庭團聚日子，人們熱中於營造溫馨和樂的氣氛，而媒介與廣告莫不藉機提供相關的訊息，在滿足消費者的儀式性需求之際，也獲得更多的利潤。另外，為了紓解高度的工作壓力，居家風格成為一種人們追求的生活經驗，所以產品提供者必須注意產品能否讓消費者覺得平易近人與自在愉悅，不管在外觀設計或內容選擇上，都必須考慮到符合近似居家生活的舒適感，例如一則網路電訊服務的廣告，宣傳其提供的股市資訊，能讓使用者「躺在沙發上炒股票」，當然也反映了現代人對工作與生活的觀念。再者，人們對家庭互動的需求也讓產品發展出能夠全家參與的特性，許多電視節目強調其適合「闔家觀賞」、伴唱機訴求「全家同樂」、一些教育性媒介內容能夠提供「親子討論」機會。最後，隨著都會生活形態的變遷，個人家庭日漸增加，即使是一個人獨居，但仍需要（或更需要）一種家的感覺，產品本身逐變成一個伴侶或一位家人，能夠貼心地與消費者共同生活，例如深夜節目的低語聽來總像是只對自己輕聲傾訴。

　　綜合來看，前述之家庭消費資訊、家庭氣氛、居家風格、全家參與與個人家庭都是現代家庭生活的趨勢，促使生產者必須相應於

這些需求而提供適當產品，雖然在許多時候它們可能只是形式與偽裝。

二、媒介對家庭形態的影響

從另一個角度來看，媒介消費可能造成家庭生活發展出不同的特性，以下分別從五個面向說明之。

(一)科技化／數位化

媒介與科技大量進入現代家庭，一方面滿足了現代家庭的生活需求，另一方面也改變了家庭生活的運作。媒介科技加速資訊流通，使人們可以更方便地獲得各種訊息，家庭成為一個充滿多種資訊媒介的地方，這對必須花較多時間在家庭中的成員而言，不啻是一大便利，他們不致被孤立或封閉，甚至有時還會比其他人獲知更多消息，例如在外工作的丈夫可能整天忙得沒時間讀報、看電視，而鎮日在家的妻子可能全天收聽廣播及看電視，反而更能了解社會動態。特別是電腦與網路更使生活與工作得益不少，家庭生活借助數位科技而出現不同的面貌。

家庭的科技化與數位化，也同時代表科技理性具有主導家庭生活的傾向，因此居家生活也可能出現工具理性與價值理性的失衡與衝突（Habermas, 1979），過於強調效率、手段、控制，而忽略了家庭成員的真正需求。所謂的「現代」家庭便是營造一個高度電器化的居家環境，透過各種科技產品來管理與控制日常生活，誠如前

述，科技有時反而造成工作時間增加（Pringle, 2001: 133-134），例如每天都要花時間去處理一些電腦中的垃圾郵件，另外，生活作息也可能日益仰賴或受制於媒介科技，例如電視的影響已是眾所詬病。

（二）流動化

媒介將家庭帶到各種地方，透過電視與網路，人們似乎不再受限於物理的時空特性，可以藉由媒介這張魔毯而遊走四方，閱聽人可以同時既穩坐家中又浪跡天涯，在「流動的私有化」之下（Williams, 1974），日常生活得以兼具安全與冒險，人們愈來愈有可能可以同時身處兩地或更多地方，因而改變過去對時間與空間距離的概念與對世界的看法，以及自己的行動方式。莫里（David Morley）認為媒介科技還會造成家居生活的移位與錯置，其中最明顯的例子就是行動電話，它是一種高度私人化的科技，對使用者具有一種心理之繭的功能，然而它卻蔓延成無所不在（Morley, 2003），如今各種公共場所都有人在使用手機，任何時刻都可能出現電話的入侵，人們把私人生活隨身帶到任何地方。

這種流動化可能造成若干影響（Morley, 2003），首先家庭不再具有固定形態與生活內容，由於不同家庭的科技使用差異，可能擴大不同家庭之間的生活差距，有的能夠全球漫遊，但有的活動範圍仍然有限。其次，人們憑藉傳播科技而能彈性移動，固定的地理根基彷彿不再像過去那麼重要，雖然人們仍然生活在實際的地域／地方，但地理空間已不能決定性地影響人們的認同。在這種情形下，核心家庭的社會意義以及家庭生活在現代人心中的地位也可能面臨

轉變。

(三)公／私界限模糊

　　由於媒介科技造成家庭生活的錯置，因此動搖了若干生活領域之間的界限，包括家庭／辦公室、休閒／工作、私人／公共等，不再像過去明確區隔，由於這些概念過去主導著人們對生活採取特定的認識方式與行為準則，如今面對新的科技特性，傳統的規範及標準受到衝擊，也導致一些衝突的產生。家庭生活經常聯繫到外在世界，或將外在世界接引入家庭生活，同時人們可以很快地轉換不同性質的活動，家庭的範圍更為不確定也更有彈性，也因此一些外部世界的衝擊可能很快地長驅直入家門，直搗日常生活，使家庭生活變得更不穩定。遠方事件對家庭生活將更具重要性，因為它們可能造成影響，因此也改變人們對各種地方所抱持之遠近親疏的概念與態度，或者說遠近的意義已經和過去不太相同，人們會開始嘗試以新的方式來界定與自己有關的世界。在此之下，家庭生活將必須包含更多與更複雜的變項，同時也使人們的生活負荷增加。當電視與網路將「九一一事件」傳送到全球每個家庭中時，大家都必須有心理準備去面對新的世界變局，人們對遠方的傷亡與哀痛，都不只是遙寄同情而已，而會意識到自己的生活也即將受到某種程度的影響，這固然可能激發休戚與共的感受，但也可能促使人們更迫切想要找尋代罪羔羊。在世局瞬息萬變的時代，家庭生活必須不斷承受多樣與複雜的各種影響，有時也可能令人覺得風雨飄搖，人們不再像過去那般篤定自信能夠控制自己的生活，這種危機感讓有些人出現某種矛盾反應，一方面可能惶惶然地不斷透過媒介來偵測環境，

另一方面卻又譴責媒介是製造紛擾的亂源而鄙夷之。

（四）兒童／成人的區別消失

　　前面已敘述兒童／成人的概念建構，也提到這個界線已面臨挑戰，媒介將各種訊息帶入家庭，許多分級制其實未能真正產生限制或管理的作用，兒童更廣泛與直接去接觸成人世界的各種面向，使許多人憂心兒童受到污染，因此父母通常會以某種方式來管理兒童的媒介消費，雖然家長對分級制的認識程度會影響其控制子女的媒介使用情形（Gentile & Walsh, 2002），不過分級制並非萬靈丹，很多時候形同虛設，因此日常生活中的兒童很多時候宛如處於不設防的狀態，直接接收各種訊息，梅諾維茲（J. Meyrowitz）指出，當兒童尚未被允許穿越馬路之前，他們就已在電視中穿越世界（Meyrowitz, 1985: 238）。即使在家庭內，父母管理子女的媒介使用也很難全面執行，雖然一些新科技的發明可以協助過濾訊息內容，但更重要的是，一些原本被認為沒問題的媒介內容其實充滿爭議的訊息，例如電視新聞與報紙根本無法適用分級制，而新聞媒介為競求閱聽率，早已採取煽腥手段以迎合商業考量，特別是電視新聞大量及重複播放犯罪與暴力訊息、遊走於色情邊緣、歧視及反智的觀念，幾乎已成為一種普遍現象，更遑論一些綜藝節目也同樣充滿低俗表演，這些情形已無關乎品味的問題，也不能從菁英與草根之對立的觀點來看。

　　以前社會的兒童會更早去面對成人世界，主要是透過他們的實際生活，並較早進入勞動領域與承擔責任，如今資訊社會的兒童則從電視及其他媒介接觸到許多光怪陸離的景象，雖然成人世界仍想

要將他們劃歸另一個他者的範疇，並加諸許多行為限制，但媒介卻一再地打破界限，將兒童拉入禁區。

（五）娛樂化

傳統上，家庭被視為一個休息與休閒的場所，隨著消費主義的興起，家庭進一步被強調其娛樂功能，並且更明顯地依賴媒介消費來製造娛樂效果。由於媒介既是資訊工具也是娛樂工具，雖然它們經常被批評只能提供被動與無創意的娛樂，但對一般閱聽人而言，畢竟還算是方便易得的管道，所以成為許多人的主要休閒工具。另一方面，重視生活品質，以及強調遊戲的價值，已成為社會的一種趨勢，許多產品標榜可以讓工作遊戲化、生活遊戲化或學習遊戲化，其實也反映出現代人容易感到厭倦，所以必須藉由層出不窮的刺激來挑動神經與引發感覺，而這點剛好符合媒介的聲光特性。媒體產業也愈來愈把自己當成娛樂事業，揚棄莊重嚴肅的表現，全力追求輕鬆逸樂的調性，新聞娛樂化（infotainment）便是一例，致力於產製讓閱聽人覺得好玩及好看的內容。

一些新科技也宣傳能使家庭成為家庭電影院、家庭劇院、家庭KTV，因此家庭被期待成為更高度的遊戲空間，並成為一種對日常生活的要求。消費主義強調生活的美學化（Featherstone, 1991），創造愉悅經驗也已成為一種消費倫理（Campbell, 2001），媒介消費讓家庭能夠透過更多管道將娛樂元素置入日常生活，然而這種過程的另一面向是家庭娛樂將愈來愈明顯受到媒介消費的制約。

三、媒介、家庭與社會

以下綜合說明家庭與媒介的關係。

（一）家庭與媒介的相互構成

家庭不只是媒介消費的場所，它進一步影響媒介使用及其經驗結果，另一方面，媒介消費也促成家庭生活的特定發展方向，以下分別說明。

1.家庭脈絡形塑媒介消費

媒介進入家庭，被馴化成家庭生活的一項組成元素，因此在使用媒介的過程中，閱聽人必須定義媒介，並將自己生活的時間、空間、人際、習慣等特性附加在媒介上。每一項剛購買或取得的媒介產品都不是馬上現成可用，多數人面對產品使用手冊上的內容，都無法照單全收，亦即任何人的媒介消費從來不是完全服膺產品的原始設計，而必須經過閱聽人的某種「再加工」，方能成為一個適當的物件。從這個角度來看，媒介一直是有待解讀與創造的對象，閱聽人依據自己的家居生活條件，將媒介進一步挪用或改造，但這樣的觀察並未意味閱聽人是完全主動與自主的，因為媒介的物質性畢竟有其客觀影響，並非閱聽人一廂情願可任意變造，其次，閱聽人的媒介使用在某種範圍內受制於家庭情境的條件性影響，而後者又可能是社會結構因素所造成的結果。

2.媒介消費建構家庭生活

現代家庭的生活很少不受媒介影響，並經常透過媒介來架構或組織日常過程，人們對家庭空間與時間的規劃多少必須考慮到如何方便於媒介使用，媒介經驗也成爲生活記憶中的重要組成。媒介可以豐富家庭生活、提供功能性的效用，或作爲家庭互動的潤滑劑，相反的，它們也可能強化某些權力關係，或成爲家庭衝突的導火線。另外，隨著媒介科技的發展，使得家庭生活形態出現變化，人們可能經由媒介而增加經營家庭生活的多樣選擇，並使居家生活超出傳統的相對固定與靜態形式，但也可能因爲人們對媒介的依賴日深，而產生對家庭生活的危機感，以及對媒介的愛憎情結，這些都複雜化了對媒介消費的選擇形式，並進一步影響對家庭活動的安排。

(二)媒介與家庭認同

媒介經常傳遞有關家的訊息，並再現某些家的影像，另外在媒介消費的脈絡中，家庭又是一個重要的情境，並促成家庭生活與媒介使用之間的雙向影響，同時在某種程度上形塑人們對家的經驗與情感。

1.媒介消費的向心效應

有些媒介能夠有助於家庭內部的凝聚與整合，下面以電視爲例。

■電視成爲家人的注意焦點

電視很容易成爲家庭成員的共同注意焦點，並將家人聚在一起，至少它在形式上讓家庭成員縮小物理空間的距離，因此共同觀

看電視可以成為一種家庭團聚的儀式或象徵，同時電視又代表一種適宜闔家娛樂的工具，所以隱指著這種家人聚集的收視情境應多屬歡欣氣氛，這些儀式與象徵令人產生一種凝聚的表象，一種家的感覺，以現象學的觀點而言，即使大家皆安靜地看電視而未交談，但彼此皆會意識到對方與自己的共同存在，並共同擁有某種程度相似的意向指涉與經驗過程，他們一起經歷了某些共同的時間與空間，並由於彼此程度各異的同時參與，方才共同建構出一個所謂家的情境，以及對家的經驗。

■媒介提供互動的觸媒

大家熟知電視引導的收視情境以及提供的訊息內容，都可能作為家人互動溝通的媒介，在一個現代家庭中，家庭成員可能平時各忙各的，聚在一起的時間不多，也可能欠缺共同話題，然而媒介可以彌補這方面的不足，由於媒介能夠提供吸引眾人的訊息，成為大家都可談論的對象，有助於人際溝通，讓所有參與談話的人覺得彼此共同了解一些事物，因而感到是群體的一分子，即使溝通的各方意見不同，但至少大家能夠針對一些話題進行對話，這些對話的形式與過程本身能夠將各方聯繫在一起。

■媒介再現家庭的示範作用

媒介提供許多家庭的訊息，特別是連續劇或情境喜劇總是包含一些家庭場景與相關情節，這些內容提示了若干家庭的形象，包括理想的與問題的，以及明指或暗指某些家庭價值，進而成為某種示範及警惕，因為閱聽人在解讀文本之際總是自我指涉的，所以媒介再現的家庭相關訊息，可能強化一種視家庭作為一個重要社會單位的常態觀念，複製家庭對個體具重要性的判斷，另一方面並增強閱聽人自身對家庭的概念。

2.媒介消費的離心效應

某些媒介可能擴大家庭成員之間的距離，以下簡要說明。

■媒介使用導致衝突

前面已說明媒介使用經常涉及家庭的權力關係，因此可能引發對立與衝突。由於媒介消費必須被編織到日常生活的組織中，所以對媒介使用的安排與管理，經常牽動家人彼此在家庭內的時間計畫與空間使用，在家庭成員的相互協商過程中，自然會凸顯彼此的權力位置，舉凡夫妻、親子或性別之間等各種不對等關係，皆可能成為影響規劃媒介使用的因素，換言之，媒介消費不只可能受到家庭既有權力關係的影響，還可能進一步強化這些權力關係。

■媒介的隔離效應

有些媒介能夠造成家庭成員之間的隔離狀態，最明顯的就是長時間的電腦使用，一般認為沉迷於電腦及網路會影響人際關係。此外，電視有時也會有相同效果，例如多機家庭往往讓家人更可能各自獨立使用電視，因而造成家庭互動的減少，不過這些影響並非絕對的，還須視其他家庭相關因素而定。有時分開獨立使用媒介也能夠減少衝突，因而增強某些家庭採取這種媒介使用模式，並進一步維持成員之間的差異與距離。

■新科技消解家庭的固定與靜態界限，影響成員對家的感覺

傳播新科技對家庭生活的影響相當複雜，一方面它們由於提供便利、效率與娛樂功能，使得家人更願意留在家中，因而可能增加家庭互動的機會，但另一方面，新科技也可能產生相反的效果，除了沉迷電腦外，另外有些新科技由於能夠消解公私界線、改變遠近距離的意義，使家庭的範圍變得較不固定。如果說公私領域之明確區隔，將家庭推向一個相對封閉、不得無故侵犯與必須加以保護的

領域，使家庭對內而言形成一種凝聚的集體性，則一旦公私界線模糊，那麼家庭的內聚力應會受到某種程度的影響，家庭範圍的變動使人們對家庭的居家感覺或私密感受不再固著於傳統的物理空間，甚至如果新科技（例如網路）能夠讓人與遠方他人產生比家人之間更密切的互動，則過去認為家庭應能提供支持與共享的觀念都會面臨挑戰。

(三)從家庭到社會：想像的共同體

經由媒介消費，家庭跨出了傳統的界限，並改變人們的生活經驗，使個體或家庭與外界的關係不同於以往。

1.私領域中的社會參與

許多人期望藉由新科技來建立網路議會或電子民主，雖然其中有些是過於樂觀的烏托邦想像，不過網路讓人們能夠更方便地獲取資料、提供意見、互動對話等，確實提供某種參與管道，這些管道對一些必須長時間留在家中的人特別有益，例如家庭主婦、老人與身體狀況不利於外出者，新科技可以彌補他們被相對剝奪的社會參與，使之維持與社會的聯繫。

2.家即世界

一般而言，在電子媒介的影響下，家庭生活能夠引入更多樣的影響因素，因而擁有更高的變動性，同時電子媒介錯置了地方與空間，影響傳統的家庭範圍，並使家變成廣大世界的一部分（Meyrowitz, 1985; Morley, 2003）。簡言之，媒介能夠縮小家庭與外在世界之間的距離，或把世界置入家庭生活中，當然，人們認為家與世界的彼此接近或合而為一，有其比喻成分，不過在此過程中，

卻能使人們注意到家庭出現的兩種特性：其一，家不再只是消費的終點：過去家庭常被視爲主要的消費情境，因此忽略其亦具有生產性，如今消費的社會文化意義被確認後，家庭也成爲一個能夠進行創造活動的場域。透過媒介新科技，閱聽人不只是被動接收訊息，還能積極回應、產製及傳布訊息，因此家不再只是屬於與世隔絕的私領域，而是一個開發多種生產活動的空間，進而與外部世界建立更密切的關係。其二，私領域的影響力：過去人們重視公領域，因爲它包含著製造、創造、改革等各種能夠明顯影響社會的因素與力量，也提供聲望、權力、金錢等能引發眾人競逐的誘因與酬賞，所以強勢者意圖壟斷公領域而排擠了其他人。然而如果公私界線不再固定明確，假使所謂的私領域也同樣能夠進行積極的活動，則應能改善傳統公私二元對立所造成的弊端，目前這種想法可能尚難以落實，不過人們已發現家庭由於其生產力量被重視與開發，事實上已比過去扮演更重要的角色，並影響許多社會政策的制訂。

3.家庭與全球化

　　媒介的一個重要功能便是它能夠協助建立想像的共同體（Anderson, 1991），由於媒介成爲個人和家庭以及社區與國家之間的連接環節，並且進一步聯繫到全球層面，如今個人及家庭都會不由自主地被拉入全球化過程中，這種情形或許尚不如麥克魯漢（Marshall McLuhan）所預見的地球村（global village），但其中代表的意義依然是進一步的整合與相互了解，也可能是牽一髮動全身的高度風險社會（Beck, 1992），全球化脈絡下的家庭變得更有必要依賴媒介來偵測環境，然而另一方面，過多的資訊其實正是造成不可預測性的原因之一，因而使得家庭生活承載更多的壓力與不確定性。

　　本章旨在敘述家庭與媒介的關係，分別從家庭的相關概念、家庭權力關係，以及家庭脈絡與媒介消費的交互影響來說明二者之間可能出現的各種複雜現象。此處要強調的是，家庭與家庭生活隨著社會變遷，已愈來愈成爲一個不易處理的對象，而其中傳播科技介入家庭生活亦扮演某種重要的角色，因此觀察家庭情境中的媒介消費時，必須注意各種相互構成的影響力量，避免化約至特定因素。

註釋

1 現代的動畫影片發展日益多樣，不少卡通或動畫的內容與表現手法都相當新穎與精緻，其實也是成人樂於欣賞的對象，例如日本動畫電影《千年女優》、《神隱少女》，特別是《千年女優》的敘事方式相當特殊，或許更接近成人的認知。

2 在這齣卡通片中，不只胖虎經常對同學們暴力相向，大雄有時為報復胖虎，也會借助哆啦A夢提供的道具惡意捉弄胖虎，或對之施加暴力。

3 電影《推手》中的老父親由於看電視時聲音太大而影響到媳婦工作，因此被要求戴上耳機，當他戴耳機看電視時，宛如處於一個與他人隔絕的世界中，即使他們當時是同處一室。

4 例如有的家庭將老舊的電視機當成古董而予以收藏。

第五章　媒介消費與認同

本章敘述媒介消費與認同的關係，第一節說明自我及認同的概念發展趨勢，第二節探討消費對自我的影響，第三節針對媒介消費來說明認同建構的過程與相關影響因素。

主體、自我、認同

主體、自我與認同是晚近備受注意的課題之一，其中牽涉到不同政治、社會、歷史與知識理論之間的角力，因此眾說紛紜，出現許多莫衷一是的觀點，雖然有關這些不同主張之間的爭論並非本章的探討重點，但由於它們經常成為許多論述的概念基礎，並衍生出重要的後果，所以仍有必要予以扼要說明。

一、主體

一般而言，主體性問題乃是關於個體如何變成一個人，以及成為一個人的條件，也就是一個人如何藉由社會、文化與自然環境而成為一個主體。關於這方面的爭論經常環繞於現代主義主體與後現代主義主體之間的對立，後者有時被聯繫到建構主義、解構主義及實用主義等一些反對邏各斯中心論（logocentrism）的立場。截至目前為止，它們的彼此衝突似乎難有解決方法，但從晚近出現文化研究、解構主義與各種「後一」（post-）學說的百家爭鳴來看，顯然現代主義的主體觀已受到嚴重挑戰。

對許多人而言，現代主義主體與後現代主義主體各執一端的兩極皆不切實際，在眞實的社會生活中，更多時候是在兩者之間的某些中間地帶，總是帶有某種混沌含糊的狀態（Dahlgren, 1995）。換言之，主體並非如一些激進之後現代主義者所認爲的完全消解，但也不是屬於本質論的說明。

(一)自我意識

從現象學的觀點而言，主體性（subjectivity）並不屬於自然層面，而是屬於精神層次，精神則又隸屬於身體的美感經驗層次。所有的意識皆植基於身體，並侷限於身體，在時間過程中與身體彼此協調統合，然而個體又是以人格自我而置身日常生活中，並與他人之間維持多樣關係。個體是環境的主體，個體的環境是個體經由其行爲而認識、記憶與相信的世界，同時還會對此世界採取一種理論、實際與評價的態度，因而這種具體與客觀的眞實並非「自存的」實際環境，而是因個體而存在的世界，個體必須認識這個世界，不管是經由實際經驗或源自理論，它們都是個體在意向經驗內所經驗到的世界，並具有特殊的意義結構，這個意義結構亦會因意義內容的消失或重組而隨之變化且不斷調整，所以個體的環境總是處於不斷生成的狀態中，它的基礎是個體直接知覺的世界，而主體便是在理論或實際的評價中經由指涉世界而發現自己（Schutz, 1966: 27-28）。

由此可知，主體是個體以自己爲核心面對世界時所形成的自我意識，它確立了個體的經驗皆源於自己的行爲，並因此而具有意義，所以主體意識亦即自我意識，是個體能夠有意義地存在的根源

與基礎。或者換一種說法，主體性的核心是注意與覺知，屬於慾望和活動的基礎，是人們主觀的存在意識，它如同觀察者與經驗者，先於所有的意識內容。由於主體我等同於注意，所以它不是靜態與固定的，而有可能被擴大，如果注意指向整體，則自我亦然，如果注意超越了物質現實，那麼自我也是如此（Deikman, 1996），如此觀之，則注意及其視域便成為主體之自我意識的內容，由於主體必然具現於一個世界內，其經由對比於世界而發現自己，而此種對比隱含著個體指涉世界的能力，同時它也是一種概念能力，因此實際上個體的經驗縮合著具體經驗、現象經驗與論述經驗，所有的經驗內容必然隱含個體想像自身處於某種特定位置。綜合言之，主體是自我意識，這種自我意識係經由指涉世界而獲得，並且此種指涉包含一種注意及其視域，同時還兼具概念能力與經驗能力，以及對自我定位與置身的想像能力。

(二)互為主體

主體不僅經由指涉或對比於世界而發現自身，它也在這個世界內發現事物，更重要的是，它還發現了其他主體，並了解到它們也是人類，同樣擁有它們的環境。在社會中，個體會與其他人結合而形成一種人類共同體，也就是與他人一起發現一個共同的環境，並成為因他人而存在的個體，這種環境係藉由一種理解而建立，此種理解植基於主體在精神活動中彼此激發對方與發現對方，此刻的主體對彼此而言並非客體，而是相對的主體，它們展現出一種互為主體性（intersubjectivity）（Schutz, 1967），或以另一角度來看，社會世界中的主體在本質上是一種象徵媒介，並經此而將內在狀態表達

給其他人，所以主體必然關聯到其他主體。由於主體基本上是相對的主體，總是伴隨著其他主體，所以主體自我並非一種統合或完整的實體，會隨著與其他人的互動而不斷改變（Christensen, 1997; Gilroy, 1997），同時主體自我的內部也並非固定及一致，反而總是出現差異與變動。

由於主體總是相對的主體，所以主體擁有的能力並不具絕對性，主體展現能力之際，必然面對其指涉與對比之其他主體的能力，因而主體雖然具有影響他人的可能性，卻未必能夠造成有效改變，同理，主體也會遭受其他主體的影響，這是一種可能性而非必然，這點讓人認識到權力關係的特性乃源自權力主體亦屬互為主體。因為人類可由多種方式來行使權力或能力，所以主體也會以不同形式具現，依傅柯（Michel Foucault）看法，權力關係的主體便是被賦予某些行動的能力與可能性，也就是一種權力的主體，這種權力是指有能力去做或變成某些事物，亦即經由個體或集體行使能力以影響彼此的行動，簡言之，個體的行動影響其他個體可能的行動領域，然而這種影響卻未必有效改變他人的行動，因為權力的行使總是發生於權力主體之間，主體們皆具有獨特的行動能力，所以抗拒總是可能出現，此即所謂有權力的地方就有抗拒。以此觀之，主體代表著行動的能力與可能性，而由於主體係屬於互為主體，所以其行動的能力與可能性亦具相對性（Patton, 1994）。

（三）主體位置

在人類科學中，主體位置可分為兩種：結構的主體位置與實存的（existential）主體位置。結構的主體位置屬於結構主義的說明，

實存的主體位置源自存在主義的思考與觀察（Anton & Peterson, 2003）。

結構的主體位置主要基於人們的相似性與共同性，並奠定在文化與制度所承認的範疇、特徵與關係之上，這些範疇被認爲特別有資格（或無資格）去了解或談論某個議題。結構的主體位置的主要特徵，是宣稱個體在某個範疇中的定位方式會限制或促成對某個議題的觀點，其中重點爲個體在範疇中的成員屬性，而非人際或社會關係。結構的主體位置包括依角色或關係地位而組織的人（例如：母親、老闆）、具有明顯特徵或關係的人（例如：男人、亞洲人）、較不具明顯特徵或關係的人（例如：男同志、路德教會信徒）。結構的主體位置可能因時間與文化而異，例如「女人」、「學者」可能依不同社會與歷史時代而不同，其中的影響因素也包括那些有權力判定何時、何地、何人「才算是」什麼的人。植基於明顯特徵（例如：種族、性別、年齡）之結構的主體位置，傾向迫使一個人的位置屬於範疇的最顯著之處或極端，例如男人或白人，男人或女人。若結構的主體位置植基於較不明顯的特徵，則較不易指認（例如：性取向、族群、專業人士），但也因爲常不明顯，所以可能被自己或其他人否認，因而有時需要被進一步確認與肯定，才能使其訴求有效。結構的主體位置亦包括那些具相同比例的地位者（例如：多數、少數），此時個體被聯繫到（有力的或多數的）其他人，後者或多或少能爲該人的某些觀點提供支持。一般情形下，團體的個體成員皆以匿名方式彼此聯繫。

實存的主體位置的抽象性較低，源自個體的實踐及參與，也就是親身接觸、互動與經歷等經驗。具相同實存主體位置的人，不必然具有相同的結構位置，這種主體位置重視個人與微觀層次的社會

接觸與人際經驗，它不會只注意個體所屬的範疇，或完全據此形成判斷，相反的，它強調源自具體及實際的互動與經驗所能產生的真實認識（Anton & Peterson, 2003）。一般而言，採用不同種類的主體位置可能旨在宣稱某種觀點是最好或最正確的，或是意圖使某種觀點也能獲得有效性與合格性，因此前述兩種主體位置不僅是有關主體的說明方式，它們還是一種論述策略，可依據不同的目標而被選用與強調。

（四）去中心化

眾所皆知，現代主義的主體傾向被視為具有統整性、固定性與一致性，晚近則多認為這種觀念是一種歷史產物，並特別與啓蒙主義影響下的追求理性與秩序有關，此種觀點曾經在人文社會學科中扮演重要的支配性角色，然而隨著近來若干理論知識與社會趨勢的發展，人們開始注意到這種觀點的侷限，並開始思考主體也應該可以是去中心的、變化的或多重的（例如：Poster, 1995; Gergen, 1992），目前這種新觀念帶來的挑戰正方興未艾，也導致許多相持不下的爭論，不過可以確定的是，傳統的主體概念已非唯一的思考方式與答案，因為特別是在當前社會文化的時代條件下，它似乎無法提供充分的說明與解釋。但也有人對此不以為然，以為率爾否定現代主義的主體，恐怕是操之過急，同時也忽略所謂去中心化的主體仍可能是一種政治或商業操縱的結果。

從傳統的結構主義觀點來看，主體是被結構決定的，每一個人都不免被召喚至特定的主體位置，因此主體被視為權力的結果。基本上，主體位置的觀念隱指一個人對事物的觀點，乃相關於此人所

屬的地方。主體位置是指個體面對世界時所站的地方，因為人類的
觀點是情境的，從不同的立足點，人們可由不同方式來觀照事物。
同時應注意的是，採用主體位置的概念，在某種程度上，便是意指
多種觀點的存在（Anton & Peterson, 2003）。其次關於主體也可以
有另一種看法。前面提到主體經驗必然指涉個體想像自己處於特定
位置，每個主體位置皆源自權力結構中的某種定位，並包含一種概
念工具，一旦人們選取或被移入某個位置，就會不由自主地從這個
角度來觀照世界。然而這其中還有另一種涵意，也就是每一個主體
位置都代表一種可能性，這些位置是被創造出來，並經由互動而使
人們自視為個體，這便是自我之非持續性的由來（Davies & Harre,
1997），所以個體的主體位置總是有待創造與選取。主體位置本身
蘊涵一種空間概念，不過這種空間概念未必等同於現代性的空間，
現代性空間往往具有被占據、入侵與形構的意涵，這種視空間為可
被占領的空洞空間，並因此才被賦予形貌與意義的看法，基本上是
一種對空間的負面觀念，其實空間概念可以被轉變成處於存在與化
現（becoming）之間的一種孕育空間，它們具有可能性與潛能，是
屬於多重決定的空間（Gibson-Graham, 1997）。由於空間概念的轉
變，所以主體位置的空間涵意亦得以有不同的想像，固然主體位置
可能被產製與建構，但是它也可以是一種生成及化現的空間，也就
是主體本身就具有化育生成的潛能，以此觀之，主體無須是確切固
定的。事實上，如果從拉岡（Jacques Lacan）的「鏡像階段」（mir-
ror phase）來看，主體是經由語言及社會論述建構而成，主體的一
致性與完整性只是一種想像與虛幻的投射，換言之，這是一種虛構
之理想的完整主體。

(五)新科技的影響

　　誠然主體一詞兼具自由與服從兩種涵意，主體雖然彰顯自主與自律，然而在知識即權力的歷史發展中，主體又成為被規訓與自我管理的主體[1]（Foucault, 1980）。由於主體具有兩面性，因而所謂後現代主義式的主體便令人疑慮，例如新科技影響下的主體變化已成為一個爭議課題，有人將網際空間與虛擬文化造就的網際主體喻為新契機，以為代表進一步自由及解放的機會；但也有人認為這種看法過於誇大，因為網際空間的人格只是人們在日常生活中創造系列自我的其中之一，同樣旨在應付眾多不同的情境，網際空間的人格與日常實際人格的差異在於，前者更遠離物質真實，它能夠不存在於任何直接關係內，而只是一種剩餘或多餘的人格，這種人格及其所造成的混淆，並非源自虛擬與擬像科技本身，而是源自資本主義意識形態，因為商品社會充斥各種剩餘的引誘，資本主義先是創造了剩餘價值，接著廣告則以剩餘愉悅來引誘眾人，如今網際空間又對人們應許剩餘認同。結果，網際人格並未走向解放，反而使人們淪為無止境的片斷生活與局部自我，無法適當表達自己是誰與自己想要什麼（Newitz, 1995），以此觀之，這種網際主體談不上任何可能性或潛能，它們更傾向是資本邏輯進一步的操縱結果。

　　不過也有人持較樂觀的看法，認為新科技特別是網際網路，確實讓人們獲得前所未有的自由空間，使用者可以在此展現不同的自我（例如：Turkle, 1995, 1997），例如許多人期待當媒介新科技的易得性日益提高後，更多人能夠透過運用這些有效率的資訊與互動工具，突破過去時空障礙的侷限，聯繫到更多樣的領域。並由於網路

的匿名特性，使用者可以輕易改變自己的身分角色，擺脫實體世界經常出現的歧視與排斥，對某些弱勢者而言是一項有利的媒介，同時也因爲網路能夠消解公私領域的界線，過去因爲這些固定範疇而產生的支配現象，也有可能被進一步鬆動，另外再藉由網路提供建立線上社群的可能性與便利性，人們可以獲得更多的社會參與機會，使得人們的社會生活在新科技的輔助下，發展出更爲豐富與多樣的面貌。這些想法已是屢見不鮮，雖然許多人指出其中有的只是一廂情願的想像，有的則必須另外付出昂貴代價，得失之間難以驟下判斷，不過多數人仍不得不承認新科技確實提供一些有利的條件（雖然不是絕對的），讓人們與他人及世界的關係出現若干變化，並進一步去思考人在世界中的地位，以及人類的潛能在未來的可能發展及潛在影響。即使新科技並非具有完全賦權的功能，但它們還是可能提供一些元素，讓人們去注意與經驗自己與環境之間的相對關係，就某些方面而言，科技可能有其本質上的制約影響，然而並不因此而完全排除人類社會具有建構與形塑的可能性，所以人與科技的互動仍是常被接受的觀念，當然，如果不想讓這種看法成爲空泛的答案，就必須進一步探討具體與個別脈絡下的特定科技發展與消費，找出不同條件下的各種可能複雜或衝突的情形。

事實上就目前的階段而言，人們總是可以列出許多對立的研究論述，例如有人盛讚網路的解放功能，如哈洛葳（Donna Haraway）、普蘭特（Sadie Plant）、雪曼與朱金斯（Barrie Sherman & Phil Judkins）等人認爲，虛擬真實是一個毫無任何屏障、沒有任何限制的自由領域，可供人們進行各種自由實驗。但也有人以爲網路空間會複製真實社會的支配現象，其實只是再生產實體世界的權力關係，而非呈現平等互惠的情形。這些不同的聲音顯現出目前對

新科技的影響尚無定論，不過即使是主張新科技能夠創造後現代主義主體的可能性，也必須留意到它們在一般的主流社會中所面對的處境。另外從後殖民主義來看，由於主體是歷史時間、地理空間與權力關係等階層架構內的產物，因而形成多層次的游離主體，這種主體的所在空間多屬隱匿與未被認識，同時也因為這些主體被認為威脅到權力階層而迭遭拒斥（Ang-Lygate, 1996），所以這些主體在既有權力架構下，可能被極度扭曲與否認。換言之，主體的變異既可能是壓迫的結果，同時會進一步受到排擠與邊緣化，所以不管是何種因素所導致的非現代主義式的主體，其實都可能被視為潛在威脅而受到否定。

二、自我

　　二十世紀晚期對自我概念的爭論反映出知識與社會的變遷，由於自我成為一個普遍關懷的焦點，因此各種學科之中都可見到有關自我的理論與研究，這種跨學科的特性使自我益發呈現多種面貌，同時也不免產生許多混淆，但大體而言，這些討論讓人注意到更多的觀察角度，拓展了以前的有限概念。以下的敘述主要依據社會學者柯勒羅（Peter L. Callero）的討論而進行說明。

(一)自我與權力

　　近二十年來後現代主義與後結構主義已合力宣稱自我的死亡，它們否認個體擁有一個核心、理性與統整的自我，或具有一種本質

與獨立意識，並指現代主義的自我完全是歐洲啓蒙的一種政治產物，在力持這些主張的學者中，傅柯的影響至深至遠，他的重要性絕對令人無法忽視。傅柯以爲自我是權力的直接後果，只能從歷史的特定論述體系來了解。所謂的權力政權不僅控制一個界限明確的理性主體，還藉由強行規訓身體而使自我存在。經由對身體的監視、測量、評估、分類等「科技」，諸如技術人員、專家、治療師、教師、公務員、醫師等皆在許多情境中（監獄、學校、醫院、社會服務機構）成爲權力的媒介。同時一些通常被視爲促進社區發展、安全及教育的各種措施，事實上也都是支配機制。所以傅柯不認爲理性、合理與科學知識是有助於解放的進步資源，相反的，這些屬於啓蒙計畫的價值被認爲是現代社會中進行控制與支配的論述基礎。以傅柯的觀點來看，自我是被強制而存在的，所以不能成爲一個能動（agent），而只是一種控制機制，在此論述體系藉由創造一種自我——管理的主體而由內向外地運作。這種學說的主要貢獻在於它透過歷史考察而把自我連接到權力部署，強調自我是在支配關係內被構成，並深植於知識與論述的體系中。但是傅柯式的傳統有一項重要侷限，就是由於與啓蒙理想徹底決裂，因而瓦解了普遍自我的基礎，同時不再主張一種具有行動與認識能力的行動者模式，但是問題出在如果認爲行動者只是論述的主體，則無法期望經由系統與有組織的抗拒及政治行動來達成解放的可能性，這種激進的反人文主義，由於欠缺自由與主動的行動者，對於如何尋求社會變遷來說，顯然成爲一個嚴重問題（Callero, 2003: 117-119）。

(二)自我與反身性

由於前述的問題，因此如何在理論上重新探討自我，使之成爲一個有助於積極行動的概念基礎，便成爲晚近自我研究的另一股趨勢。

對象徵互動論而言，自我首先是社會互動的一種反身（reflexive）過程，所謂反身過程是指人類具有一種獨特能力去成爲自我的客體，即同時成爲主體與客體。但要注意的是，反身性並非一種生物天性，而是源自社會經驗。社會學者米德（G. H. Mead）指出，反身性是指個體轉身回到自己的經驗，因而整個社會過程才被帶入涉及此過程的個體經驗中。然而這種現象往往造成一種誤解，以爲此舉將造成否認自我的普遍性，但是實際不然。正如認爲語言具有文化與歷史的普遍性，並不會導致主張必將出現一種共同的人類語言，認同的偶因性也並非植基於反身過程的普遍性。因此視自我過程爲普遍的，並不意味自我可被化約到語言，此因爲互動論者強調社會行動的優先性。米德式的「主體我」（I）是一種內在的反身經驗，先於語言的反身性。易言之，自我最基本的層次就是一種反身過程，它會去管理具有行爲能力與能動能力的有機體。人類與多數其他具行爲能力的有機體不同，人類擁有一種包含符號與姿態的精緻系統，能夠促成與限制知覺、反省與行動。對多數互動論者而言，若要充分了解自我，就必須使用米德式的反身性觀念，此種觀念下的自我具有主動、創造行動，以及從事解放運動的可能性。同時這種特性並不排除反身性之自我—管理過程會被其他支配與控制力量予以殖民的可能性，而是顯現出抗拒總是具有可能。雖然有

關自我一意義的存有學基礎與本質起源仍不斷受到爭論，但如今已有共識認為自我係處於一種社會建構的某個層次。不管自我是現象的或論述的、分裂的或統整的、穩定的或轉變的、情緒的或理性的、語言的或實際展現的（embodied），自我皆被認為是社會互動的產物，這項基本原則框架了多數的自我研究（Callero, 2003: 119-121）。

反身性亦是現代性與後現代性中的一項重要成分與社會特性，紀登斯（Anthony Giddens）認為在流動的現代社會環境中，由於其隱含的不確定性，因此人們會不斷對社會生活進行監控（Giddens, 1991）。貝克（Ulrich Beck）指出，現代社會發展到一個階段時，舉凡社會、政治、經濟與個人的風險皆逐漸增加，並脫離社會之監視與保護機制的掌控，因此自我必須面對風險社會的效應，包括現代化促成的個體化與全球化過程（Beck, 1992）。就此而言，反身性主要是為應付不確定性。拉許（Scott Lash）認為反身性開啟一種真正的個體化，他將反身性分成兩種，結構反身性與自我反身性，在結構的反身性中，個體脫離了社會結構的限制，因而能檢視這些結構設定的規則與提供的資源，也就是反省行為存在的社會條件；另外在自我反身性中，此時的個體旨在反省自己，因而以前對個體的各種監視，現在已轉由自我監視所取代（Lash, 1994）。這些對反身性的討論，不管是基於何種社會基礎，大體皆指出一種趨勢，即人們將面對日益複雜與衝突的社會環境，同時必須承認生活中的不確定性已非一種例外，而是一種常態，因為誠如包曼（Zygmunt Bauman）所言，倚賴單一原則或客觀標準的時代已成過去，現在的人在變動不居的社會中獲得前有未有的自由，但同時也必須為自己的選擇與決定負責（Bauman, 1993, 1987）。從某個角度來看，以

前的人將判斷交給絕對眞理或普遍原理，是拿自由去換取安全，也可將失敗或錯誤歸咎於支配者及支配的觀念，然而如今人們追求自由的結果是須付出失去安全的代價，從此人們沒有依賴的對象，也沒有推諉的藉口，必須一肩扛起自己的責任，去面對這個充滿不確定性的世界。

(三)自我與社會建構

強調自我即社會建構，並認爲自我既是一種社會產物也是一種社會力，這種看法在社會學中已成爲一種流行觀念。過去，自我被視爲一個範圍明確與結構的客體，後來，自我轉而被看成一種流動的、能動的、創造的主體。這兩者的區別掌握了社會建構之自我的一項核心原則，亦即自我是一種接合的過程，既非全然受社會世界決定，也不是自然天成（Callero, 2003: 121）。

自我意識與社會脈絡有關，當代社會生活中有關公私領域的劃分，是形成現代自我概念的重要影響因素之一，因爲公私領域將世界分割成兩個部分，同時也使人類的自我相應於這種區隔。一般社會學者在探討自我的社會建構時，多採取一些較有限的取徑來扣連脈絡，並傾向聚焦於直接的情境，或是去檢視文化結構或社會結構中的變化，這些研究的價值在於其提供一種透過距離的觀點，指引人們注意共同的社會力量，因爲它們經由一些共同方式去控制、限制與定義人們的建構過程。在理想情況下，它們能讓人了解公共自我之定義與意義的變遷，然而其中有一項危險，即這些分析的廣泛或過度概推將會磨滅自我之多向度、重疊與變化的文化意義（Callero, 2003: 122-123）。

　　個體在自我的建構過程中會採用一些象徵與溝通策略，這些用來建構自我的資源在概念上是多樣的，包括說故事、文化敘事、政治意識形態、角色、認同、身體特徵等等。雖然個體在追求個人獨特性與個體性時，會召喚及啓用相關資源，但是這些資源並非屬於私人的貯藏，也不是自我的普遍特質，相反的，它們是一種文化「工具箱」的一部分，在各種文化的意義領域中經由人際互動而被維持，並在社會情境中被用來達成社會目的，這點在說故事與文化敘事上特別明顯。說故事是一種外顯的與對話的活動，可依數個因素（包括情境、聽者、能力）而有所變異；敘事結構則是「文化框架與意識形態，它預示了某些故事」（Maines, 2001: 177, cited in Callero, 2003: 123-124）。如果套用這種說明，則可認爲自我—敘事如同一種自傳式故事，它會參考及引用文化框架。敘事並非認知的一種天然形式，而是語言所具有之文化性結構的產物，它們可在社會化過程的早期被學得。

　　自我敘事有兩種功能，包括提供穩定感以及對世界的預測性了解，敘事提供一個進行說明時的架構，並且它是一種精細的說明，可用來處理背離正當性而造成的麻煩，因而在動盪的社會變遷時代或社會充滿多樣性之情境中，敘事的功能會更明顯。

　　身體肉軀亦是一種自我建構的資源，經由整形手術、身體藝術與流行裝扮，身體被形塑而建構自我的特殊意義。同樣的，此種創造並非只是個體的產物，這些意義本身會受支配的社會論述與政治意識形態的影響。

　　象徵互動論中的結構傳統向來關注相對穩定的社會意義與社會關係，這些研究已證實人們經常使用社會角色與身分來作爲自我建構的基本資源，例如社會地位被定義爲社會結構的元素，它們與行

爲期望有關，主要源自互動形態，並維持著某種相對穩定性。當社會角色的意義被內化後，它們就變成自我的一部分。所以社會互動產生了自我建構（角色認同）的資源，而自我建構又回過來引導與組織行爲定義的社會結構（Callero, 2003: 123-126）。

總之，自我處於個體與環境的互動過程內，同時個體可以經由採用一些文化資源來建構自我，所以自我的社會建構包含兩個意義：其一，自我建構所使用的社會文化資源與策略，一方面在某程度上屬於個體的選擇，但另一方面，它也是受限制於個體所屬情境及脈絡能提供的資源種類；其二，個體的自我意義及自我感總是與其生活的社會世界存在某些聯繫，所以嚴格而言，所有的個體自我都應是一種社會性的自我。

三、認同與文化政治

認同問題乃關於一個人的自我——形象（self-image），以及自己在他人眼中的形象，一般包括個人認同與集體認同，後者又可能涵蓋社會認同、文化認同、國族認同等等。從社會心理學的角度來看，由於認同大都涉及社會比較的過程，因此所謂的個人認同或自我認同其實都具有相當程度的社會性。認同與主體一樣，經常牽涉本質論、統合性（coherence）、語言與行動力（agency）等重要概念，並因此出現不同立場之間的爭論，這些討論近來日益熱烈，特別是晚近三十年來的文化研究由於關注權力與認同政治，因此更是直接觸及認同與主體的問題。

(一)認同的本質論與非本質論

關於認同的形成與特性，大概可以分成兩大類：本質論與非本質論。本質論假定每一位個體具有某種基本的認同，也就是存在一種核心與眞正的自我，非本質論則反對存在這種可能性。本質論的一個例子就是啓蒙主義式或笛卡兒（R. Descartes）式的主體，在此個體被概念化成獨特與統整的理性行動者。後現代的主體則屬於非本質論的主體，這種主體是去中心的，沒有一個核心或「眞正」自我。本質論與統合性有關，後者是指自我維持完整的傾向或能力，以心理學的觀點來說，人們會尋求認知內部的連貫性，並達成認知一致性，例如海德（F. Heider）的平衡理論以及費斯廷吉（L. Festinger）的認知失調論皆如此主張。若以社會意義而言，統合的或完整的自我包括自我的各種角色、行動與自我評價，它們彼此能相互理解，並和諧地對應於一般的社會與文化期望，例如葛均（K. J. Gergen）所指的「社會飽和的自我」（socially saturated self）。另外現象學則認爲自我具有社會性與時間性（temporality）。在某些情況中，統合性被視爲自我一種企求的目標，旨在達成一種自我和諧的境界，並維持與環境並存的狀態；但統合性也可以是一種其他人對個體加諸的要求，期望此人「是」什麼、說什麼，及做什麼（Anton & Peterson, 2003）。

雖然目前的發展趨勢爲本質論的認同日漸受到質疑，轉而強調非本質論的認同，但其實從某個角度來看，本質論的認同與非本質論認同之間的關係並非那麼對立或此消彼長，人們可能在某些方面發展出更多樣與變動的認同，然而又在某個層面堅持固定與單一的

認同，此與不同個體或團體的社會文化脈絡有關，而更重要的，由
於認同問題被認為具有重大的政治與社會文化影響，因而出現一些
操縱策略，並透過葛蘭西（Antonio Gramsci）所謂的霸權而進行形
塑與建構，所以認同絕非僅是個人或心理問題，它與社會中的權力
關係息息相關。

　　一般而言，認同的建構主義強調三項原則：第一，文化環境對
個人認同與集體認同的建構具有非比尋常的重要性，文化環境的涵
蓋範圍很廣，包括日益擴增的娛樂與資訊科技，以及一些象徵，例
如口語與書寫的語言。第二，不同團體與利益立場所擁有的文化與
社會權力，會影響個體與集體（團體）層次的認同，此亦是認同連
續帶中的一個重要因素。第三，認同本質上是一種社會現象，它是
一種社會產物，而非一種預先存在的要素。所以就此而言，認同是
指人們經由與其他人及社會創造之符號（也就是文化）產生關係與
聯結，進而認識及理解自我（Lillie, 1998）。在這些原則中可發現
認同的兩項特性：首先，不管是個人認同或集體認同，它們都絕非
僅是個別與單獨的活動或過程，而是高度仰賴外在的文化與社會環
境，因此認同總是受到外在條件的影響。其次，認同經常受到權力
的干預，甚或是權力關係的產物，認同與權力之間存在循環關係，
透過權力操控而強加的認同建構對權力有加減分的作用，這些被建
構的認同會回過來強化既有的權力基礎或弱化權力發展。

　　由於社會文化的變遷，認同與自我不再固守於特定的模式，一
般而言，所謂去中心化的自我有三種特性（Munro, 1996）：其
一，自我總是處於延伸狀態，既無可供回歸的核心自我，也無屬於
起源的本質自我，只有不斷變化移動的混沌自我；其二，所有的
「依附」過程都同時也是「遠離」過程，所以任何移動形式均非趨

向或遠離一個核心自我，而總是環繞著一個邊緣的「剩餘」而移動，並不斷地從一個樣式轉移到另一個樣式，任何時刻的自我與其說是剛形成，還不如說是尚未確定與無法確定；其三，自我的縮減過程與擴增過程同樣複雜，在依附／遠離的過程中，某方排除的東西，可能剛好被他方吸納。簡言之，自我——認同被視為一種非定型的與不斷變化的游離形式。

由於認同概念的相關論述及所強調的特質益發複雜，一方面固然鬆動傳統的主張，並增加彈性與自由的空間，然而另一方面也因此成為許多爭議的焦點，特別是在堅持現代主義計畫與啟蒙理想的一方，對後結構主義與後現代主義的反人文主義或反現代主義的論述產生諸多疑慮，反之，現代主義的理想與目標也在如傅柯等人的批判性檢視下，成為另一種欠缺正當性的權力產物。在此值得注意的是，在當前社會文化條件的牽引或拉扯下，自我與認同的變化已成為許多人的實際經驗，當然有人以為這並非前所未有的新發現，只是過去未受到明顯的重視與強調，如今這些現象逐一浮升於社會周遭，因而廣受討論，以下概要敘述其中幾個主要問題及其相關影響。

(二)紛雜的認同問題

1.多元化與去中心化

由於後現代社會已充斥各種移民與離散的（diaspora）生活形式，所以促使人們注意到文化差異與「混血」的問題，人們不再只是被動接受社會文化設定的認同，而開始形塑自己的認同，也同時挑戰民族文化與國族認同的影響力量，亦使認同政治成為備受注意

的課題。

　　從社會分化的角度來看，工業社會擾動了傳統社會的靜態結構，透過加速人們的社會流動而使既有的關係結構變得更爲複雜與脆弱，過去主要的少數社會軸心被代之以多樣與分歧的互動網絡，進入後工業社會後，人們的社會生活出現更快速的變化，並承受更多樣因素的影響，這些變化使得有些人開始相信必須揚棄過去的理論架構，並採用新的觀察角度來說明與解釋這個世界，例如傅柯、布希亞（J. Baudrillard）、李歐塔（J.-F Lyotard）等人都在一九六〇年代後改變研究取徑，認爲現代主義或馬克思主義等論述已不適用當前時代，所以有必要發展新的探討方式，即後結構主義或後現代主義的方向，才能解釋與回應目前的社會。譬如，很多人認爲過去以階級作爲結構社會的方式已不存在，許多對立或矛盾並不能完全化約到階級因素，階級之外出現更多的文化差異，包括性別、族群、種族、年齡、殘障等，都是造成歧異或衝突的可能因素，彼此經常糾纏不清，它們之間的交互影響及優先順序可能因不同情境而出現變化，因此無法發展一種通則化的原理或定律來說明。

　　伴隨這種情形出現的是，人們在心理上與情感上的依附對象更爲不定與多樣，同時人們也意識到過度涉入某種認同的風險，也更容易抽離既有的依附與聯繫，多重認同似乎成爲必然的趨勢，而在此過程中，個體也可能因此覺得失去方向或無所適從，甚或變得淡漠而疏離。也有人以爲後現代主義的認同極可能破壞過去的行動基礎與批判能力，例如哈伯瑪斯（J. Habermas）就認爲傅柯的理論具有保守色彩（Fraser, 1996）；或者也有人認爲只是企圖以相對主義來轉移真正與實質的論辯。撇開理論層次的討論來看，認同的日益分化與多樣已是常見的情形，而傳播媒介在其中也扮演重要角色，

例如媒介造成影像的全球化，其進一步促成空間的流動，空間與地方不斷被移置與錯置，人們的認同感不再鎖定於特殊與固定的地方。

多元的認同使人們必須面對更多選擇與協商的過程，就某一方面而言，它讓人們能夠更詳細地去審視與決定自我認同之建構，但另一方面它也增加人們的認同壓力與道德責任。另外，這些認同也必須面對政治與商業力量的干預。

2.他者的建構

認同是一個抗爭場域，並常引發軒然大波。認同政治與差異政治總是處於緊張關係，例如在女性主義中，主張相同與強調差異的兩方經常相持不下。由於認同總是涉及社會比較，所以每個人或團體的自我認識必須立基於設定某種異己來作為參照，而這些異己又經常被刻板印象化。刻板印象最重要的功能便是劃出與維持一個明確清楚的界線，區隔出範圍之內與範圍之外、可接受與不可接受的領域，但它也可能堅持著一種實際並不存在的界線，或將一些流動與隱性的屬性予以強制凸顯成固定與明顯的特質，所以刻板印象的固定性與尖銳性意味著它是一種強制的再現，並認為那些流動與隱性的真實威脅到支配者的社會定義（Dyer, 1993）。在建構認同的過程中，他者經常被扭曲與邊緣化，以便去服務自我認同的優越性及正當性，例如父權制下的女性形象便是依據男性支配心態而被建構，其目的旨在提供一個確立男性統治的合理藉口。

類似這種情形也出現在後殖民主義的討論中。殖民主義不只是帝國主義對被殖民者的影響，殖民史說明了西方如何經由標示及放大西方與被殖民之「他者」的差異，而構成西方現代性的特質。霍爾（Stuart Hall）兼用傅柯的論述概念與薩伊德（Edward Said）的

東方主義而分析此過程。在歐洲人再現與原住民的接觸過程中，凸顯出殖民者未能承認人類差異，而將原住民視為野蠻與落後，歐洲人的論述充斥權力，他們自許優於一些也許並不希望被發現、被調查及被剝削的人，此種權力影響歐洲人的觀點與盲點，霍爾認為這種野蠻「他者」的再現，是西方自我定義為「開發的、工業化的、都市化的、資本主義的、世俗的、現代的」本質，西方人自視為已啟蒙的文明人，與「他者」有著雲泥之別，他者的功能就是代表西方的對立面。霍爾認為殖民化不僅是指帝國的征服，還指西方現代性的建構蠻荒、構成外夷之過程（Hall, 1995）。

　　由此觀之，許多人其實是在他者身上發現自己與成就自己，他們必須藉由建構或虛構一些低劣或邪惡的他者，方能肯定自己的價值。所以對一些人而言，如何發展一種自我—認同的模式，既能展現主體的認識與行動能力，又能與他者維持平等關係，並與他者進行對話，是一項重要工作。

3.虛構的整體

　　從認知心理學的角度來看，認同也是一個範疇化（categorization）過程，它可能出現同質化傾向，而將某些屬性概推成普遍的特質，並作為一種辨識標籤，因而忽略其中個別成員之間的差異性與異質性。一些關於族群或民族的認同被再現出一種統整的實體，但事實上它們可能是片斷與分化的，只不過被誤認為或想像為完整與理想的形象。這種情形不只出現在團體或社會層次，也可能出現於區域及國際層次，例如歐盟或全球化的論述皆可能隱含這種形塑認同空間的現象（Morley & Robins, 1995），當然，它們往往涉及政治目的與商業目的，被建構成一個權力控制的領域，或被當成一種市場管理的範圍。

換言之，在認同建構中，人們對空間的想像會透過各種機制（例如教育或媒介）而被重整與組織，並被拉扯於在地與全球之間的不同空間層次，這些被建構出來的空間統一體對個體的具體生活具有何種意義，如何在新的全球文化空間中自我定位，對許多人而言都是有待解答的問題，此外當前出現的各種宗教基本教義派、民族主義認同計畫、抗議全球化的力量、反認同運動等等，都反映出晚近認同涉及的眾多問題，其中大致皆意圖反抗霸權的支配，並尋求自主的認同建構，這也是非本質論之認同被重視的原因之一，因為有些人認為在非本質論中並不存在被霸權殖民的認同／空間，因而能夠去除霸權之建構力量的痕跡，最有力的反霸權與抗拒形式，便是拒絕範疇式設計的認同定位，並改以有效策略來重新形構認同與空間的連接點，在此考量下，去除認同便成為一種策略，以避免複製結構衍生的社會範疇，這種方式既可轉變日常空間的結構，並可經由一種空間政治而重新形構社會認同的範圍（Natter & Jones, 1997）。

對多數人而言，認同仍然是必要與有價值的，即使是國族認同或文化認同，依然被許多人視為個人或集體存在與維持的重要條件之一，固然它們可能隱含某種權力支配，也必然伴隨壓抑或降低個體性與獨特性，但人們還是可能透過不斷去除認同與重建認同，而持續追求一些足以確定自我的信念。

✧ 消費與自我

　　由於自我的發展及形構和個體的生活情境有關，並經常受到許多社會因素的影響，隨著社會的資本主義體系日益滲入日常生活，消費成為所有人從小就經常接觸的活動，並可能形塑自我——認同的建構，本節說明日常消費對自我的相關影響。

一、自我與物體

　　人類的生活必須借助物體，同時這些外在客體對心理過程也扮演重要角色，很多時候，人們都期望達成不役於物的理想境界，但事實上，似乎多數人都必須與外物共存，甚或受到它們的制約。

(一)漂泊的心

　　一般而言，多數人皆需要物體，人們對物體的依賴不只是生理的，還是心理的。人類製造的許多東西或許未必使我們的生活更為美好，但卻有助於心靈維持穩定與秩序。因為意識並非一個穩定與自我管理的實體，當個體被剝奪了所有的感官刺激，只剩下意識時，心靈便會開始漫遊，並很快出現天馬行空不受羈束的幻想。所以多數人需要一種外在秩序以避免混亂入侵心靈，如果沒有一種感

官的支撐模板來爲心靈賦予形狀與方向，則較難形成系統與一致的思維。譬如，當人們無所事事，便開始煩躁不安、心情沮喪，並焦慮難過，除非他們打開電視，或尋求其他活動來指引其注意力，否則他們的情緒很可能逐步惡化。這也是爲何有些人認爲自己情緒最糟的時候是星期天的早晨，因爲此時人們被剝奪了文化腳本，所以深陷於自由的泥淖中。簡言之，當閒來無事時，心靈通常無力自我管理或正常運作。此外，心靈在無外力協助下，也難掌握事件的時間過程，不易記住過去經驗的性質、組織、計畫與對未來的希望。甚至若無外在道具，恐怕連個人認同也會消解與失去焦點，所以自我是心靈一種脆弱的建構。至少對有機體而言，一種心理的熵（entropy）狀態才是意識的常態，然而這種心理熵是不愉快的經驗，所以需要不斷找尋各種方式來重建一個有目的的秩序（Csikszentmihalyi, 2001: 486-487）。

這種情形顯示出，心靈與意識並非完全獨立自主的，它們必須依賴客體的引導，不過這不等於認爲自我受到客體的決定，個體的客體知覺總是一種主觀建構的過程，然而知覺經驗必然受到刺激因素的啓動，誠如現象學家胡賽爾（Edmund Husserl）常指的「意識總是指向某些東西」，心理活動才得以成爲一種有意義的過程，所以自我必須藉由其他客體而從原本的混沌狀態中凝結成某些輪廓，所以客體並未決定心靈，但卻是心靈運作所需條件之一。

(二)物體之錨

由於物體對人的心理具有穩定與引導的作用，所以人們對物體的重視，不宜率然以物質主義或追求物質等觀念來遽下判斷。一般

而言，人為產製的物體至少能以三種方式來凝聚及顯現自我：其一，展示個體的權力、愛慾能量與社會位置。其二，凸顯自我的持續性。其三，證明社會關係的持續性（Csikszentmihalyi, 2001: 487-492）。以下分別說明。

1.展示權力的物體

　　早在很久以前，人們便苦思如何選擇與擁有一些能夠封存個人權力的事物，對男人而言，這種權力包括某些傳統的男性美德，例如力量與毅力。有些美國原住民脖子上掛著打獵獲得的熊爪或其他物件，以展現其控制環境與神聖非凡的能量。如今人們仍常藉由一些動力機械來象徵權力，例如汽車、船、工具、運動器材與家用器具。隨著社會的地位象徵變得更為複雜，人們也可透過收藏藝術品、珍稀之物、有品味的東西，或先進的物品來展現自己的優越性。至於女人的權力則常藉由一些象徵女性特質（例如吸引力、生育力、照顧能力）的東西來表達，舉凡衣著、化粧、珠寶、皮草、銀飾、瓷器、家用器具與精緻傢俱等，都可用來象徵女人的控制能量，因而這些東西對她們的自我具有重要性。由於人們的自我是模糊與不安全的，也因為自我有賴於他人的反應，所以人們必須不斷藉由擁有物的中介，透過展示物體具有一般人重視的特質，進而獲得一個堅實與正面的自我意識。

2.物體與自我持續性

　　對多數人而言，家不只是一個庇護所，還是物品的貯存庫，這些具體而熟悉的東西可用來協助組織其主人的意識，指引意識進入固定軌道。包括年輕人、老年人、男人與女人的自我，都經常藉由不同的物體來表達。例如對多數年輕人而言，最重要的家中物品可能是音響，其次為電視機，再次為樂器如吉他或喇叭。這些東西會

產生有秩序的刺激（包括聽覺或視覺的），有助於穩定心靈。對成人而言，傢俱、繪畫、雕像與書籍則成為有關自我意義的主要貯存庫，這些東西表現出持有人的價值、品味與成就。對老年人來說，相片則是最常被提及的物品。相片代表過去，是生命的具體遺跡，使人們得以避免失落於記憶迷宮的危險。那些被人們視為特殊的東西，多指向不同的時間方向，它們依不同年齡而顯現不同的重要自我面向，例如青少年較重視能彰顯當前關懷的東西，父母則包含過去、現在、未來，他們珍視的某些東西是因為它們能帶回以前的生命層面，例如年輕時的日記、破舊的登山靴。某些東西是現在正在使用的，它們代表自我發展的當前階段，例如一種樂器或某些盆栽植物。另外有些東西之所以重要，是因為它們代表擁有者希望未來能完成的目標，例如一本法國文法可能代表著長久企望的歐洲假期，或一組屋頂太陽能收集器代表對未來的環境關懷。男人的自我多經由主動的工具性客體來表達，例如電視機、音響、電動工具、運動器材、汽車、相機。而女人則較重視一些表達關懷與保守的東西，例如盆栽、盤子、玻璃杯、相片、編織品、雕像等。可見兩性在選擇物品以再現認同時，仍可能充滿性別刻板印象。

3.物體與社會關係

基本上，經常被象徵性使用的物品，大都能協助個體維持社會關係的持續性。在傳統的穩定文化中，人們從出生到死亡，一般的社會關係少有中斷而會一直持續，所以無須經由具體象徵來確定個體在親屬網絡中的位置。但在當代的動態社會中，經常須藉由客體來提醒自己是誰，以及屬於哪裡。一般而言，如果家中能產生意義的東西很少，則其主人通常是屬於社會隔離的人。人們之所以沉迷於物質主義，大部分是因為一種弔詭的需求，即物體能將變化不定

的意識轉變成堅固明確的事物。由於人類身體並不足以滿足自我意識，所以需要客體來擴大能量、增添美麗、將記憶延伸到未來。這種耽溺物體的情形當然可透過訓練意識來治療，如果一個人能控制自己的心靈，則藉由事物來形塑思想與感覺的需要自然降低。例如一位虔誠教徒能夠安然住在家徒四壁的房子裡，因為他無需客體來安定心靈。一些數學家、音樂家與某些善於使用象徵的人，也能部分免於依賴客體化的意識。事實上，人們亟須學習這種內在控制，因為物體會再度被當成工具，而非只是自我的投射，它們就像魔法師的生澀徒弟所創造出來的僕人，一心一意想要打敗它們的主人（Csikszentmihalyi, 2001: 487-492）。

　　簡言之，物體對自我的影響是雙重的，一方面它們能夠有助於意識的運作、引導心理秩序，並透過象徵權力與社會關係，維持與強化自我感與自我認同，然而另一方面，它們也可能反客為主，成為支配與操控的媒介。

二、消費與延伸自我

　　前述物體對自我的影響意指自我並非固定與靜態的，而會因所接觸與擁有的物體出現變化，同時也可藉由物體而擴大自我，日常生活中這種藉由外物來擴增自我的範圍與能力，可稱之為延伸自我（extended self），以下進一步說明之。

(一)延伸自我的基礎

　　基本上，延伸自我的形成必須藉由與物體產生聯繫，而這種聯繫可有不同方式。法國存在主義哲學家沙特（Jean-Paul Sartre）在《存有與虛無》（*Being and Nothingness*）中指出，人們之所以想要擁有某些東西的唯一理由，便是擴大自我感，同時人們認識自己的不二法門便是透過觀察自己擁有的東西。易言之，擁有（having）與存有（being）二者雖不同，但又無法區分。沙特認為存在的主要形式就是擁有與存有，這種看法迥異於馬克思的觀點，後者認為存在與自我價值的主要形式是行動（doing），因為「擁有」會經由商品拜物教而誤入歧途，而真正的幸福必然透過從事有意義及可能有償的工作而達成。人們應當為了工作而生活，而非為了生活而工作，但由於資本主義造成工人異化，所以資本主義不只是勞工的剝削者，還是勞工自我的偷竊者。但是沙特認為行動只是一個過渡階段，它凸顯一種更根本的狀態，即想要擁有或存有，所以擁有或持有依然才是最重要的關鍵（Belk, 2001: 193-202）。

　　同時沙特指出擁有或持有以三種方式進入延伸自我：控制、創造、認識。控制：是指挪用或控制物體以供個人使用，其次也可藉由征服、克服或操作物體而運用一些抽象或無法擁有的東西。再者，促成他人能夠擁有某物，也是一種延伸自我的方式，這是一種特殊的控制手段。創造：透過創造物質或抽象的東西，創造者在被創造物中加上認同的標記，這些認同往往以諸如著作權、專利或學術引用等形式呈現。另外，金錢也能擴大自我感，因為財富能擴大人們擁有或行動的可能性。認識：包括認識人、地方或事物等，它

們皆有助於自我延展到更廣闊的領域，所以知識對自我具有重要影響（Belk, 2001: 202-204）。

由此觀之，延伸自我主要是指自我加上持有，應注意的是，這種概念隱含一種陽剛與西方的隱喻，物體必須成為被擁有的客體，被納入支配的範圍內，成為被控制、創造或認識的對象，這也是屬於現代主義意識形態的特性之一。

(二)延伸自我的過程與種類

經常被納入自我意識的持有或擁有包括收藏、金錢、寵物、其他人、身體某些部分等，由於它們可成為延伸自我的一部分，所以會得到特殊待遇。不過並非單一產品或品牌就能代表一個人的全部自我概念，必須是一整套全部的消費品才足以表達整個自我的多樣與分歧面向。當人們指某物是「我的」時，其實也同時相信此物就是「我」，因而這些物體可成為認同的遺跡與證明，易言之，個體的認同係位於物體之內，而非物體位於個體認同之內。綜合來看，延伸自我的主要種類有：身體、內在過程、觀念、經驗以及個人感覺親近的其他人、地方與事物。由於這些東西對自我的重要性，所以如果出現被迫喪失擁有的財物時，會被認為是一種自我的消失或縮水，結果人們會試圖恢復自我，並可能促使個體去進行創造。這裡可區分出身體喪失（body loss）與客體喪失（object loss），身體喪失是指某種真實或想像的身體畸形或不完美，它們可能減損自我感。客體喪失通常指某個親密家人的死亡，也可指持有物的一種創傷性喪失。當個體歷經這兩種喪失後，所出現的各種創造活動，包括藝術、工藝、概念或著作，都可視為是以一種新的方式來試圖延

伸自我，進而彌補與回復自我以成為整體。經由持有而發展延伸自我，應有四層次：個人、家庭、社區、團體。人們也常依據消費品來界定家庭、團體、次文化、國家與人類自我，另外也常依共有的消費象徵來界定成員關係，例如人們常以家庭財物來界定家庭自我，此時主要的消費物品是家，包括它的座落地點與傢俱。最後，還有一種特殊的自我延伸過程，即污染（contamination），它是指經由物理接觸或接近某些物體，而使物體某些好或壞的面向附著在人們身上（Belk, 2001: 180-190, 206-207）。

從以上說明來看，消費與自我的關係還包括個體藉由消費品而建構延伸自我，不管其目的是在區別自我與他人、處理認同或獲得持續感，消費都使自我建構取得可用的資源，當然其中意味著，包括個人與團體也可能透過選擇各種特殊性質的消費活動來創造認同。

三、消費與認同

齊穆爾（Georg Simmel）認為，時尚流行是追求獨特性與一致性兩種對立心理的交替作用所造成，也就是人們藉由消費，試圖表達自己與社會的關係並非一致不變，有時重視與眾不同，有時則傾向與人相似，因此出現不同的自我定位與認同。消費可被用來標新立異，彰顯個人獨特的自我形象，但也可藉此融入團體，成為被接納的一員，消費者在不同動機下，顯現出個體期望與社會維持的關係種類與形式，不過這是一種雙向的過程，社會連帶與社會壓力也可能影響個體透過消費來表達某種認同。

(一)消費、社會依附與社會管理

　　消費主義經常強調個人主義以及自由選擇，但事實上，個人對自己的消費活動並未能夠全盤控制，反而經常受到社會影響，社會學者華德（Alan Warde）認為就此來看，消費與自殺極為相似，因而可借用涂爾幹（Emile Durkheim）自殺論中的社會架構來認識消費類型（Warde, 2001: 563-569），以下敘述華德的說明。

　　涂爾幹的自殺論旨在探討個體行為與社會規範的關係，是這方面的經典研究。許多人以為自殺是一種純粹的個人選擇，其實自殺具有規律性，會因某些社會力量而影響自殺的傾向，因此自殺不全是個人的決定，社會環境與個人傾向都會影響自殺行為的出現，而這種情形也出現在消費行為中。簡單而言，涂爾幹區分四種自殺類型：自我中心的自殺、利他主義的自殺、脫序的自殺、宿命的自殺。前兩種源自個人對社會理想及目標的不同獻身程度，後兩者源自社會規範對個體慾望進行管理與調節的不同程度，因此構成兩個向度：依附（attachment）（指個體隸屬於團體生活）與管理（regulation）（指一種紀律的精神）。自我中心的自殺，其特性為極端的個人主義，缺乏真正集體活動的目標與意義，特別是脫離對宗教與婚姻的社會依附。利他主義的自殺則伴隨著缺乏自主意識，因為個人的所有自我意識皆已交付給團體。脫序的自殺是源於社會秩序瓦解、缺乏管理，欠缺一種紀律的精神。反之，宿命的自殺則是由於管理與紀律精神的過度高漲。

　　華德認為這些情形可類推於消費，譬如有些人〔例如布迪厄（P. Bourdieu）的習癖（habitus）概念〕認為消費明顯受限於團體壓

力，並高度整合於集體文化中，因而會在特定團體內出現一致性的消費行為。另外有些人（例如包曼、貝克、紀登斯）認為，雖然在所有的大型團體中，皆有消費一致性的壓力，但近來已隨著日益強烈的個人化而降低。此外，許多學者認為消費領域中的紀律精神已日漸式微，此可稱為非形式化過程，亦即從前那種固定的、循規蹈矩的、依照慣例的消費形態已然消解，例如衣著與飲食方面便出現這種情形，也就是過去用來控制適當消費行為與自我呈現方式的嚴格規則，已愈來愈不具約束力。不過也可看到一些相反的趨勢，有些學者〔例如安德生（Benedict Anderson）〕認為，喪失社會依附的人會透過創造想像社群，來彌補所喪失的歸屬感，以及抵銷現代處境中極端的個人主義。此外，另有一種趨勢可稱為風格化，它為自我形象與消費活動重新注入一種紀律與管理，例如有些青年次文化具有高度風格化的特性，他們藉由共同的穿著與品味而確認成員身分。後福特主義的消費主題之一便是傾向風格化，以所謂的「利基市場」（niche markets）來預測消費，此時經常出現一些帶有紀律性購買習慣的新團體，它們在判斷適當消費行為方面，具有高度規律的形態。

簡言之，相應於四種自殺類型，也有四種消費種類：個人主義的消費、想像社群的消費、風格化的消費、非形式化的消費。其中重點在於它們代表社會依附與社會管理對消費的關聯性，個人主義的消費源自低度社會依附，反之，想像社群的消費源於較高度的社會依附，另外，風格化的消費係由於較高度的社會管理，而非正式的消費則可能因為低度的社會管理所致。

(二)消費與認同形構

　　依據這四種消費類型，可以進一步觀察它們與認同的關係。從個人層面來看，社會依附一方面提供參考團體與支持，讓個體產生歸屬感與安全感，另一方面團體所信仰的價值與原則也會牽絆或制約個人的判斷及選擇。在強烈的社會依附下，個人自我高度聯繫到集體自我，或將集體自我內化為自我信念，在這種情形中，個體的選擇自由並不大，因為所謂團體或集體的價值很可能經由葛蘭西式的霸權方式而影響個人。現代社會中的個體所感知的社會，很多時候是經由媒介所傳達的想像社群，然而這種社群也可能是一些虛構的整體，同時媒介與廣告也不斷操縱一些消費價值，並形成某種社會壓力，不過透過媒介而參與的想像社群，畢竟不同於實際接觸的社會團體，它們對其成員所產生的影響也不能相提並論。同時由於想像社群不一，特別是在新傳播科技的影響下，即使是近在咫尺的個體，他們的想像社群可能彼此分歧，因而現代人的社會依附可能犬牙交錯，所造成的認同依然頗為複雜。

　　但反過來看，現代消費資本主義愈來愈強調個別化與獨特性的個人消費，然而這種個人主義本身就是一種集體價值，也可能產生壓力，有時個人被要求必須表現出獨特性與原創性才能被團體接納，因此個人主義固然是從社會連帶中脫離出來，並強調自由與自主，然而它也隱然成為一種意識形態，並且是在規訓力量下去建構的自我觀念與自我形象。特別是在現代社會的反身性之下，有些自我意識並未彰顯其原應具有的自我肯定及理性自決的特性，反而可能充滿惶惶不安與焦慮，因為不斷的自我監視可能使人們必須隨時

維持警覺的緊張狀態。雖然個人主義的消費意味人們無須注意自己的消費行為是否算是適當消費，也不必注意是否符合團體的期望，但個人主義的消費並不等於無意識或盲目的消費，消費者仍必須依據所謂「自己的」判斷與選擇，然則這些判斷及選擇不會從天而降。

風格化的消費是分眾市場趨勢的產物，訴求不同的品味與生活形態，消費行為從單一標準轉變成多元標準，發展出多種不同品味與美感的消費族群，並各自有其獨特的價值與信念，會對所屬成員產生約束力量，所以它們類似包曼所指後現代的新部落。這些新部落雖然能夠提供認同與依附的對象，不過有些時候它們是後福特資本主義所發展之商業策略的影響結果，因而其中所涉及的認同形構，以及所加諸的管理與紀律，不僅是讓個體重新或進一步聯繫到集體，還更直接聯繫到市場與商業力量，例如所謂具有特定品味的消費團體，它們所形塑的特殊風格必須透過相似的消費行為才得以產生。

二十世紀中葉以來，社會中固定消費形態的日漸消失，以及管理及規範適當消費行為的相關規定日趨沒落，使消費者所擁有的彈性空間更為寬廣，然而由於社會管理與社會紀律不只是一種控制手段，它們也是形塑自我—認同的重要力量與資源，如果這些力量消失，則成為涂爾幹所謂的脫序，應不利於認同的形構。另一方面，消費者的消費選擇總是面對著市場，而市場不只提供產品，也同時提供價值與規則，即使社會管理與紀律的力量與影響日漸消失，但市場仍會插手消費行為的管理，以便能夠預測市場並持續追求利潤。

以上四種消費類型與認同關係的進一步說明，旨在強調消費者

的認同形構會因不同程度的社會整合而出現變化，其中關鍵在於消費者所經驗到的確定性程度，會影響如何使用消費作為建構自我與形塑認同的媒介。

四、消費選擇與焦慮

有關探討消費作為與社會整合及認同形構的手段，在許多社會學者的研究中皆曾出現，華德特別針對貝克、紀登斯、包曼的觀念加以論述（Warde, 2001: 557-574），以下說明華德的討論。

(一)選擇、責任、焦慮

包曼、貝克、紀登斯的相同點在於認為現代人是經由自己傳達給他人的訊息，以及透過擁有與展示財物與實踐來定義自己。易言之，人們藉由操弄或管理外觀來創造與維持一種自我—認同，所以有愈來愈多的商品可作為道具而被用於此過程中，因而認同日漸成為個人選取自我形象，並且人們必須去選擇自己的認同。不過三人對個體化過程的起源則有不同的主張，貝克把個體化過程聯繫到工業與勞動市場的彈性化。包曼認為個體化是偏執的現代性出現一種道德、精神與知識危機所造成的後果。紀登斯則認為個體化只是現代性常見的個人瑕疵。接下來分別敘述他們的論點。

1.貝克：風險社會

貝克旨在描述一個反身現代化的過程（Beck, 1992）。現代化經由工業化而試圖馴服自然，促成人類控制環境，進而減少生活中的

各種危險。在此，科學與技術被大幅用來反制第一波現代化所帶來的危險。易言之，現代化的邏輯就是讓自己有如專家般去減少與控制一些無法預測、巨大並經常是隱形的風險。這種反身性觀念可應用於個體環境中，因而出現一個日益個體化的過程，在此，個體是生活世界中社會再製的單元，並經由市場的中介而成為自己生活的代理人。這個過程被進一步描繪成社會過程與個體自主化之間的矛盾。個體脫離傳統的承諾與支持，代之以勞動市場的限制並成為消費者，且受制於某些標準化與控制。傳統關係與社會形式（例如社會階級、核心家庭）被代以次要的機構與制度，後者影響個體的生活過程，並使個體依賴於時尚、社會政策、經濟循環與市場。

強烈的個體化有兩項重要成分：其一，生活的所有面向皆依賴市場。其二，人們須對自己的生命過程負責。人們被要求自我反省並做出決定，因而出現從單一「標準」轉向一種強調「選擇」的生活趨勢。個體甚至必須選擇自己的社會認同與所屬團體，以此來管理自我或改變形象。在個體化的社會中，風險不僅數量增加，還會出現新的類型，例如選擇的風險與改變個人認同的風險。此時人們會去譴責未能進行印象整飾的個體，但這種情形是很複雜的，因為在風險社會中，環境可能增加個人日常生活中的不安全性。對貝克而言，個體化過程幾乎完全是自我中心的延伸，而此現象又完全是市場關係的擴大，它扭曲與撕裂社會連帶（Warde, 2001: 557-559）。

2.紀登斯：現代性與自我認同

紀登斯分析了晚期現代性中個體維持自我認同時所面臨的困難（Giddens, 1991），他認為自我認同是個體依據其生活史而對自我產生的一種反身性了解。現代經驗的主要特性之一便是，自我認同的

維持是經由建構一個有關自我的敘事，這個自我一直被反身地監視，並在不同情境中進行測試。當代的自我遭受巨大挑戰之一，就是必須面對選擇的複雜與多樣性，同時又很難獲得協助，這種情形造成一個重要後果，就是使生活形態具有優先性，因爲它有助於以一種敘事形式來形塑自我認同。進入現代的情境後，生活形態愈來愈成爲自我認同的核心，並影響自我的建構與重塑。

紀登斯承認選擇具有階層化的現象，同時生活形態的模式也不是那麼多樣，甚至個人對生活形態的選擇或創造，還會受到團體壓力、角色模式與社經環境的影響。此外，商品化的力量經常攻擊傳統，並經由市場而促進個體化過程，進而影響自我的計畫與生活形態的建立。結果，不斷消費新事物代替了自我的眞正發展，表象取代了本質，成功消費的符號表象已凌駕財貨與服務的使用價值。面對大衆消費聯繫到一種大規模的標準化過程，當然有人對此抗拒，而且人們會創造性與詮釋性地予以反應。在這裡面，紀登斯提出一種高度個人主義的、認知的決定性的自我模式，這是一種自我導向的個體，認眞追求一個統整的自我敘事。

紀登斯認爲消費屬於選擇範圍，也是現代生活中不確定性的來源之一，不過並非一種嚴重威脅。一般而言，他認爲消費是正面、有用與建設性的，雖然不必然令人感到愉悦。對紀登斯而言，如果一個人做了許多不當的選擇，只會變成另一個不同的人，也就是以一種新方式達成自我統整性，而不會生出一個錯誤的自我。雖然消費高度影響自我認同，但它並不會造成一種深刻的焦慮，因此消費並不那麼具有風險性，因爲生命史能夠一再被重寫，也源於消費只是創造與穩定自我之過程中的一部分而已，但基本上消費還是一種選擇情境。所以消費者並未面臨危機，因爲生活形態本身已提供某

種形式的依附，同時個體也能夠控制一種明確的生活計畫與認同發展（Warde, 2001: 559-561, 567-568）。

3.包曼：自由

當前一般情形是，不論一個人是否曾做選擇，都被認為做了選擇，行動者被認為已選擇自己的自我形象，所以應能說明其後果。包曼便是強調此點而指出選擇此一觀念總是伴隨著責任（Bauman, 1988）。每個人都必須為自己的決定負責，但人們可能做出錯誤的決定，同時真正的抉擇情境有可能引發焦慮，因此消費選擇亦不能免於此項邏輯。

包曼將消費聯繫到自由，基本上，自由是一種雙面刃，一方面，「免於強制」固然是件好事，但「為選擇負責」也是有壓力的。隨著傳統社會的沒落，個體性變成一個問題，即個體一方面不再有普遍與全面的基礎可供依循，而成為低度社會化的人，但另一方面又因他人與社會管理的無止境干預，而變成過度社會化。個體性的困境如同自我認同的問題，包括現代性與後現代性似乎都要求個體建構自我，人們不再受血統、種姓或階級來決定其社會位置，反而每人必須發明與刻意創造一種個人自我，大多數時候，自我的建構包含適當的消費行為。包曼強調消費選擇會導向個人責任，消費者雖因選擇而增加權威，卻反而常感焦慮，不過包曼認為廣告能夠減緩因此而生的心理壓力。市場為大多數人提供前所未有的自由，伴隨而來的是人們獲得創造自我的責任。許多人之所以能夠避開潛在的壓力，是因為市場也同時提供一些專家來為人們減緩焦慮，這是市場提供給消費者的另一種服務，舉凡生活形態的廣告、名人代言的產品、科學測試的權威性、多數人使用相同產品的訊息等，這些廣告旨在說服人們相信其選擇是正確與理性的。這些設計

的負面影響為消費者被技術化，因為人們會將購買行為視為獲得確定性的唯一方法，另外也可能排除一些缺乏資源的弱勢群體，造成社會控制的問題。儘管如此，消費還是藉由肯定個體的自我形象而提供了安全感。包曼認為後現代性的特徵之一為社會依附的沒落，沒有標準或基本原則可作為共識與紀律的依據，也不存在具有普遍約束力的道德規範，在此主要的回應方式便是容忍在生活目的上並無共識的許多團體，同時也創造一些小社群，讓個體得以落地生根，這是人們藉由一些共享的自我形象而建立強有力但暫時依附的新部落（neo-tribe），並對其他團體抱持非冷漠的容忍。不過這些新部落雖可能是重建依附的社群，但也可能是消費主義的淺薄表現（Warde, 2001: 561-562, 567）。

(二)消費焦慮的緩衝與消解

　　如果從上述的觀點來看，現代消費對消費者往往形成壓力，至少個體在進行消費選擇的過程中，不得不去面對關於自我認同的問題，並由於這個社會不斷追求更高程度的自由，而一再去除傳統、規範、原則等對個人的限制，因此也同時撤除了它們對個體提供的指導與規約的功能，因而讓個別消費者陷入迷失與焦慮的處境。不過也有人認為這種看法只是片面的觀察，因為還是有許多人對消費樂此不疲。

1.消費經驗的多樣性

　　首先，在不少人的經驗中，消費不只是愉快的過程，還是令人著迷的活動，甚至有些人還會欲罷不能，因此所謂消費伴隨選擇並引發焦慮，顯然不足以完全說明現代人的消費經驗，並忽略消費過

程中的其他相關因素。這些看法大致包含以下幾個方面（Warde, 2001: 576-571）：

第一，廣告對消費的影響是多樣的。雖然廣告有時會引發焦慮，例如化粧品與瘦身廣告都可能強化消費者對身體外觀的關注，不過消費者並非完全受廣告影響，有時消費者團體比廣告更能強化消費者的選擇。其次，不能排除在認同價值的領域中，廣告仍是讓消費者做出正確風格決定的主要資訊來源。

第二，一些民族誌研究與生活史研究也常指出，人們會利用買東西來作為安慰、補償、舒緩壓力、獎賞等，所以購物並非總是具有風險性。另外，有些人喜愛購物，但有些人能免則免；許多妻子為其丈夫購買衣服；也有些男人拒絕購物，因為他們宣稱討厭這項活動。這些都顯示購物經驗是多樣的，有時苦不堪言，有時樂在其中。所以如果消費的經驗是矛盾的，就必須進一步探討引發焦慮與否的具體情境，以便發現消費經驗的複雜性。

第三，假使自我認同是消費中的根本價值，同時消費的本質是會引發焦慮，又如果擁有與展示物質客體是處理壓力的主要手段，那麼照理說，西方社會絕大多數人口應該經常處於個人危機的困擾中，這種情形應會使那些最富裕的消費群體出現心理問題增加的現象，因為相較於中下階級，他們擁有更多的認同選擇。然而情形並非如此，所以應可懷疑消費的最終目的是否為追求自我認同。近來對消費的說明幾乎皆誇大自我認同在消費活動中所扮演的角色，消費對建立自我認同固然重要，但對其他目的的重要性仍有待進一步釐清，若以為在消費者的決策中，認同價值已完全取代使用價值與交換價值，其實很可能是一種誤判。

第四，造成消費焦慮及壓力的原因，除了創造與維持象徵性的

自我認同外，可能還有其他因素，例如，缺乏資源必然是造成消費者焦慮的重要因素之一。其次，一些關於家庭財務控制的研究顯示，貧窮家庭中的女人傾向握有財務控制權，但這是一個沉重的負擔，因為她們須負責困難的預算決定。再者，先進的消費文化可能製造出一種強烈的相對剝奪感，並排除個體與家庭從事正常的社會參與。另外，消費者缺乏技能與控制力來管理消費互動，也可能造成消費者不喜歡購物情境。而一些另類購物者可能敵視一般銷售行為與消費文化，對他們而言，被迫參與消費活動是令人懊惱的事，雖然他們還是可能經由其他不同管道，從消費獲得一種正面的認同感。

第五，如果人們面對消費情境都必須進行選擇，那麼社會生活無疑會變得難以忍受，消費者或許會日漸僵化與麻痺。其次，購物需要花很長時間，但消費活動不等同於購物，因為它還包含集體消費以及做成決定的程序，例如選擇穿哪件衣服，甚至消費的大部分時間，人們並非進行選擇，而是在享受選擇的成果，例如在餐廳點餐之後。

簡言之，消費過程涉及多樣與複雜因素，消費者的消費經驗也不一樣，即使因為消費涉及選擇而可能導致焦慮，同時認同亦是消費過程中的重要因素，然而屬於不同社會範疇或社會位置上的消費者，因為資源差異與生活形態的不同，在消費與認同的關係上也必然有不同結果。

2.主要的緩和機制

認為消費自由傾向產生焦慮，有可能是一種個人主義的觀察，因為在實際的日常生活中，消費者並非總是單獨進行消費決定，另外社會尚有一些機制、過程與制度可用來緩和個人消費產生的焦慮

（Warde, 2001: 571-572）[2]。

第一，除了廣告以外，還有其他商業媒介能夠協助、指導與建議消費者如何選擇，例如坊間有許多介紹及探討各種消費活動的雜誌，它們的範圍包括化粧、烹飪、室內設計、園藝等。此外還有許多其他方式可用來減少選擇時所產生的不確定性，也有一些較中立的消費建議管道，如消費者團體的出版品。

第二，有時社會接觸比大眾媒介更有影響力，舉凡社會網絡、朋友、同儕、同事、家人等，皆可能影響消費的種類、物品的意義，以及如何使用等。

第三，代理選擇（例如丈夫與子女代替妻子及母親進行選擇），當然這種情形可能只是轉移焦慮而非減低焦慮。

第四，一些長久存在的習俗、階級文化的殘餘，或尊榮的象徵等仍具有指導作用，社會中持續存在一些系統與明顯的消費形態，意味著消費依然涉及一種集體動力，也就是個別消費者仍高度依附於特定團體認同。

第五，自滿的心理。許多人滿足於自我形象，或藉由凸顯性格來反抗流俗及炫耀的矯飾與虛華。另外也有人總是一再購買相同的東西，他們認定某些東西適合自己，並堅持使用這些物品。

換言之，消費者即使在消費選擇及決定方面出現疑難或問題，也總是能夠找到一些可用的管道來解決，但應注意的是，這些緩和機制有些原本就是市場刻意提供的，市場藉由提供降低不確定性的各種服務，可以進一步將消費者拉進市場控制的範圍，因而即使消費者透過這些管道獲得認同形塑的建議，並消除了消費焦慮，似乎也只是更強化了資本主義的支配力量。

3.消費焦慮的高危險群

許多時候，消費是一種複雜的活動，有時也是一個充滿矛盾的過程，如果對某些人而言，消費傾向造成焦慮與壓力，那麼應進一步了解其中的相關因素，以下是一些常見情形（Warde, 2001: 572-574）。

有些消費者較常出現壓力，這些壓力的主要表現就是感到羞恥或難堪，這種心理受傷害的現象經常與社會脈絡有關，很多人害怕被社會嘲笑，而其中許多又是源自不當的印象整飾，所以這些人在消費時會特別焦慮，因爲擔心在別人眼中產生不良印象或成爲笑柄，這種害怕難堪的心理使之更常產生消費焦慮與壓力。

焦慮最嚴重的人大都是那些經常藉由裝飾而高度投注於自我認同的人。一般而言，人們在兩種結構條件中特別易受傷害：其一，投入大量文化資本的地方；其二，原本強大與固守的習癖被破壞時。屬於這種情形的人通常是擁有高度消費文化資本的人，以及強烈的循規蹈矩者，因爲他們承受的一致性壓力極大。這些群體的成員可能因做出不當的選擇而違反公認的品味標準，因而產生極度的難堪。

高度風格化的群體也容易感到焦慮，但他們也是最不會出錯的人，因爲這些人能更密集獲得相關的風格、知識、規則與目標等訊息，所以他們充分知道應該或不應該做的事，並深度扎根於團體中。

至於那些無意參考任何團體或原則的人，不太可能感到難堪。從另一個角度看，那些經常做出不當選擇的人（例如沒有品味、不一致等）也可能較無得失心，他們也許不清楚該買什麼，或不知道如何才算適當，但他們也不太可能感到焦慮。換言之，他們並未進

行眞正嚴肅的選擇，而只是隨意挑取，由於並無任何美學原則或團體的指導，所以他們也沒有必要產生任何的責任感。

另外，那些資源貧乏的人也不會感到強烈焦慮，因爲他們經常彼此在相似的情境中互動。再者，那些受個人主義及無政府觀念影響的人，以及堅持私人化之生活方式的人，通常都我行我素而不管別人的想法，因而也不易在消費過程中感到焦慮。最後，西方社會中有一些人，他們雖然非常了解社會期望的特定要求，但卻無意檢查自己是否達成正確後果，因此同樣少有焦慮。

簡言之，由於消費形態的多樣性，所以有些人確實會經驗到明顯的消費焦慮，但另外也有些人並非如此，其中原因不一，但如果從社會日益多元化及個人化的趨勢來看，或許因不適當消費而造成難堪的情形會漸漸減少，但另一方面，假使消費者仍然從屬於特定團體的社會管理與規範，則在這種情形下的消費究竟包含多大的選擇空間，也是一個值得注意的問題，因此所謂選擇與認同的焦慮也可能並不會十分明顯。總之，認同與消費的關聯性應該考慮更多樣與複雜的因素。

❖ 媒介與認同形構

在媒介消費的過程中，閱聽人接觸與使用各種資訊及象徵，並且透過這些象徵的中介，而與其他人或社會領域建立不同性質的聯繫，本節特別針對認同的形塑及其相關發展，說明媒介與自我的關係。

一、媒介、慾望與認同

（一）虛構的理想自我

　　法國結構主義心理分析學家拉岡對自我發展與特性的探討，經常被引用來說明現代社會中的個體人格與心理特徵（Kearney, 1994: 268-282），也成爲探討文化消費時的重要觀念依據之一。拉岡指出，嬰兒在出生後約六到十八個月即進入「鏡像階段」（mirror phase），此時期的嬰兒由於生理發展尚未成熟，缺乏協調統合的完整性，因而經驗到自己身體是分裂與混亂的。爲了克服這種統整性的欠缺，嬰兒以一種理想的完整自我（ideal unified self or "imago"）來取代現實中不完整的自我。這種理想自我是一種想像的投射，主要源自嬰兒迫切需要想像自己未來「終將成爲一個完整的人」，它在一種反射的影像中覺察到自己的身體，爲了彌補生理方面的不完整感，所以認同於統整與完美的影像。嬰兒在此時期產生了「鏡像的自我」（specular ego），想像著一種未來的自我認同，這種自我認同並不是目前的自我，事實上它異於目前的自我，所以嬰兒此時建構其理想自我，但這個理想自我其實是「像另一個人」。

　　更重要的是，嬰兒在鏡像形式中出現的慾望卻未必是它自己的慾望，而是母親的慾望，因爲母親希望嬰兒變成完整的人。另外，嬰兒熱切認同這種理想的穩定自我會成爲「自戀」的基礎。因此可以說，嬰兒是透過與他者（母親）的關係，而非與自己的關係，產

生出對自我之自足性的投射，但是意識的自我往往否認這種情形，反而傾向一種假象幻覺，以為自我具有優先性，並優於他人，而且還會攻擊性地抗拒任何動搖此一幻覺的可能。值得注意的是，這種固執的自戀，並執迷於理想的自我，並不限於嬰兒及童年，它會持續到成人，並產生一種「想像界」（the imaginary）的潛意識世界，這個想像界是自我之幻覺及假象的最終來源。拉岡認為現代主義及人文主義的心理學常未能認識到這一點，反而一再強化個體的自戀衝動，不斷提倡諸如「認同」、「統整」、「和諧」、「自我」等心理方面的理想。

嬰兒個體與他者的關係就是「語言」，語言是屬於「象徵界」而非「想像界」，心理分析應致力於使病人從自我執著的「想像」秩序中釋放出來，進入語言的「象徵」秩序，後者如同主體與他者之間的對話，因為唯有在象徵秩序中，主體才能認清慾望的語言就是他者的語言。心理分析的主要目的是要提醒人們，自我認同的理想自我其實預設了一種自我分化的對話，這種自我事實上就是異於自己，而且是由他人所賦予的，意識的自我所宣稱的完整自我其實是分裂的，完整自我主要源自與他者的潛意識關係，其聰明地隱藏了分裂的自我，所以在追求想像的完整自我時，我就是他人。

由於個體高度排斥非統整性的經驗，舉凡差異、區別、異化、死亡等經驗，都和個體初次與母親的分離有關，包括斷奶時期與伊底帕斯（Oedipus）衝突，它們都被自我壓抑與排擠出意識之外。事實上，個體慾望的意義存在於他人的慾望中，易言之，唯有驅除想像之自我確定的「客體化」，才能重新進入持續對話的語言中。人類的慾望與幻想是經由語言以及在語言結構中運作，然而這些結構有如潛意識，並非呈現在說話者的說話內容中，而是在說話的形

式與未說的東西，所以人們不宜過於強調表面價值，而應注意口
誤、沉默、雙關語、遺漏或錯誤記憶等現象。另外，幻像與夢想如
同意符（signifiers），它們不能被化約到固定與明確的意旨（signi-
fieds），每個意符的真實意義在於它與其他意符的關係〔存在於潛
意識語言的共時（synchronic）體系中〕，同時意符與其他意符之間
的關係屬於一種「自由聯想」，具有不規則的情形（Kearney, 1994:
268-282）。

　　簡言之，慾望處於一種流動狀態，它們並非順著文化期望的軌
道而行，也不會依循明確與線性的意識層次之思考，更不會指向確
切及固定的意旨。同理，認同亦非一種靜止或完成的結果，而是不
斷表現於自己想變成的那種人，結果，人們透過不斷消費，依靠引
人注目的影像而追求一種理想自我。

(二)物體象徵與商品拜物

　　媒介與廣告不斷產製及傳布大量的象徵，以供人們投射理想自
我，藉由閱聽人在多種訊息及符號中想像完美自我，媒介產業得以
緊緊抓住閱聽人。德勒茲與高達里（G. Deleuze & F. Guattari）認
為，資本主義社會的人必須變成慾望機器，以迎合生產者的要求，
所以兒童從小就被社會化成具有慾望的消費者，成為一種會操弄符
號與消費象徵的動物，因此慾望並非個人的心理現象，而是資本主
義建構出來的一種有利於資本邏輯運作的文化基礎（Bocock,
1995）。

　　無數經由媒介製造出來的符號與象徵，它們本質上都有某種程
度的包裝，企圖影響閱聽人的認知及情感，然而它們畢竟還只是商

品的外觀及標示，但是漸漸地，這些符號性標示與象徵本身也成為一種商品，例如品牌的影響力如今在市場中極為重要。這種現象引起許多人的注意，例如克萊恩（Naomi Klein）便認為品牌是商品拜物的最新形式。理論上，品牌競爭應算是機械時代的一種必然發展，因為這種環境會製造出大量相同的東西，所以必然需要為產品塑造形象上的差異。早期的廣告仍然是公式化的，依舊從屬於產品，此時廣告的主要目的只是要區別於對手，以便銷售自己的商品。一九四〇年代的廣告商覺察到品牌不必與產品綁在一起，反而一個公司本身就可擁有一個「品牌身分」。在大量製造的年代，公司之間的產品差異日益減少，因此公司雖然製造產品，但消費者購買的是品牌。一九八〇年代晚期，製造界出現一種典範轉移，放棄過去視生產為主要事業，以及不再以為產品的主要價值來源是它們的效用性，此後大量金錢遂投資於過去被認為是抽象與無法量化的品牌名稱。品牌時代具有三種特性：其一，廣告更加無所不在，充斥在物理空間、電視空間與網路空間。品牌一旦變成一個logo，就具有一種擴張傾向，整個世界變成logo的牡蠣，或如同一個可撐開的帳篷。其二，logo愈來愈遠離它的產品，logo本身是一個意符，意指一個公司而非它的產品，它本身就具有一種資本形式的價值。logo的意旨較不是任何客體，而是消費者與產品之間中介的「概念」，被認為有助於二者進行方便與親切的互動，因為logo如同特定經驗與生活形態的品牌。其三，消費品市場日益變成單一市場，因為如今各公司競爭的是關鍵的文化意象，由於任何東西都可以品牌化，所以品牌競爭的核心是一種深層的競賽，此時品牌不只對抗它們的當時對手（例如：可口可樂vs.百事可樂、麥當勞vs.漢堡王），還包括全部媒介場域中的所有其他品牌，並連同它們贊助的

活動與人物。過去的商人是利用品牌來賣產品，現在則以產品來賣品牌，現在任何東西若想要成為消費的對象，它們就必須先變成符號，品牌成為一種最純粹的商品拜物化的形式（Sharpe, 2003）。

　　對消費者而言，這些商品象徵如同允諾及保證了某些理想境界，多數廣告便是在操作這種聯想或暗示，如果進一步觀察廣告發展階段的特性，可發現各個廣告階段皆訴求各種生活層面的完善及充實（Jhally, Kline & Leiss, 1985: 3-5）：階段一，約一九〇〇至一九二五年，行銷藉由增強傳統的文化價值（家庭結構、父母角色），並透過連結產品功用與支持這些價值與角色之相關判斷與選擇來銷售產品。階段二，約一九二五至一九四五年，廣告訊息以「象徵的」屬性與抽象的性質（新鮮、美好），取代有關效用的理性論述，訊息的修辭形式強烈依賴於獨斷的推論以及非理性的訴求。階段三，約一九四五至一九六五年，此時消費者現身於舞台中央，強調產品對他們的生活造成神奇的改變。廣告利用電視來呈現人與產品之間的關係，並助長這種關係的發展。階段四，約一九六五年以後，這是屬於生活形態的階段，生活背景成為主要的元素，並隨著不斷變化之社會而快速改變，人與產品的關係在訊息內容中具有高度模糊性。以上四個階段的廣告文本都具有若干隱喻——情感的結構：

1.以理性方式強調產品的品質、效用，及相關資訊。
2.強調產品象徵，包括地位、家庭、健康、白魔法〔指產品對自然力量或元素所展現的控制能力，以及捕捉、疏通和開發自然力量以供使用（譬如：把陽光帶回來、提供檸檬般的氣味、宛如春天乍臨）〕、社會權威等。

3.產品擬人化：例如魅力、浪漫、性感、黑魔法（指產品對其他人展現的控制能力，包括引誘、影響、社會地位、喜歡、社會判斷等）、自我轉變（指產品能改變自我、減少焦慮、提升個人效能、變成理想的人、成為特定團體或階級的成員）。

4.重視生活形態：強調休閒、健康及團體友誼。綜合來看，這些廣告所展現的拜物教可分成兩大類：其一，神奇的拜物教（magical fetishism）：擬人化、黑魔法、白魔法、自我轉變。其二，理性的拜物教（rational fetishism）：工作效率、完成狀態。整體而言，理性的拜物教呈下降趨勢，而神奇的拜物教則日漸增加。

從以上的發展來看，可發現不管任何時期，它們的策略無不是要消費者經由產品去聯想各種美好的經驗，以閱聽消費者的角度觀之，這些廣告及相關媒介文本都是一再提供投射各種理想自我的重要場域，同時它們還透過多樣與豐富的訊息，在儼然自由與開放的氛圍中，讓擁有不同背景與資源的閱聽人都能各自找到形象各異的自我理想，並想像著透過消費而達成各種轉變與改造自我的可能性。

(三)消費慾望

不管是理性或神奇的拜物，它們都是對消費者拋出一些令人心嚮往之的價值、理想、目標等美好意象，一方面，這些意象大都是一般社會或特定群體所重視的質素或客體；另一方面，它們也成為個別消費者隸屬某些社會文化層級或生活形態的辨識指標。這些特

質被編織在各種商品身上，不時展現魅惑的姿態，挑動人們的占有慾。從消費者的角度來看，藉由購買及使用物品來滿足基本需求，僅只能應付現代生活的一小部分，更多時候人們必須能夠透過消費來提升心理與精神方面的狀態。所以一般人面對絢麗熱鬧的眾多商品，只要是在經濟能力內，少能不動如山，同時也漸漸擺脫傳統社會對過度消費的罪惡感，轉而發展出怡然自得的消費態度。

　　坎培爾（Colin Campbell）認為這種追求新奇與新穎的觀念主要來自浪漫主義，另外啟蒙主義也對追求技術創新予以正當化，後者是科學與專業人士的信念，前者則與一些主張「藝術」的人有關，坎培爾認為可將之統稱為波希米亞人（bohemians），他們是這個過程中最重要的社會團體，因為這些人追求非世俗與藝術的生活方式、標榜浪漫主義哲學、重視原創性，並揚棄布爾喬亞的世俗道德。這些藝術與社會的實驗，由於富含異國風格而被追求，因為它們可以象徵性地拋開布爾喬亞的拘謹與怯懦。波希米亞人之所以拒斥布爾喬亞的生活方式，並非為維護社會地位，而是要確保一種根本上的精神優越感，所以他們藉由鄙視被尊敬的社會，來減緩任何對自己「天分」的質疑。至於一般人之所以放棄熟悉的東西而去追求新的風格，並非完全由於競爭與模仿，而是認識到透過這種經驗能獲得愉悅感。波希米亞人的生活方式背後是一種強烈的唯心主義，也是一種享樂主義，但中產階級被吸引去模仿與採用波希米亞作風，真正原因應是其中對愉悅的重視而非唯心主義。一般人追求新穎的享樂主義是一種自我幻想的享樂主義，這是一種追求快樂的形式，著重於想像的刺激及其內隱的歡愉，這種快樂較有賴於情緒而非直接的感覺。換言之，刺激提供的快樂在於它在個體身上喚起對想像場景的情緒衝擊，例如白日夢。這也是幻想之所以重要的原

因，因為它助長人們追求一些不同於目前的生活經驗。這種享樂主義需要先進的心理技能，同時須借助文學、隱私與現代自我概念的發展，並與大眾媒介提供的想像歡愉具有密切關係，許多廣告也針對這個隱藏的內在世界，鼓勵消費者相信新奇的產品將使人們的夢想實現（Campbell, 2001: 257-259）。

然而情況並不止於此，這些提供新奇與愉悅的符號刺激可能進一步發展，而成為布希亞筆下的擬像，例如當前影像遊戲充斥於大眾媒介的論述中，這些影像遊戲藉由模擬而去替代真實經驗，進而二者難解難分，人們的經驗都具有互文性，特別是真實經驗與大眾媒介之影像兩者混雜在一起，人類的思想與感覺摻雜著影像引發的慾望，並藉由不斷滑向其他影像而無限地延緩實現。人類的主體性變成虛擬之影像遊戲的一部分，這種影像沒有穩定的「真實」指涉，因而個人的經驗模式只能是一種虛擬真實。簡言之，真實已淪為一種無止境之消費符碼的運作，既永遠無法被滿足，卻又不斷產生一種匱乏感、一種無盡的慾望想要去面對與擁有真實，可是人們只能接觸真實的影像、存在的偽裝。由於影像的變動與偽裝，並置換了日常人類行為，所以這些符號的消費者必須在一個不穩定的環境中不斷貯存他們的自我感，但此時又總還是有更多的影像等待被消費，以及更多的慾望等待被注意。結果是人們並非參與真實，而是參與無所不在的偽裝。

二、影像、空間與認同

媒介常被比喻為一扇窗，將遙遠他方帶到閱聽人眼前，或讓人

們藉由媒介而神遊各處，媒介透過傳遞與建構過程而中介了人們對不同地方的經驗，並影響人們判斷自己與周遭世界的關係。以下依據綏夫特（Nigel Thrift）的說明，敘述媒介建構的空間影像對認同的可能影響（Thrift, 1997）。

（一）空間與地方

乍看之下，地方（place）與空間（space）是兩個相近的概念，因為所有的地方都必然具有空間屬性，不過嚴格而言，它們包含不同的意義，所以使用上應注意其中差異。

基本上，每人都會處於某些地點（locations），但是人們並非只是位於中性之空間座標所構成的地點，而是身處於某些地方（places），地點與地方的不同在於，後者對人們具有意義，不能化約成地點。人類世界經過數世紀的歷史推移，許多地方已充滿那些定居者或過客們所賦予的意義，這些意義有時出現於人們的對話中，有時凝聚於故事裡，有時以具體形式展現，例如一些大樓或標示特殊意義的紀念建築。因此地方總是不斷充滿著對意義的抗爭，這些意義並非無關緊要的瑣事，反而深深烙印於人民的認同之中，並包含一種依附於某個社群的歸屬感，進而區分出「我們」與「他們」。所以甚至可說，人民即意指著地方，而地方也代表著人民。過去許多學者企圖歸納出地方的特性，並用一些諸如「社區」、「區域」、「在地」等名詞來掌握這些性質，但近來這種使用方式似乎面臨更多的困難，因為傳媒蓬勃發展，造成媒介影像中地方再現的急劇增加，所以地方的意義也日益受到重大影響。舉凡書籍、報紙、雜誌都能使地方的意義傳播到遠方，地方的意義逐愈來愈被縛

綁於媒介再現的地方影像中，媒介再現成爲地方的眞實。

有關地方意識（sense of place）的觀點可略分成兩大派：基本教義派與非基本教義派，前者視地方意識爲一種核心價值，認爲缺乏地方意識就如同變成「無家可歸」的人，並會在這個複雜與混亂的世界中失去方向。然而如今媒介使人們愈來愈無法與地方意義聯繫在一起，這種日益受到媒介中介的結果，便是使地方變成僅是一些地點。非基本教義派則認爲大衆媒介促成地方意識的大量傳播與流通，不但強化人們的地方感，也增加人們對遠方的認識與經驗。不過綏夫特傾向以爲在這兩種觀點之外，還存在所謂的「第三條路」，也就是認爲地方受媒介影響的結果，其實是有得有失，重要的是，媒介成長使人們有機會得以接觸其他地方，並透過重新定義地方，人們也能重新定義「我們」與「他們」。

事實上，地方課題有如一種道德問題，可遠溯自古希臘時期的著作，其中主要問題在於：人們對其他人的關懷是否會因爲距離而減弱。古典經濟學家亞當・斯密（Adam Smith）也曾試圖提出一個植基於「同情」的倫理學理論，認爲同情使人們能夠同理並判斷他人的行動。這個理論包括一個明顯的道德地理學，也就是認爲距離與同情成反比（Thrift, 1997: 161-164）。

這種情形也影響到西方人對其他世界的認識，例如早期歐洲對地方的觀念充滿歐洲中心主義，自視爲進步與理性的中心區域，而其他地方則是一些野蠻與落後之地。誠如後殖民主義（Said, 1999）所指利用權力論述去建構文明差異與文化優劣的觀點及理論，地方意識因而是一種意識形態的產物，並經常成爲對立與支配的理由。

(二)傳統的地方意識

　　另外，有關地方意識的理論亦可分成新舊兩大類，舊觀念包含四大理論：想像社群、啓蒙主義的地理觀、傳播工具論、浪漫主義。以下分別簡要說明。

　　想像社群：主要指十八及十九世紀民族國家的興起，劃分出主權領域，並創造出一種新的人民歸屬形式。歷史學者安德生稱此爲想像社群，這種想像社群的維持必須仰賴若干文化機制的支撐，其中四種特別重要：第一，設立全國性教育體系，使兒童學習相同事物，包括歷史、地理等。第二，創造或復興各種傳統，包括壯觀的儀式與「民族」服裝，藉此使人民聯繫到民族的歷史。第三，重複強調國家的領土疆界具有家園與原鄉的性質。第四，也是最重要的，利用印刷品，特別是創設報紙。透過這些媒介的大量流通，使人民在心中建立起這種想像的民族社群：一種「我們」，並對立於「他們」。

　　啓蒙主義的地理觀：民族國家於十八及十九世紀大量出現時，它們必須進行一項工作，也就是區別自己與其他國家，亦即必須建立差異，並將其他國家「他者化」，這種觀念在啓蒙主義中取得養分。從歐洲的觀點來看，十八世紀在許多方面都是一個充滿希望的時代，許多世界等待「被認識」，包括探險旅行、新的製圖方法、科學興盛等，皆意味著人類知識領域的擴張，而傳播媒介更有助於蒐集與傳布這些知識。啓蒙主義的地理觀有四項原則（它們兼具包容與排斥效果）：其一，強調人們對歐洲以外之世界的認識極少。其二，以「發現」與「促進」之比喻作爲進入這些未知領域的藉

口，這種比喻不只應用於科學研究，也被用於殖民主義。其三，強調歐洲與其他世界之間的差異，視歐洲為世俗與理性價值的大陸，被周遭的非理性海洋圍繞。其四，強調比較知識的價值，這種知識不僅強調差異，還有助於建構差異。

交通與傳播工具的發明：這些工具使各種活動的運行愈來愈快，成為一種加速的世界，許多地方被更加緊密地壓縮在一起，造成世界日益「縮小」。自十八世紀以來，就一直有不少人以各種形式談論這個主題，他們大都認為世界的加速與普遍的認同危機有關，例如導致精神失常、生活變化不定、意義破碎零散等。

浪漫主義：十八世紀晚期的浪漫主義運動對啟蒙主義的進步觀提出批判，認為歐洲已拋棄了過去的美好事物與本質，地方變成前人的影子，它們失去了能激勵人心的重要道德光芒，易言之，這是一種浮士德的交易，它是進步亦是墮落，人類失落了大自然所代表的道德情感。浪漫主義提倡經由熱愛自然而恢復塵封的心靈感受，強調自然萬物所激發的想像與情緒。由於世界已被折磨得老舊不堪，所以浪漫主義主張回歸原始經驗與地方意義，希望以此點燃新的人類認同。

值得注意的是，這些傳統觀念並未消失，反而持續至今，例如當前的民族主義力量仍然強大，認為西方象徵文明進步的觀念也依然如故，西方仍自認代表認識者，而其他世界也還是等待被認識的對象，歐洲中心主義的思想在一些國際重大傳媒的媒介內容中不斷被複製，西方仍屬於這個加速世界的前端。另外，由於電子科技的即時傳播能力，過去旅行所包含的出發、中途與終點之過程已不復存在，人們可以同時在出發點與終點，既是傳訊者也是收訊者，傳播工具的理論仍然不斷被傳誦。最後，浪漫主義也一樣活躍於現

在，例如批評地方被商業活動剝奪了眞實性、若干龐大的購物中心
或百貨賣場已成爲主要地標、地景愈來愈被商品形象所建構，更糟
的是，這些地景已成爲一種商業化的包裝，例如古蹟旅遊、老街觀
光，全透過「歷史產業」而被販賣給現代人。地方愈來愈受到地方
空洞化（placelessness）的侵蝕，而對地方空洞化的反應主要有兩
種：第一，重新捍衛自然，自然被視爲一個純淨與野性的地方，在
此人們能夠接觸到珍貴的自我元素，這些元素已被消費與現代生活
破壞殆盡。第二，轉向另一種新科技空間：例如網際空間（cyber-
space），這個空間同樣被視爲一種潔淨未受污染的空間，人們在此
能夠自由徜徉，不受約束地任意形成新的自我意義（Thrift, 1997:
166-176）。

(三)新的地方意識與多元認同

前述地方意識的傳統觀念傾向將地方視爲固定與封閉的空間，
綏夫特認爲梅西（Doreen Massey）的觀念更值得重視，梅西認爲
地方籠罩著社會權力的複雜網絡，因而地方可被建構成獨特的，也
可能被視爲危險的，因此地方總是處於對抗狀態中。對她而言，地
方的意義應該是開放的，她質疑所謂「在地」或「家」等名詞，也
質疑國族認同的觀念，甚至也懷疑起源及「從哪裡來」的概念，她
主張一種進步的地方意識，一種新形式的社群，這種社群較不排外
並較開放（Massey, 1994）。綏夫特根據梅西的看法提出關於地方的
四種新觀念，它們旨在取代歸屬感，並挑戰十九世紀的舊經驗。

第一，交會點：地方絕非被某一個社會或文化團體所擁有，而
是被若干團體擁有，這些團體各有自己的傳統與重視的課題。以此

而言，地方是暫時的接觸點或「外交」場所，人們在此接觸及互動，或彼此經由重新形塑認同而開始相互調和。因此每個地方都被視爲是許多人來往、聯合，或對立等活動空間的交會點，例如，機場、國境邊界、購物中心等，在此各種不同文化只能暫時結合，這些交會的活動空間便代表著現代多元文化世界的再現。

第二，地方的重組與增加：當前世界所涵蓋的地方並非愈來愈不具眞實性，而是以新的方式進行重組。換言之，當人們失去思考與想像地方的某些資源時，或許已同時開啓其他資源。如果能夠探討此過程，或許會發現人們對地方的經驗其實是愈來愈豐富而非貧乏，而且是日益深化而非空洞，例如人們知道的地方已愈來愈多，同時認識地方的管道也不斷增加。易言之，地方分解的另一面就是重組，例如，各種形式的燈光擴展了人們在夜間對地方的經驗，許多過去未能活動的地方，如今由於夜間照明技術的進步，都成爲新增加的地方，也產生新的地方經驗。

第三，互賴的整體世界：新的影像科技使人們想像世界爲一個互賴的整體，所有地方皆和其他地方相連，同時也沒有任何地方能免於面對一些共同問題，進而形成一種新的生態認同。

第四，新世界：由於媒介互動的增加，促使人們重新界定地方的性質，進而將許多地方以各種方式連接在一起，並形成一種湯普生（John Thompson）所指的新形式的公共性：全球關懷（Thompson, 1995）。

過去人們常負面地看待媒介的影響，例如認爲閱聽人無法控制資訊的生產與傳遞體系，因而對地方產生許多新形式的監視，以及一些依賴性很高的認同。不過目前情形已轉爲採取較正面的觀點，此中原因有四：其一，關於閱聽人主動性的研究發現，強調閱聽人

並非被動的個體，因而能在媒介使用過程中產生較為積極的結果；其二，西方世界以外的媒體已經出現一些新的組合與傳統；其三，新媒介科技的價格下降，人們更有機會使用這些工具；其四，新式互動媒體的出現，由於媒介成長提供了新形式的中介經驗，將遠方事物帶入人們的關懷範圍內，所以社群意識不必再固著於特定的地方，而能夠擴展到全世界（Thrift, 1997: 177-187）。

不過這些所謂的新觀念也受到不少批評，因為其中包含四個主要問題（Thrift, 1997: 188）：(1)側重菁英觀點：新觀念所描述的移動都是自由的移動（例如：旅遊者或觀光客），而非被迫的移動（例如：難民、流亡者）。(2)低估疆界（如國家）的重要性，疆界性的空間並非只是強制與壓迫性的劃定範圍，對許多人而言，它還是重要的認同來源。(3)所謂更開放的認同或許僅為一種怯弱表現，目的在不想讓任何立場及觀點取得優勢。或更糟的，只是模擬目前全世界許多公司所需要的彈性勞工。(4)新觀念所蘊含的認同與歸屬感可能只是一種更細緻的自由主義，藉由將他人的認同（身分）拒斥為「混血的認同」而否定他人，或將西方出現的認同危機與歸屬感危機轉移成其他世界的問題：原本是「你們」的問題，現在卻變成「我們」的問題。

簡言之，上述地方意識的新觀念並未被普遍接受，有些人指責它們只是歐洲中心主義的舊酒新瓶，因此有關這個問題未來仍會持續受到爭論。

如果說媒介再現的空間與地方影像，使傳統的地方與社群概念更進一步被消解其穩定與形式的特質，因而促使認同也更有彈性與變動，則認同所植基的共同性將不再具有重要意義，並轉而強調差異的價值，這正是一些後結構主義與後現代主義主張的方向，然而

對認同與共同性的否定或排斥，又往往被認為影響集體的抗拒與行動所需要的共同基礎，因此追求差異時原本所具有的解放意義，最終結果卻可能適得其反。所以如何使差異在不致破壞起碼之共同性的前提下，去包含多樣的關懷，便成為必須處理的課題，易言之，強調差異並非意圖取消集體認同，而是要讓它作為一種抗拒資源，這種抗拒能夠認真考慮到群體成員的變異性。

　　本章旨在說明認同與媒介的關係，由於自我並非自足的建構，它們必然聯繫到物體世界與情境脈絡所存在的條件及變化，所以媒介在此能夠成為延伸自我的一項助力，也可促使自我定錨於若干對象，從而發展及形塑自我概念及認同。但同時隨著人們日益生活於媒介飽和的環境中，自我的建構工程便可能愈來愈受到媒介滲透，媒介消費成為影響自我及認同的重要因素，人們可能被說服以為媒介已經擴大自我，實則只是在媒介影像充斥下所造成的一種假象。其次，媒介也日益成為現代生活中反身性的一項來源，大眾媒介呈現各種訊息，無異於對社會的一種持續偵測，並成為閱聽人自我監視的重要參考依據。媒介也受制於市場競爭而出現獵奇與聳動傾向，進而建構特異或偏倚的想像社群，它們可能影響閱聽人去聯繫其認同與歸屬感，雖然新傳播科技能夠提供更多選擇，或建構更多樣的影像世界，不過對閱聽人而言同樣是得失互見，更多的資訊消費不代表更充實或更睿智，如果人們覺得有必要從日趨渙散的主體及認同中重新凝結出某些值得重視的質素，那麼這個時代的考驗才正開始。

註釋

1 傅柯認爲各種科學知識及其所建構有關人類的「眞理」，最終皆建構出一種權力形式，權力的策略與技術遂發展出一種被規訓的主體性。自由主義特有的「自我的技術」既提倡一種自律的主體性，又使人們從屬於治理體系與管理系統。另外，埃利亞斯（Norbert Elias）指出在原型管理中，非專業人士採用特定專業人士的概念架構與認知取向，因而成爲「原型專家」，並藉此發展出對自己的知覺與認識架構，同時用以塑造自己的經驗。簡言之，自由民主市場社會的人類主體性是由兩個歷史過程造成的：其一，人們在特定的規訓架構內被日益組織化，並被連結到國家、經濟與市民社會的關懷及目標；其二，人們被鼓勵成爲自律的、自我實現的與自我管理的個體。總之經由歐洲國家形構的整個過程，社會及主體的生活已然歷經各種不同的管理（van Krieken, 1998）。

2 華德（Warde, 2001）認爲貝克、紀登斯與包曼並未完全忽略這些機制，例如包曼認爲自我認同必須仰賴社會贊許，因而凸顯團體過程在認同形構中的重要性。他甚至還指出一種抗拒消費焦慮的重要形式，即發展「新部落」，這是一種人爲的、暫時的與選擇的社會性，成員的歸屬標準只是一些相同的裝備與行頭。紀登斯也承認某些社會指導原則的存在，但另一方面，他又以最激進方式來說明自我建構。他筆下的生活形態具有選擇的減少與限制等特性，另外他將生活形態歸因於社會團體時（具有人口學形態與物質限制），也否認消費是一個全無規範的領域。

第六章　閱聽人與科技消費

近年來由於傳播科技的快速發展，許多科技商品的易得性與普遍性明顯成長，一般生活中出現的科技產物逐漸增加，成爲日常接觸與習慣性使用的對象。日常生活中的科技消費如何發展，閱聽人如何使用這些科技產品，以及這些傳播科技對閱聽人及其生活產生怎樣的影響，皆是本章說明的重點，以下首先敘述科技的相關討論，其次說明傳播科技與社會的關係，最後探討日常生活中傳播科技的使用。

科技的相關論述

儘管科技在人類社會中已有長遠歷史，然而人們對科技的看法與評價依然存在若干不同見解，這裡面牽涉到其他社會文化層面與科技之間產生的各種關係，特別包括人們認爲科技應在人類生活中扮演的角色。如今現代社會已與科技結下不解之緣，科技與生活的關係日益密切，然而這種發展卻也引發人們對科技力量產生憂喜參半的心情。以下扼要敘述有關科技的重要觀點。

一、科技與科技論述的變遷

晚近二、三十年來，科技革命的論述出現快速變遷，一般而言，主要的變遷方向是由政治經濟層面轉向文化層面，以及從強調資訊社會轉向注意虛擬生活，不過這種變遷並非以新議題取代舊議

題，而是議題與觀點的擴大與累積，這些情形可簡要說明如下（Robins & Webster, 1999）：大體上在一九七〇年代晚期，社會重視的是矽晶片，因爲它造就了新科技，當時人們爭相談論的是「微電子革命」（microelectronics revolution），稍後，人們關切的重心轉向新科技處理與儲存資訊的能力，因而出現所謂的「資訊科技革命」（IT revolution）。接著到了一九八〇年代，社會的注意焦點又轉往新科技的傳播功能，這時候又發展出所謂的資訊與傳播科技（ICTs）的革命。進入一九九〇年代後，人們對網際網路愈來愈感興趣，並試圖建構「資訊高速公路」（information highway）以及全球性的「網路社會」（network society）。及至一九九〇年代末期，流行的議題又變成「網路革命」（cyber- revolution）與「虛擬社會」（virtual society）。

以上這些論述不僅反映出晚近科技景象的變化，此時有關新科技的討論也出現許多形式，它們分別強調不同的社會與政治議題。一九八〇年代初期的探討重點在於「資訊科技」對工作與求職的影響，例如有些人認爲新科技的衝擊可能造成製造業、服務業與管理部門的「工作瓦解」。另外則有些人以爲將會出現工作的重組，包括縮短工作時間、提早退休、共同擁有工作，以及規律的休假等，並且以爲這些發展可能創造出一種「休閒社會」。到了一九八〇年代，人們討論的重點又轉向「資訊社會」的經濟與政治影響，並認爲即將出現「後－工業社會」，強調某些種類的職業，特別是服務部門的工作，將在產業環境中具有優勢，所以政府及民間都必須致力於開發新的教育課程以提供必要的技術勞動力。同時人們也在這個時候注意到「資訊富人」與「資訊窮人」的落差，因而出現有關資訊技術及資源的公平性議題。政治議題則著重於如何平衡經濟競

爭以及社會正義與公共文化。

　　近來的議題則又轉向新科技的性質，由於全球化的經濟情勢已經削弱早期資訊時代的某些理想面向，因而此時的新議題幾乎全然屬於實用主義，特別著重於探討如何適應全球經濟的條件，目前的問題則是放在如何研發資訊資源與資訊技術去競爭全球市場，這種經濟優先的傾向同時也促成一批資訊與知識專家的崛起，影響了二十一世紀資本主義新「企業網路」的發展。此外在一九九○年代還出現一種獨特的科技文化，旨在追求「網際空間」（cyberspace）與「虛擬真實」（virtual reality）的解放潛能，譬如有些人認為可以使用新的虛擬科技來提升民主或發展「電子廣場」（electronic agora），也有些人熱中於利用網路科技來建立「虛擬社群」（virtual communities），也就是讓人們擺脫地理限制，轉而依據興趣與相似性而跨越全球地聚在一起。除此之外，還有關於網際空間影響認同的文化議題，以及有關「賽伯人」（cyborg）（部分是機械，部分為有機體）的爭論。

　　從這些發展可發現，雖然科技被認為在不同時間階段皆扮演重要角色，但它們和社會文化的關係並非固定不變，人們持續發現科技對人類生活產生的正反影響，並不斷試圖透過改良或操作科技來追求更理想的目標。

二、主要的科技觀點

　　整體而言，科技理論包含兩大範疇：工具理論與實質理論。工具理論提出一些被廣泛接受的科技觀，這種看法其實是以一些常識

為基礎，認為科技是「工具」，旨在服務使用者，科技被視為中立的、不具有價值內涵，因而科技本質上無所謂好壞，它們能在人類與組織的控制下，被用來追求任何實際與社會的目的。另外，這種看法也強調科技是一種可被普遍應用的理性實體，可讓人們以相似方式及標準應用於不同的情境。至於實質理論則認為科技構成一種新的文化系統，並同時重新組織了整個社會世界。因此科技不只是一種工具，而是變成一個環境以及一種生活方式，這就是科技的「實質」影響（Feenberg, 1991）。

實質理論的主要代表人物之一海德格（Martin Heidegger）曾對科技的本質提出重要說明，他認為隨著社會的工業化與現代化，科技在社會中具有愈來愈重要的角色，同時人們的日常生活也日益受到科技的滲透與影響，因此如何認識科技與使用科技便成為一個迫切的課題。海德格（Heidegger, 1977/1954: 3-35）對科技在現代社會中的地位有其獨特的觀察，他還描述了科技的本質。首先他指出所謂本質不應只是探討某物為何，而應指出某物追求其宗旨的方法以及它在時間中存在、持續與呈現的方式。海德格認為科技本身是一種設計、構想與工具，這是指透過操作去進行累積、建造及安排。另外，科技也可以意味著適應、供應與設備。海德格指出科技（technology）的字源"tech"與"epistémé"有關，兩個字皆指涉廣泛的認識，也就是了解與成為專家，這種認識能夠提供一種開放，這種開放就是「開顯」（revealing），所以科技的關鍵並不在於製造或操弄，亦非運用手段，而在於開顯，因此人們還應該進一步注意開顯了什麼，以及如何開顯的問題。海德格認為現代科技就是一種開顯，更重要的是，他強調開顯絕非只是達成一個目的，當然也不會沒有目的，事實上，開顯在其自身的過程中會展現出多樣及

交錯的路徑。

然而現代科技的開顯是一種挑戰與喚起，其對自然加諸不可思議的要求，因為自然提供了可被抽取和貯存的能源，所以這種挑戰是一種對自然的處置（setting-upon）（也就是安置與規劃），這種處置也意謂著安放、組織、安排、供應及參與等。對自然能源的挑戰是一種處置，也是一種促成，它包含兩種方式：釋放與暴露。也就是原本封存於自然中的資源被釋放，而且被釋放出來的東西還會被轉換，接著又被貯存、分配，並改製成新東西。所以舉凡釋放、轉換、貯存、分配、改製等皆屬開顯的方式。換言之，這種開顯是將自然資源視為處於一種能隨時被召喚的待命狀態，它的整體結構與每個構成部分都必須能隨時被喚起及啟動，所以海德格認為現代科技如同一處置式的開顯，也就是對各種資源採取一種命令式的召喚，並予以聚合以便開顯，它對自然進行整隊與發號命令，加諸一種架構與輪廓，進而使之能被使用。所以這種開顯就是一種「框架」（enframing），它透過召喚、挑戰與聚合，而在一種命令模式中將真實顯現為一個貯備場（standing-reserve）。這種開顯方式會使人們開始以某種特定方式去面對與認識事物，它朝向客體化的再現，使歷史成為科學的對象。所以這種開顯並未將人們帶往自由，反而存在一種危險，也就是這種開顯會衍生唯一的標準，進而阻斷其他的可能性，亦即它遮蔽了更具原創的開顯方式，甚至遮蔽了開顯本身，因而現代科技的開顯成為一種命定與危險。海德格認為具有危險的不是科技，而是這種科技本質的主宰性，科技對人類的威脅並非來自於科技可能成為潛在的致命機器，而在於它影響了人類的本質，因為它的遮蔽與命定，使人類無法經驗到更基本的真理呼喚。不過海德格認為這種命定並非強迫的宿命，他鼓勵人們思考與反省科技

的本質，認識它的開顯與遮蔽，並追求及參與更多與更大範圍的自由。

簡言之，海德格認爲現代科技的本質是一種框架，它是遮蔽、命定與限制，它使存有成爲被征服的客體，並使人性框限於客體之內。海德格的用意不在否定科技，而是提出對現代科技的警訊，藉由認識現代科技的本質，以期不致迷失於絢爛的科技表象。

一般而言，目前有關科技的意義與影響出現若干分歧看法，其中最常見的四種立場分別爲烏托邦主義、社會建構論、政治經濟學與後現代主義（Dodge & Kitchin, 2001: 25-28），它們對科技與社會文化的關係分別提出不同的觀察。

第一，烏托邦主義：這種看法通常是在沒有理論基礎的情形下，單純地呈現一些所謂的「事實」，並試圖預測科技創新對未來社會的影響，同時還傾向認爲西方社會將會攜手共同邁向某個新的發展階段，例如某種形式的「資訊社會」。持這種立場的人通常熱中於新的生活方式，並企求建構一個充滿希望與利益眾生的未來，這些人認爲人類的所有問題皆可望透過技術來解決，同時人們也能利用科技來追求進步與發展。烏托邦的立場有時奠基於科技決定論，認爲人類生活的社會、文化、政治與經濟層面皆受到科技高度的影響。在此，技術創新被視爲塑造社會、思考及行爲的主要力量，並以爲科技具有獨立性、主動性與決定性，而文化與認同則存在依賴性、被動性與反動性，所以認爲技術變遷是一種自發的過程（Dodge & Kitchin, 2001: 25）。

第二，社會建構論（social constructivism）：這一派認爲科技是一種社會建構物，並且強調科技與社會彼此扣連在一起，所以科技受到文化的影響，同時文化也受科技的影響。嚴格而言，科技的

社會建構論應屬於科技的社會形塑論，後者主張若要了解科技與社會的關係，就必須從可能影響科技的相關因素來觀察，它們大致包括五個方面：其一，科技與科學的關係：過去一般人常以為科技是科學發明的應用，但事實上科學家係主動參與和真實世界的對話，並帶入自己的概念架構、實驗傳統、學術投資，以及了解世界的方式、模式和隱喻等，而這些因素都是源自社會。其二，科技與現存既有科技的關係：許多科技的發展或創新，其實是來自對既有的科技進行細部修改，它是一個創造與想像的過程，也就是在既有的科技設計中看到進一步改進的可能性，所以它是從科技的使用中獲得學習。其三，科技與「路徑──依賴」（path-dependence）的關係：所謂「路徑──依賴」是指某種科技的過去採用過程會影響後來的發展，也就是早期的採用可能變成一種不可逆轉的優勢（例如打字機的鍵盤設計）。其四，科技與經濟的關係：在市場競爭的環境下，通常公司會選擇最大獲利率的科技生產，特別是必須考慮到未來的成本與利潤，因此科技的合理性與經濟的合理性兩者關係密切，亦即科技決策就是經濟決策，換言之，科技創新受到經濟計算的影響，而經濟計算必然預設某種成本結構，後者又與社會組織的方式有關。其五，科技與國家的關係：科技發展往往受到國家的影響，最明顯的就是政府對軍事科技的贊助。從以上的關係皆可看出科技發展並非處於一個自足與自主的獨立領域。科技的社會形塑論在1980年代中期包含兩大理論：其一，科技的社會建構論：強調科技的各個相關社會團體由於對科技的不同理解（包括對效用的判斷以及科技的象徵意義等），因而對科技發展產生不同影響，此涉及物質輸入、心理過程與社會過程等方面。其二，科技／社會的相互構成論：指出人類藉使用物質資源與符號而創造世界，這些物質資

源包括人造物與科技，它們都是社會賴以存在的重要組成，所以科技並非獨立於社會的另一個領域，而是構成社會的部分，另外人造物也涉及人類彼此的聯繫方式。簡言之，科技與社會相互影響，二者經由互動而相互構成（MacKenzie & Wajcman, 1999: 3-27）。

第三，政治經濟學的立場：事實上，科技的政治經濟學也認為科技不能與社會分開，但和社會建構論不同的是，政治經濟學主張科技與社會的關係主要受到資本主義生產模式的影響，另外也受資本主義賴以存在之相關政治、經濟與社會關係的制約。簡言之，科技很少是中性的，而是在產業與公司追求利益的環境中發展（Dodge & Kitchin, 2001: 26）。

第四，後現代主義：後現代主義認為舉凡烏托邦主義、科技決定論、社會建構論與政經學無不屬於現代主義的邏輯，它們皆追求一種統整的、大型的社會理論與社會知識。然而後現代主義認為根本不可能獲得這種理論，因而改採新方式來了解世界，並主張社會的複雜性很難以單一理論來說明所有地方的全部條件。因此後現代主義從過去重視認識的方式與真理議題轉向存有的方式與真實議題，後者旨在提供「解讀」而非「觀察」，提供「詮釋」而非「發現」，並致力於探討文本交涉的關係而非因果性。後現代主義的觀點重新呈現人們經驗與說明世界的方式，並著重於另類的論述與意義（Dodge & Kitchin, 2001: 26）。

科技的不同論述反映出科技的複雜性，同時顯示科技可以被聯繫到不同脈絡，因而對科技的討論以及在其中認識到的問題，主要是源自這些脈絡所建構的注意焦點，這些多元脈絡能夠彰顯出科技與科技使用的各種側面，協助理解科技在社會中的多重意義。

✾ 傳播科技與社會

印刷術的發明往往被喻為人類傳播的轉捩點，此後許多社會階段的發展，也經常以某種傳播科技為主角，例如電影時代、廣播時代、電視時代與網路時代等，這種說法如同認為傳播科技是歷史及社會發展的主要影響因素，雖然此種觀念不完全正確，不過傳播科技和社會其他層面之間逐步發展出密切而複雜的關係，確實成為觀察社會與文化變遷時不能忽視的重要面向。

一、傳播科技的社會影響

許多人皆認為傳播科技的發展與變化，將會對社會文化造成相當程度的影響，其中最著名的代表人物莫過於加拿大學者殷尼斯（Harold Innis）與麥克魯漢（Marshall McLuhan）。

殷尼斯認為不同歷史時代中居主要地位的傳播媒介，會因其媒介特性而促成不同的文化形態與政治權力。他指出傳播媒介具有一種對時間或空間的「偏倚」（bias），一般而言，當一個社會是由口語文化主導，或當時主要媒介的性質是笨重與堅固的，因而具有不易移動、無彈性與難以複製的特性時（例如古代的石板或泥板，或中世紀的羊皮紙），就會產生「時間——偏倚」的社會。這種社會強調「傳統」取向，著重習俗、連續性、神聖知識，並傾向將現在

與未來聯繫到過去。至於「空間──偏倚」的社會則與前述相反，此種社會使用彈性的、可攜帶的、容易複製的媒介（例如古埃及的紙草紙、歐洲的紙張與印刷），這種情形會使社會產生一種對空間的「文化──偏倚」，也就是由於世俗制度、技術專家、重視現在與未來取向更甚於過去取向等因素的興起，而伴隨出現地理疆域上進行行政控制的擴張與帝國主義（Innis, 1995）。

麥克魯漢（McLuhan, 1964）受到殷尼斯的影響，認為媒介科技是「人的延伸」，他強調媒介應被視為人類感官或身體在空間上的「延伸」，例如書籍是眼睛的延伸，廣播是耳朵的延伸。他還認為媒介具有銜接時間與空間的特性，因而可能產生「地球村」（global village），在此媒介推翻了「時間」與「空間」的政權，可立即與持續地將所有地方所有人的意見呈現在人們面前。另外，梅諾維茲（Joshua Meyrowitz, 1985）也認為，媒介革命已減少物理空間與地理空間在人們接觸他人與事件中的重要性，由於資訊已能穿透障礙、跨越遙遠距離，因而使物理空間的影響大為降低，結果是人們的認識與經驗變得愈來愈無關於自己所處的地方。特別是電視的影響更為深刻，梅諾維茲指出電視改變了社會與文化環境、公領域與私領域的分際，以及物理空間與社會空間的關係，並影響了過去涇渭分明的性別、世代，以及強權弱勢之間的界線。

電視以一種前所未有的方式來呈現世界，並讓人們以特殊方式去接觸這個世界。從某個角度來看，電視似乎使人們回到一種屬於從前的社會與文化經驗的形式，其近似於狩獵與採集時代的生活經驗：平等、工作與遊戲的分野極小、生活愈來愈仰賴公共的狩獵與採集資訊而非食物。雖然梅諾維茲看到電子媒介改變了時間與空間對社會互動的意義與影響，但他似乎只著重傳播科技的片面效果，

而忽略了協商與抗拒的可能性，並且未注意到權力與文化差異的問題（Tomlinson, 1999: 152-154; Silverstone, 1994: 94-95）。

貝爾（Daniel Bell）在對後工業社會的研究中，試圖指出科技影響當代生活經驗的結構，他認為後工業社會是以資訊為基礎，以高科技替代重工業，並認為社會由於各種科學與科技的進步而出現重大轉型，包括從重視生產部門轉而注重服務部門、強調科技創新的優先性、專業人員與技術人士變成社會的新統治階級，以及科技創新與政策相關的理論性知識成為後工業社會運作的主要原則（Bell, 1973）。雖然貝爾指出科技造成的某些變遷層面，但是他的觀點存在若干問題，包括誇大製造部門的式微與服務部門的興起、高估研究發展對新社會的影響（忽略研發原本就伴隨在工業社會中）、誇大理論知識的角色（實際上投資於純科學研究的經費比投資於應用研究來得少）、過度強調知識與科學菁英的權力及影響力、忽略科技創新常造成失業率增加、高估科技造成社會變遷的革命性，以及誤判市場力量在後工業社會中的影響力降低（Kuman, 1978, cited in Miles, 1998: 72-73）。然而即使如此，許多人依然相信科技，特別是數位科技，能夠對社會及生活產生重大影響。

除此之外，科技還被認為影響消費者的技能，例如過去的消費者或許還有能力與意願去修理自己的汽車、電視機與收音機，但隨著這些技術的日益專業化，並改由相關技術專業人員負責後，消費者變得逐漸喪失技能，因而不得不更依賴必須付費的技能與服務市場。另外，科技會主動消解社會界線，並影響當代社會的性質，例如人們可以經由電腦終端機在家上班、許多人的工作藉由移動式電腦與電話科技而變得更有彈性、家庭領域也進一步被公共領域與商品市場滲透。當然，從另一個角度來看，這裡面還涉及資訊科技強

化消費資本主義，人們被說服應該接納新科技，因爲可從中獲得應有與更好的生活方式，其實真正的結果是有助於消費主義的擴張（Miles, 1998: 74-75）。傳播媒介還會影響傳統及其角色的變遷，媒介並非完全破壞傳統的生活方式，而可能在傳統中注入新生命，使傳統脫離原來的脈絡，將之置於新的文化情境，並爲個體提供認同的資源。最後，媒介也會影響自我形構的過程，促成人們發展出經驗事件的能力，同時這些經驗不再受制於日常生活的時空範圍（Thompson, 1995）。以上這些皆屬經常被談論的課題，它們包括各種正面與負面的影響，同時這些效應並非一致或全面的，而是會與不同環境之其他特殊條件產生多種變化的交互作用。

二、傳播科技與社會互動

新傳播科技所創造出豐沛的傳播網絡與資訊流，它們不只將資訊與象徵內容傳遞給閱聽人，而且還進一步影響閱聽人的人際關係與社會互動。眾所皆知，使用傳播媒介會在社會世界中創造新的行動、互動形式、社會關係，以及與自己的新關係。當個體使用傳播媒介時，閱聽人進入一種特殊的互動形式，它們異於日常生活常見的面對面互動，在傳播媒介影響的互動形式中，人們能夠與不現身的他人產生互動，或與遠方的他人進行溝通，基本上，傳播媒介的使用轉變了社會生活的時空組織，創造出新形式的行動、互動與操作權力的模式，這些活動皆不再強制要求人們必須附著於相同的地方。也由於這種現象，所以傳播媒介進一步影響公私關係以及權力的呈現形式（Thompson, 1995）。

　　湯普生（John B. Thompson）提出現代社會包含三種互動範疇，它們分別對應於三種溝通模式：第一，面對面互動：人們採用直接的溝通，它的特徵爲使用多樣的象徵線索，包括語言、姿態、身體語言等，這種互動會構成一個共享的時空參考體系。最重要的，面對面互動是屬於對話式與雙向的溝通。第二，媒體中介互動（mediated interaction）：例如透過電報、傳眞、電話而進行的溝通，這種互動必須使用某種技術性媒介（紙張、電線、電磁波等），它能讓時空相距遙遠的各方進行溝通，這種跨越時空的溝通會產生幾項後果：參與者由於缺乏共同在場的相同參考點，所以必須更重視脈絡化的資訊，例如信件與傳眞上的地址與日期、電話交談中的身分確認。這種互動比面對面互動所能使用的象徵線索更少，由於這種溝通具有較大的模糊性，所以參與者必須運用更多的詮釋技巧。然而即使如此，媒體中介互動本質上仍屬於對話式的溝通，因爲它們都有明確與具體的溝通對象。第三，媒體中介的準—互動（mediated quasi-interaction）：這是指大衆媒介所產生的溝通形式，包括書籍、報紙、廣播、電視。這種互動與中介互動一樣，也是跨越時空的溝通，但有兩項特性與前兩種互動不同：其一，這種溝通並非直接指向特定的他人，而是針對一大群潛在的收訊者，換言之，就是大衆傳播及其閱聽人。其二，它的溝通特性並非對話式的，反而具有獨白性質。所以大衆媒介中介的溝通是一種「準互動」，係因爲它缺乏直接互動的重要性質：互惠性以及人際之間的明確性。不過它仍然是一種互動，因爲這種互動依舊具有把資訊從消息來源傳遞到目的地的性質，以及收訊者雖然不是直接回應傳訊者，但也不只是被動接受資訊，反而會主動地對溝通進行詮釋，並建構意義。因此在這種情境中，閱聽人還是能夠與傳播者建立一種

特殊的互動關係（Thompson, 1995: 82-87）。

　　由此觀之，傳統的傳播媒介與新傳播科技皆涉及媒體中介互動與媒體中介的準互動，它們影響了社會關係的發展，以及人們對人際關係的不同認識。這可從兩個方面來看：

　　第一，傳播科技促成一種中介的接近性，同時影響人們去重新定義所謂的親近性（intimacy）：傳播科技最主要的效果之一，便是產生一種對親近性的干擾，使外在世界入侵到內在領域，傳播科技開啓人們的私有空間，使人面向外在世界。媒介科技有能力傳遞其特有的親近性形式，而此會重新界定親近性對人們所具有的文化意義，易言之，親近性一詞的意義已然改變，例如雖然一對一關係與內在性仍然保留，但在隱匿與私密的脈絡中，實體性（embodiment）已經消失，因而出現非實體的親近性，也就是人們雖然在地理空間上分隔遙遠，但透過傳播科技還是能維持親近關係。在此同時，另外也出現公開的親近性（public intimacy），例如隨著行動電話的普及，已有愈來愈多的人在開放的公共空間進行私人交談，這種現象意味著人們對中介的親近性已產生文化態度的變遷，特別是親近性中原本著重的一對一關係，已從過去強調私人領域的排他性，轉變成與大眾媒介再現的他人維持關係。如果以大眾媒介中介生活世界而言，則可謂親近性已變成「公開的」，在此任何人皆可和一些從未謀面的公眾人物維持一種想像的親近關係，這些公眾人物雖然是透過媒體而呈現，但卻被認爲是眞實的。這其實也是一種去地域化（deterritorialization）的效應，例如電視與網路搜尋引擎皆具有這種作用，它們能使閱聽人與使用者聯繫到遠方的他人，並去接觸他人的實踐、價值與生活方式，進而擴大自己的文化視野。

　　第二，傳播科技有助於道德涉入：使用電子媒介的經驗特性在

於，它建立一種經驗的距離，這種經驗具有兩種特質：其一，電視播出的事件並不會直接影響閱聽人的生活；其二，閱聽人無力去干預或影響在電視上所看到的事件。這裡的重點不在於閱聽人在建構意義方面是否為被動的，而在於閱聽人的主動性會受到去地域化之科技具有的本質所侷限。長期接觸遠方且不屬於自己控制範圍的影像與資訊，必然會使閱聽人感覺自己置身事外。不過情形也未必全然如此，因為還得看電子中介的經驗如何被置放於閱聽人的生活世界中，以前述電子觀視經驗的性質來看，其意味著若要參與遠方他人的情境，就需要投入更多的道德與情緒，而此正是全球現代性的一項經驗特性，亦即人們會比以前承受更多的道德與文化要求，這種道德負擔也是去地域化的另一個面向（Tomlinson, 1999: 160-180）。在這方面，湯普生似乎較為樂觀，他以為電子媒體中介的社會關係應該能夠擴大人們的道德關懷範圍，從而建構一種新的公共生活。

三、傳播科技與現代社會的經驗

前述傳播科技導致社會關係的變化，被認為可能進一步影響人們在現代社會的生活經驗，並引發一種現代生活特有的不確定感，這種經驗主要源自四個面向（Slevin, 2000: 12-19）：

第一，跨越時空的互動造成一種複雜性：當資訊交換發生於中介互動的脈絡時，由於互動的個體並未共處於相同的地方，因而會造成額外的複雜性。雖然個體的行動可能影響遠方的人，但由於個體的行動後果往往不在自己的視線範圍內，因而使得人們的道德想

像變得較為無力，進而導致焦慮與沮喪，人們似無法再承擔道德責任，因為它們已超出人們的控制範圍。

第二，抽象的溝通體系一方面降低不確定性，但同時也會產生新的脆弱面：基本上，這種溝通系統能夠穩定社會互動的複雜後果，並使它們較不具風險性。若依據哈伯瑪斯（J. Habermas）與紀登斯（A. Giddens）的觀點來看，抽象的溝通體系包含三種：象徵代用品（symbolic token）、專家系統、概化的溝通形式。象徵代用品讓人們無須見面也不須交談就能進行交換，貨幣便是典型的象徵代用品。至於專家系統則比象徵代用品包含更複雜的交換，但專家系統也同樣可以降低不確定性、減少溝通成本、讓人們無須直接溝通及協商，就能提供與獲得預期的保證。概化的溝通形式是指媒體中介的溝通，旨在提供資訊給龐大的接收者，大眾媒介便是這種資訊交換的典型例子。以上三種抽象媒介皆可用來減少不確定性與降低溝通成本，但也在無意中產生新的不確定性與風險，例如專家系統有賴於積極的信賴及溝通，然而如此一來，又會加諸新的負擔，亦即專家系統中的個體、組織與代表者必須竭力展現他們的誠信，以便能夠維持與發展這種信賴。現代生活中這種安全與不確定性的混合感受不只是道德責任的議題，也是這種溝通系統之標準化所產生的一個令人困擾的特性。雖然這些機制會發展出常規化與持續性，但它們也可能讓人覺得是獨斷與無法接受的後果，抽象體系還會造成日常生活的去技術化（deskilling），這些都會使個體的壓力不斷增加。

第三，現代傳播科技能夠高度改變參與者對傳遞過程的控制度：面對面互動通常涉及權力與資源的差異，中介互動的脈絡則更複雜，後者經常改變反身性與互惠性，並要求參與者運用複雜的科

技與技術，例如單向傳播的大眾媒介讓傳播者與閱聽人皆處於一種特殊的參與情境。

第四，新傳播科技促成反身性現代化以及更嚴重的風險製造：現代溝通具有矛盾性，它能統合與分裂我們的社會世界。雖然它能開啟新的控制機會，但也同時產生新的風險。紀登斯認為這種基進的現代性源自日益高漲的全球化、後傳統形式的組織發展，以及社會反身性的擴張與強化。由於大量出現的傳播與資訊管道一方面告知更多訊息，另一方面也不斷動搖既有的經驗與認識，因此過去那種確切的世界圖像不復存在，人們被迫去面對一種隱然的混沌威脅。

簡言之，由於傳播科技特有的效能，它一方面強化人們對自然與社會環境的超越與控制，但另一方面，它又使人們的生活處境更為複雜、更加不可測。

❖ 傳播科技的日常使用

目前科技的發展特性之一，便是在市場因素的考量下，不斷試圖走入家庭與一般人的日常生活，這個發展表現在科技業者使科技產品愈加變得具有高度的可親近性，另一方面則使科技產物成為日常生活中不可或缺的建構元素，換言之，現代人對科技的依賴日益增加，特別是一些媒介科技成為重要的資訊與娛樂管道，已經屬於現代家庭的基本配備之一。

一、科技與家庭

　　新科技與家庭消費的歷史發展，在過去二百年中可大致區分成五個獨特但彼此重疊的時期。第一期（一七八〇年代至一八五〇年代）：這個時期的特徵是「速度革命」，以極快速度來進行產品的生產與運輸，另外，消費者的消費活動也同樣高速進行。第二期（一八五〇年代至一八八〇年代）：控制的危機。這是因為第一期產生了控制危機，所以成為第二期的特性，這個時期首度設計出一些社會性與技術的策略，以便用來協調及整合有關生產、分配、消費品與服務之間複雜或模糊的關係。第三期（一八八〇年代至一九四〇年代）：系統化與同步性。這是指上述社會與技術的策略在第三期被進一步系統化。第四期（一九四〇年代至一九七〇年代）：和諧化與侷限性。主要指個體、家庭，與社會之間的和諧關係在這個時期進入黃金時代。此時，藉由科技微小化與消費者電子工學的快速發展，進一步促成家庭的理想化，家庭生活似乎被帶向另一個更好的境界。然而於此同時，社會系統與技術系統所具有的侷限與不足亦在二十世紀中葉後變得更為明顯。第五期（一九七〇年代以後）：選擇與合流。由於前面第四期出現的局限，因而進一步促成這個階段的發展，此時期的重點為標榜個體的「選擇」以及科技的合流，同時也包括兩者的結合（Hirst, 1998）。簡言之，科技發展和社會變遷中不同形式的家庭與家庭生活之間存在特殊關係，一方面科技促成特定生活形態的發展，另一方面科技也配合家庭生活之需求而不斷調整其發展形式，二者具有相互構成的關係。

　　一般而言，家庭是一個著重關係、私密、非正式與輕鬆自在的場所，科技介入家庭生活時必須能夠滿足這些特性與需求，例如收音機進入一般家庭的歷史過程中，從最早的龐然大物，只適合男性操作與使用，逐步轉變成適合置放於客廳中讓闔家收聽，乃至到現在已傾向成為個人使用之物並能夠隨身攜帶，同時節目安排也對應著一般人的生活作息，這種變化使得科技不只能夠進入家庭，還能夠扮演家庭氣氛的製造者，並成為家庭生活的重要構築元素。傳播科技不只影響家庭生活，還影響人們對家庭生活的觀念，例如北美戰後的家庭生活觀念包含三個發展階段：第一，「家庭劇院」模式：電視機的普及讓人們得以一方面安穩地待在郊區家中的客廳，另一方面又可以透過媒介去想像地造訪市中心的鬧區，從而形成一種替代性的參與公眾生活，這個情形正是威廉士（Raymond Williams）所指的「流動的私有化」（mobile privatization）。第二，行動家庭（mobile home）模式：一九六〇年代隨著可攜式電視機的出現，象徵著人們對移動的期望被代之以另一種行動家庭模式，其特性不再是流動的私有化，而較是「私有化的流動」（privatized mobility）。第三，數位化的「智慧家庭」模式：由於社會變遷的結果，出現所謂界線模糊的特性，例如社會生活被認為已經超越傳統的內／外或工作／家庭之區分，所以實際上人們已無須四處奔波。家庭在數位化形式下，人們可以舒適、安全與穩定地藉著一種即時數位化而「飛行」到其他地方，或是將任何心嚮往之的「其他地方」要素隨時輸入到家中（Spigel, 2001, cited in Morley, 2003: 438）。這幾個階段反映出隨著科技的日益成熟與普遍，人們對理想的家庭生活之想像也相應出現變化。

二、科技的馴化

　　科技通常予人一種力量強大的印象，然而科技的影響並非無可抗拒，科技不管是作為一項客體或以文本形式呈現，皆須面對使用者的使用與挪用過程，同時消費者也有相當能力來馴服這些對象，使之成為自己的所有物，進而置於自己的掌控中，易言之，所謂馴化（domestication）就是使某些客體從屬於自己的目的，服膺於自己的主體性，也就是將事物置於自己的控制之下。直接來看，馴化是把物體從某種野蠻狀態（例如商店的公共空間、工作環境、工廠、農場、採石場）帶出來，此外，馴化也是一種轉譯過程，使物體跨越公共空間與私有空間的界線，並藉此形塑或轉變成某種客體與意義。在我們的社會中，物體、科技及意義被馴化的容易度不一，但它們原本都處於異化的狀態，直到這種狀態的界線被跨越，以及出現相關的挪用後方才脫離異化情形。從科技使用者的角度來看，有些人擁有更多的馴化資源，譬如具有更多的耐心、金錢與技能，因此在運用科技方面更具優勢。

　　以傳播科技的領域而言，科技的馴化是指一個社會團體（家戶、家庭或組織）挪用科技產物與傳播系統，使之成為自己的文化（自己的空間與時間、美學與功能）的能力，同時也包括一種控制與促使它們某程度地「隱身」於自己的日常習慣中，或是使之具有某種透明性，不再令自己產生明顯的異物感。另外，米勒（Daniel Miller）認為馴化是一個彈性的過程，如同一個連續帶，包括完全的轉變與收編，或一種不情願的接納，以及全面的整合或邊緣化，

這些端視消費者將這些物體收編至自己日常生活結構之際，所進行的努力與活動的情形而定。舉凡事物、客體、科技及文本等，都和人類一樣擁有它們自己的生命史，它們的生命不只是變化與轉型，同時經由它們在生老病死過程中的轉變，也會顯現出它們在不同生命階段去形塑環境的各種特質（Silverstone, 1994: 97-99）。換言之，科技被納入生活時不只有難易之別，也有程度差異，科技本身的特性會影響它們被使用的過程，同樣的，使用者的特性也會使馴化出現不同的結果，因此科技消費包含雙向的交互作用。

莫里（David Morley）認為科技的馴化在於科技領域被自然化與生活化，使之較不具威脅性，並讓使用者更能應付與處理。然而如果科技日益自然化，並因此而在家庭生活中隱而不顯，則人們必須了解這個過程的發生方式。他認為媒介的馴化過程不只是探討人們如何對家中的科技覺得「自在」，還應注意到人們用來整合及調節生活的一些科技，事實上已變成家庭的基礎建築，所以科技不再只是被用來輔助或提升家庭生活的物件，它們本身就是家庭的構成成分（Morley, 2003）。以此觀之，科技已成為現代生活不可或缺的重要元素，人們在利用科技之際也同時對科技產生高度依賴，因此所謂馴化除了是人類對科技的操作與控制，也呈現出科技對生活的滲透，以及獲取人們的信任與依賴，這點似乎反而使人們馴化於日益發達的科技環境。

在傳播科技的領域中，電視是一種高度普及的科技產品。從某個角度來看，電子科技體系是一個對話過程，它包括所有科技（包括電視）在當初設計與行銷時就已經被內建的公定關係，以及日常生活形態與論述中所具有之私下協商關係的對話。以此觀之，電視的馴化相當複雜，它包含系統發生的（phylogenetically）與個體發

生的（ontogenetically）過程（Silverstone, 1994: 102-103），在系統發生的面向，電視的馴化過程是一項科技與媒介在歷史界定之特定社會、政治與經濟條件中的崛起過程，這種崛起需要若干不同領域中各種論述之間的交互作用，例如設計、行銷、節目內容的規劃，另外還有都市、建築與家庭設計之間的協調和分工，以及家庭或個人可支用所得的增加。在個體發生的面向上，電視馴化的過程是家庭關係之變遷與持續的過程，包括家居生活的郊區化、家庭特性，另外階級、族群、居住地點與宗教信仰等，都可能影響與界定家庭中使用科技的條件。以上這兩個電視馴化的面向會對話式地共同運作，因而當電視被使用於一個家庭或特定環境時，皆涉及一種控制與認同上的抗爭，它們主要發生於家庭與外在世界，以及家庭成員之間的對抗關係中。所以若要了解電視與電視節目在家庭中的位置，也就是傳播科技被同化的過程，就必須了解這兩個面向之間的相互關係。

當新科技進入家庭時，這些科技的使用方式、意義與形式並非預先決定或固定的，科技原本被設計的使用方法與意義會在家庭中被拒絕或修改，使用者必然依據自己的生活條件與需求，加以重新規劃或調整。應注意的是，科技不只在家庭中獲得一個空間與位置，它們還可能破壞或改變家庭的生活習慣與起居作息，所以應該探討新科技如何介入家庭生活的組織與節奏，以及新科技如何占有家庭內的時間與空間。在此出現的協商過程包括消費者與新科技之間以及家庭成員之間的權力較勁，家庭的消費形態與日常活動，基本上就是家庭成員間複雜權力關係的結果，因而探討家庭消費時必須注意家庭領域中的互動特性（Mackay, 1997a: 277-278）。

三、傳播科技使用的日常脈絡

　　由於科技的影響與意義必須從使用脈絡來觀察，所以科技的重要性或價值並不具絕對性，反而總是相對的觀點。當前人們的生活幾乎完全被包圍在無數科技中，大至從出生到死亡，小至從每日的衣食住行育樂，都可明顯看到各種科技產品與科技形式的身影，科技滲透之綿密，以及人們對科技的依附之深，有時讓人難以覺察其真正意義，在傳播科技的部分，它們亦非獨立運作於日常生活中，而是會與其他科技交互影響，它們或者彼此附生及共生，因而成為一個複雜的科技生活環境，頗難將之抽離而單獨觀察。更由於使用者自身及其生活脈絡也同樣包含各種不同的影響因素，它們和科技的關係便因此更為錯綜複雜。

　　晚近的傳播科技中最常被討論的對象首推電視與電腦。電視在家庭中的重要性，經常被認為凌駕於其他媒體之上，直到現在，它依然被多數家庭擺放在最重要的空間，譬如客廳及臥室。電視對家庭的影響被認為是多樣的，至少它可能將家人聚集在一起，也可能引發衝突，或造成分裂，它可能強化傳統的性別關係，也可能動搖父母的權威，這些都是一般文獻中常見的討論話題。簡單來看，由於電視收視總是被聯繫到家庭情境，所以電視總是帶著一種家居生活的性質，傳播學者莫里認為，過去的電視是從公共空間走向私人領域，現在則是從私人領域轉變成隨處出現，也就是去家居化，以及家居性質的徹底移置。這種情形反映出在新科技與全球文化的衝擊下，目前的家已不再是一種地方性的、特殊的，或自我封閉的空

間，而是愈來愈像一種千變萬化的地方。莫里指出（Morley, 2003: 453），如果傳播科技在當前社會中的關鍵角色之一，是它們轉變了公領域與私領域的關係，那麼目前的問題則在於必須關切新科技對這些關係的影響，以及這些新科技被管理與馴化的可能方式。在新科技的長期馴化過程中，人們發現自己無時無地都在作爲某種媒介的閱聽人，易言之，電視與其他媒介現在已逃離家庭，而把公共領域重新再度殖民化。因此可以這麼認爲，家居生活本身已變成一種充分科技化的人造物，但也可以認爲目前的家居性質已經被置換。

　　這裡有一種弔詭，也就是當人們不斷想把原本看似生硬的科技轉化成人性與親切的工具後，它們反而因爲能夠容易地被人們隨時隨處使用，因而無所不在地擴散或蔓延於生活周遭，最後竟將人們完全包圍，而使人們反成爲被科技馴化的對象。這點不只反映出媒介使用的情境與範圍正不斷擴大，同時相關的脈絡也更爲複雜化，特別是這些脈絡之間的區隔日益模糊，並總是相互指涉。

　　這種情形在電腦方面更爲嚴重[1]。一般而言，家用電腦是一九八〇年代最炫耀性的消費品，更特別的是，電腦提供一個有關機器的意義以及如何適當使用的文化抗爭場域，其中尤爲明顯的便是關於電腦的教育價值與娛樂價值之爭。同時人們也注意到，雖然電腦產業的促銷活動如火如荼，但家用電腦仍然是屬於中產階級的財物，高所得家庭有能力購買電腦來滿足需求，但低所得者只能依賴陳舊的科技。再者，許多人購買及使用電腦後，也感覺並不如廣告宣傳的電腦「革命」那般神奇。進一步來看，雖然科技消費會動員、擴大、增強與轉變日常生活的隱喻，但相反的，這種隱喻也會被消費者主動採用與轉譯，所以科技與使用者之間具有互動性。就社會層次而言，新科技的發展往往被期望對所謂的平等、民主、進

步等理想有所幫助，不過事實上，這些期待雖部分被實現，但也同時產生某些反效果，例如許多人認為科技能夠創造更多的工作機會，然而實際上科技也助長了失業。另外，舉凡城市荒廢、貧窮、文盲、反功能的家庭，以及生活不穩定等，都有可能是科技「進步」所帶來的後果。簡單來看，資訊時代可能隱含三個問題：第一，科技發展並未提升人類能力，反而凸顯人的無能，並藉由發明一些特殊的消費者，來掩飾這種「智力之弔詭」（paradox of intelligence）。第二，科技被期望能夠增加休閒時間、個人自由與表達創意，但結果是社會生活中充斥眾多傳播媒介。另外，科技經常標榜一些省時的設計，使得時間變成珍貴資源，但這種情形並未解放消費者，反而使人們面對更嚴重的快速工作之壓力，不只顛覆了原來的放鬆需求，也使個人感覺到自己的自由與創造力每下愈況，此為「生活空間的弔詭」（paradox of lifespace）。第三，科技被認為有助於民主發展，但這點可能只適用於跨國電腦網路中的少數人，事實上，電視才是影響多數人的主要科技創新，它促成一種人們注意力集中而有限的情境，例如美國的政治已變成媒介影像的政治，消費者反而與民主實踐相距更遠，因此出現一種「電子民主的弔詭」（paradox of electronic democracy）（Winner, 1995, cited in Miles, 1998: 70-89）。

如果以海德格的觀念來看，科技能夠開顯也同時遮蔽，因此上述這些問題的產生在於人們總是無法同時注意到這兩個部分，並且過於單獨觀察及評價科技的技術層面與正面效果，另外人們面對科技所產生問題的反應方式，通常是再進一步發展新科技來試圖解決這些問題，因此可預期的是必然再度產生其他新的問題。此外也由於使用者在使用科技時，會伴隨產生調整生活的主客觀需求，然而

隨著使用者範圍擴大，不同的階級、族群、性別及年齡等相關因素所產生的複雜影響，其實已超出當初設計科技時的想像，當然，這裡也意味著科技菁英並非能夠完全掌握人民的生活，並隱含日常生活在其相對不透明性中所具有的抗拒機會。

註釋

1 晚近的資訊社會與數位文化都是屬於強有力的觀念，甚至被視為一種具有普遍性的正面價值，同時也成為一種意識形態（王佳煌，1998），多少已產生某種壓迫性，這對資訊及數位文化原本所追求的方向而言，似乎是個諷刺。

第七章

媒介消費、權力與公共領域

　　媒介消費並非只是侷限於私領域的媒介使用過程，個人的媒介經驗總是會聯繫到外在社會世界，通常人們認爲消費者傾向被資本主義市場收編，並傾向強調個人的情感與愉悅，與公民概念所預設的理性與自主有所不同，因此可能不利於公共領域的發展。然而媒介消費與流行文化的參與者未必只是被動的個體，他們也可能具有社會參與的能力，本章將探討閱聽人生活如何在不同條件下存在社會參與的可能性，進而說明媒介消費與公共領域的關係。

✥ 權力與賦權

　　本節將從權力的概念探討媒介消費對個體可能產生的不同權力效果，並主要以批判性地參考傅柯（M. Foucault）的權力理論來說明閱聽人和社會參與的關係。傅柯認爲現代權力是以細膩、隱藏與精緻的方式運作，因爲這種權力能夠展現最大效能，在透過規訓（discipline）與治理的常態化過程（normalization）中，所有人皆無所遁逃地參與在無所不在的權力關係中。傅柯對權力的探討可分成三個階段，在他的晚期著作中，權力呈現出更爲交錯複雜的性質。已有不少人指出傅柯雖然對現代權力迭有精闢分析，但他的權力觀可能不利於社會批判與抗爭運動，因此最好能夠批判性使用（Deveaux, 1996），然而這些批評的觀點並非絕對的，如果不要斷裂性地切割傅柯的論述發展，藉由前後對照，或能從中獲得值得參考的觀念，以下將借用這些觀念來說明媒介消費中的閱聽人。本節著重權力觀念的反省性使用，第二節的最後將敘述傅柯式的自由及倫

理觀對閱聽人賦權的可能價值。

一、全敞式監視：生命——權力與規訓權力

　　傅柯認為現代權力的重點之一便是要求以最少支出獲得最大回收，而它的主要原則便是規訓（Foucault, 1977），並分別從兩大方向進行：其一，人類身體的解剖——政治學：強調一種被規訓與有用的身體，也就是柔順的身體。因此權力乃聚焦於身體及其能量、它們的效用與溫順、分布與歸屬，如此一來，身體遂變成一個「政治領域」，被刻畫著權力，並由權力構成。其二，人口的生物——政治學：國家政府將重點指向身體的再生產能力、健康、出生及死亡等。所謂人口的生物——政治學就是生命——權力（bio-power），這是一種全新的人口控制及管理的政治，在此國家對人民的控制方式從過去著重禁止、壓制與司法權威，轉變成重視出生率、教育、紀律、健康及人口壽命，也就是轉向一種「常態化社會」。此時也出現抗爭目標的轉變，從政治權利的抗爭轉向「生命權利」的抗爭，也就是追求身體、健康與滿足基本需求等方面的權利。由於前述身體與生命權力兩項重點皆環繞於性，因此性便成為權力的主要標靶，並特別凸顯於十八世紀末的教育學、醫學與人口學等科學中。換言之，權力已從過去的明顯壓迫與支配形式，轉變成一種隱藏與細膩的控制形式。舉凡個體的身體、能力與實踐等無不處於全面而鉅細靡遺的監視中，透過各種詳細的區別與分類技術，不斷強化正常與異常、理智與瘋狂的界線，使人們內化這些判斷進而自我規訓與自我監視，因而達成所謂全敞式監視

（Panopticon）的社會。

這種權力觀使人們能夠覺察到權力在透過看似中性甚或良性的技術與實踐中，悄悄將緊身衣縛在每一個體身上，不過也有學者以女性主義角度指出，這種說明方式存在嚴重問題（Deveaux, 1996: 213-220），此處借用並延伸此一觀點，首先，傅柯在此階段提出的權力觀，是一種化約的主體與權力概念，並未區別不同個體之間的經驗差異，例如年齡、種族、文化、階級等，似乎認為現代生活的所有人和各種制度都具有相同關係，忽略經驗差異可能會轉化成各種不同反應，因而低估了主體與認同建構的複雜方式。其次，傅柯所指柔順身體此一觀念可能對主體性產生縮限效果，視個體如同文化海綿，而非主動的行動者。換言之，他的生命權力模式忽視行動者抗拒管理與規訓的能力，雖然生命權力有助於揭示一些關於身體之控制與管理機制所具有的隱含意義，但也可能會忽略個人與集體的抗爭。因此使用傅柯的生命權力觀念時，最好再補充思考人們如何使用某些策略去調節與抗拒對身體與生活的傷害。

二、權力的對抗模式：「有權力的地方就有抗拒」

傅柯晚期提出權力的對立模式，強調抗拒支配的可能性，認為「有權力的地方就有抗拒」，以及主張個體以細緻方式去反抗固定的認同與關係。這種權力典範特別有助於呈現從屬狀態的多種來源，並證明人們在日常生活中進行抗拒。傅柯不認為權力完全位於國家機器或一些禁止及管制的措施中，並強調應注意權力的生產性以及多元的權力關係，他以為不宜將權力視為二元以及由上而下的力

量，所以應從過去僅注意被支配狀態、強調支配與受害者的二元
化，轉向一種認識權力在日常生活中較複雜與脈絡化的情形，這種
將權力從政治領域中解放出來，並視權力具有構成作用，確實有助
於了解社會、政治與人際關係的錯綜交織。傅柯晚期強調爲了讓權
力關係得以存在，那些被指導或被管理的對象必須是自由的主體，
它有時儼然一種本質論的自由，有時又如同一種條件的自由，在此
個別與集體的主體面對一種可能性的領域，它能夠實現多樣的行爲
方式。傅柯認爲權力有別於暴力與支配，後二者在主體上完全不存
在自由，而只有全然的被動，即使出現任何抗拒，也只能毫無選擇
地予以打壓及消滅。反之，權力關係的存在必須仰賴主體能夠從事
行動與抗拒，主體必須被承認是被加諸力量或被指導的一個人，亦
即對抗的權力是一套針對其他行動而進行的行動，應注意的是，這
並非指支配完全是權力的反命題，相反的，支配是力量與權力關係
運行軌跡的結果，並多少造成從屬狀態，也多少出現主體抗拒的可
能性，但對傅柯而言，權力與支配仍是不同的現象。

　　傅柯在此階段提出的權力觀固然擺脫之前較爲化約的現象，但
依然存在若干問題，首先，他認爲所有的社會關係都受到權力運作
的滲透，也就是權力總是在場，似乎形成一種權力無所不在的宿命
觀。其次，權力的對抗模式認爲權力是循環流通以及被運作行使，
而非被持有，同時也認爲權力是生產的、不可取消的，但也因此而
成爲中立的，無法區分好（較不強制）與壞（非常強制）的社會實
踐。他雖然區別了暴力與權力，但卻忽略這種權力經常轉變成暴
力。因而傅柯的理論往往被認爲不存在規範性基礎，破壞了促成社
會變遷的努力，而且還可能使支配變成平等。他這種處理主體的方
法，無法讓人了解自由及不自由、賦權（empowerment）與反賦權

（disempowerment）的經驗。事實上，他的對抗權力並未反省支配現象，也未反省兩個自由行動者之間權力互為主體的作用情形。權力的對抗模式是雙面的，一方面它可用來擺脫簡化的、二元的權力觀念，但另一方面它無法提供一個有力的能動（agency）觀念。其實，探討自由時必須同時注意行使選擇時的內在障礙，以及阻礙其實現的外在障礙，例如許多實踐與習慣常具有不易覺察的反賦權效果。再者也必須承認某些經驗猶如表達出對權力的抗拒，譬如能讓人表達期望的權力，與其說是除去外部障礙，還不如說是一種內部賦權的開始，因此人們應注意制約自由或選擇的內在意識過程，並檢視權力與支配的外顯特性，自由並非只是主體操弄策略或抗拒的客觀可能性，還包括在特殊脈絡中是否覺得賦權，但傅柯的主體自由乃植基於客觀的抗拒，忽略了權力的主觀層面。總而言之，傅柯在這方面有四項缺失（Deveaux, 1996: 220-226）：其一，誤以為自由的能動是權力的一項必要特性。其二，未考慮到能動與選擇的內在障礙。其三，不當地區別權力與暴力，忽略前者會轉化成後者。其四，未注意到在許多社會中，某些人的自由是建立在其他人的不自由之上，例如男人的自由是建立在女人的不自由之上，而非基於一個能夠自由操作策略的對象。

三、知識／權力：真理政權

傅柯認為現代社會利用知識／權力的論述、藉由聯繫到真理的生產，進而建構與區別認同，並特別透過性論述而產製出現代主體（Foucault, 1980），所謂性別是經由重複的文字、行為、姿態、慾望

而被論述性與物質性地建構而成，認同源自管理的實踐，源自現代西方牧養式權力的興起，這種權力具有一種救濟取向，既是個體化的，同時也是整體化的，並與眞理生產有關，特別是有關個體自身的眞理。這種結合區別技術與眞實論述之技術，將個體侷限於一種狹小與建構的認同中，進而形成各種現代的主體範疇。同時一些弱勢的性認同亦是經由孤立、凸顯與凝聚一些邊緣的性取向而建立。傅柯相信需要將政治抗爭予以去性化（desex），這是指一個「解放」計畫的焦點，其主要任務應該徹底質疑那些有助於造成個體範疇化與迫害的論述，透過將認同視爲論述的效果，以便動搖固定認同，進而開啓新的與前所未見的能動可能性。

　　傅柯這部分的權力觀出現幾個值得注意的現象（Deveaux, 1996: 230-231）：其一，他只著重破壞或拆解固定認同，未注意人們重新建構認同的過程，例如他忽視社會抗爭的參與者覺察與創造性建立其認同的方式。另外，他也否定了個人與團體的定義與肯定具有重要性。認同政治並非僅植基於認同，還必須奠定於了解政治即共同生活的藝術。所以政治若忽略人們的認同，並使它們成爲私人的，那麼就會變成無用，當然，非協商的認同也會造成奴役。其二，輕忽了策略的本質論，亦即在重新挪用與顛覆一個認同之際，亦同時了解它的歷史偶然性。其三，忽視主體對自己受壓迫條件的了解，也忽略了能動與賦權。

四、媒介消費與賦權

　　依據上述的說明，傅柯的權力論述雖能洞察現代權力的特性，

但同時也可能弱化批判與行動能力，誠如許多人指出，傅柯的理論缺乏一個規範性基礎，以致無法區分正當與不當的權力，往往將權力中性化，所以可能導致無力強調抗拒及抗爭的必要性（例如：Simons, 1995)。雖然以上對傅柯的權力與主體之討論，主要源自女性主義的觀點，但這些評論與反省對於探討閱聽消費者的日常生活，應具有重要的參考價值。簡言之，如果期望閱聽消費者不只是被動受到媒介操弄，並希望閱聽人能發展出積極與批判的能力，那麼或許有關媒介消費的論述就不宜過度強調閱聽人是無力的，而應釐清他們在日常的媒介使用過程中所能行使的權力，並進一步指出這些權力可用來進行抗拒的方式。賦權不應只是一種權力關係，或試圖指引他人的行為，經由自我認識而賦權（即使在極度限制的條件中）尤為重要，所以應該進一步了解主體如何詮釋自己的經驗。

這裡再次引用女性主義對傅柯的反省（Deveaux, 1996: 234），而提出探討閱聽人的賦權時應注意的權力概念：第一，應探討閱聽人面對社會建構過程時的反省與反應方式，藉以避開一種靜態與被動的主體性概念。第二，避免過度強調權力的對抗模式，包括認為所有關係都受到權力滲透，以及權力vs.暴力與支配之簡化的二元對立，而應注意人類主體所經驗到的反賦權與壓迫的多樣來源。第三，重視閱聽人賦權的課題，探討他們自主與自由的能力，以及促進成長的條件。

在消費主義的時代，閱聽人身處媒介充斥的環境中，無疑必須面對資本主義商品化與政治公關行銷等政商勢力，無所不用其極地利用媒介或與媒介合謀去進行各種操弄，閱聽人也確實不斷承受許多規訓權力的影響。正因為如此，所以更有必要與迫切去探討及提升閱聽人在媒介消費過程中的可能潛能，唯有如此方能進一步去構

想傳播社會的未來發展，並讓閱聽人成爲其中的重要參與者。

媒介與公共領域

許多人認爲消費社會的問題之一，便是可能使社會公民變成消費者，由於前者預設著理性的行動者，而後者則傾向在商品市場中失去自主性，因此消費成爲可疑的課題，特別是傳播媒介的商業化發展，不少人認爲閱聽人可能成爲資本主義的祭品，並削減了社會中的理性互動空間，本節針對媒介對公共領域發展的影響，說明其中可能涉及的不同觀察角度，並進一步反省閱聽消費者的可能反應與力量。

一、媒介消費、互動與公共領域

(一)傳統的公共領域

目前有關公共領域的討論，多數皆參考德國社會學家哈伯瑪斯（J rgen Habermas）的觀點。大體上，哈伯瑪斯說明公共領域的發展過程時，描繪公共領域在社會變遷中的興衰史宛如一個敘事，包括公共領域的崛起、興盛與沒落，隱然流露出一種對理性式微的感傷。哈伯瑪斯在他的說明中，設定了一個理想的社會互動情境，在

此理性個體能夠在不受權力影響下共同討論公共議題，不過這個理想模式及其要求的條件，經常被認爲未必適用於當前社會發展的特性，尤其是在各種社會問題、社會運動及傳播科技等影響下，或許有必要重新思考公共領域的定義。

　　基本上，哈伯瑪斯設想的公共領域模式主要源自十八世紀歐洲的哲學與社會，亦即這個概念具有特定的歷史背景，他說明的布爾喬亞公共領域，係意圖對抗各種傳統封建社會中政治獨裁與監控造成的政治障礙，在它的全盛時期主要是透過各種沙龍、藝文社團、自由報業，以及革命性建立的議會及民主制度等，成爲公民從事社會參與與發表意見的重要管道，然而在晚近資本主義經濟與國家的壓力下，公共領域漸趨萎靡不振，社會中的理性力量日益受到商業勢力的破壞（Habermas, 1989）。一般而言，上述這種理想的公共領域之特性在於公共性與理性，其具體彰顯在公民能夠在特定的公共空間中，平等、自由與理性地面對面，討論一些有關共同利益的公共事務議題，這也是代表民主社會中人民躋身公共論壇以及參與公共事務的重要指標，強調現代社會透過對話方式而獲致理性共識的可能性。

　　然而這個模式畢竟有其特定脈絡，隨著社會變遷，哈伯瑪斯的公共領域概念便顯現出不足之處，例如他的公共領域只是布爾喬亞的公共領域，然而當前社會似乎還需要多層次與多樣性的公共領域，甚至是全球範圍的公共領域，後者主要是針對資本主義全球化的發展。其次，哈伯瑪斯重視理性對話，要求參與者在共同空間中彼此互動與討論，然而這種強調人們的共同在場（co-presence）是否爲必要條件，特別在電子媒介發達的當前環境，似乎公共領域應納入非面對面的遠距互動或媒體中介互動的情境，進而使公共領域

透過傳播媒介而延展與擴大（Thompson, 1995）。再者，理性是否為公共領域唯一可接受的心理特質，情感與熱情等非理性成分是否也可能在公共領域中扮演正面與積極的角色。另外，在哈伯瑪斯的說明中，公民之間的權力均等是公共領域得以成形的重要因素，然而權力均等畢竟是一種烏托邦的理想，背離絕大多數的政治現實，如此一來似無法充分說明若干歷史事件，例如二次大戰後有關民權與女權的發展與成長。這些對公共領域的不同觀點皆有助於思考公共領域的未來發展。

(二)媒介與公共領域

　　傳播學者達爾袞（Peter Dahlgren）認為公共領域的討論包含四個向度：媒體制度、媒體再現、社會結構、社會互動。這四個向度彼此環環相扣，並相互成為對方的條件。媒體制度包含媒介的組織、財務、管理等；媒體再現主要著重媒介內容；社會結構指構成公共領域之歷史條件與制度環境等巨觀因素，這些結構要素包括社會的制度性設計、社會階層、權力關係、國家、經濟、政治與法律層面、整個教育體系的性質及其在社會秩序中的地位等。社會互動則指公民的面對面互動、相關的主體性與認同，以及媒體與公民之間的收訊過程。達爾袞強調應注意公共領域的互動面向，例如，雖然收看電視大部分是屬於個人的事，但收視獲得的經驗仍會進入社會互動，固然多數收視情境是在家庭中，被認為屬於私人空間，但這種場所正是討論公共事務的可能起始之處，因為收訊通常是互動的第一步，另外，互動不只與人們交談的內容有關，還與源自互動之互為主體性及認同過程有關，它們會形塑一種歸屬感以及參與社

會的能力（Dahlgren, 1995: 11-12, 18-19）。

　　達爾袞進一步指出公共領域的互動向度可再區分為三個層面：論述的、空間的與社群的。論述層面是指公民之間普遍出現的討論性質（亦包含人際溝通的非語文形式），主要包括論述的資源與內容，例如特定群體使用的理解與認識方式，以及這些方式和政治能力的關係，儘管主要的政治傳播形式常有壓迫層面，但如果人們不曾運用這些對象或類似之物，便會被排除在民主參與的過程外。空間層面是指社會互動的場所與情境，包括公民相遇的地方，以及其中促進或阻礙互動的因素，例如都市或郊區的建築特性、治安情況、家用媒介科技等。空間層面與論述層面關係密切，二者共同界定出互動的脈絡與情境。晚近網際網路巨幅成長，包括資料庫、電子郵件、電子布告欄與各式的虛擬真實，這些網路空間雖可被用來促進公共領域的發展，但也應注意對網際網路的政治控制與經濟支配正方興未艾，達爾袞認為不管虛擬真實具有怎樣的優點以及如何有助於民主發展，一個民主的公共領域與民主的社會秩序都不能只存在於網路空間，還必須具備面對面的互動（Dahlgren, 1995: 19-20）。

　　社群層面指公民之間的凝聚力，有人以為現代社會著重親密性，所以破壞了公共文化，因為人們期待的理想關係或有效關係都是屬於親密的關係形式，進而視陌生人為一種威脅，這種情形會破壞人們以公民身分進行互動及交換意見的機會。雖然政治哲學對公民的社會關係一直都有爭論，但顯然一種起碼的集體認同還是有其必要，如果社會成員之間不存在某程度的休戚與共，則民主秩序便無法運作。人際討論即凸顯與預設公民之間的某種社會連帶，這便是互動面向的重要性所在，也就是討論具有建設性，它是日常社會秩序的基礎，經由互動討論，社會世界方才透過語言而被建構與維

持。討論能夠產生前所未見的結果，從建構主義的觀點來看，討論代表社會世界的持續生產，不斷製造、循環與重製意義。以公共領域觀之，它必須透過互動來發展與促成政治認識與理解的過程，所以公共領域的重點在於經由討論而進行社會互動，並強調公共性的概念乃發生於特定情境的論述互動（Dahlgren, 1995: 20-21）。社會互動具有許多面向，達爾袞認為最重要的就是主體性與認同。以常識來看，主體性與人們腦中想法有關，並進一步聯繫到公共領域，舉凡意見與態度、價值與規範、知識與資訊、參考架構與關聯性系統、世界觀等，皆是公民參與民主溝通過程中的重要特性。簡言之，媒介消費過程能夠逐一將收訊、互動溝通、認同、歸屬感、參與與公共領域等項目串連起來，把看似個人的閱聽行為聯繫到公共領域。

　　達爾袞雖然說明了媒介與公共領域的關係，但他在強調公共領域的互動面向時，依然認為空間與對話是不可或缺的要素，基本上還是屬於哈伯瑪斯的思考範圍，似乎尚未能充分考慮到日常生活中媒介科技使用經驗的特性，以下將引用傳播社會學者湯普生（John B. Thompson）的理論來彌補這個缺憾。

(三)媒介社會中公共領域的更新及發展

　　湯普生認為隨著社會變遷進入到目前以電子媒介當道的環境後，哈伯瑪斯的公共領域觀念其實已顯得有些左支右絀，因此務實作法便是因應傳播媒介的發展特性以及閱聽人的媒介經驗，進而修改與調整公共領域的概念，這種作法並非意圖揚棄哈伯瑪斯的觀念，而是在他的基礎上從事進一步的延伸與擴充，使之成為一個更

豐富與實用的模式，對此湯普生稱之為公共性（publicness）的重新創造（Thompson, 1995: 235-265），以下說明湯普生的看法。

1.管理的多元主義與審議民主

湯普生在探討現代社會中媒介與市場及國家之間的關係時，主張一種管理的多元主義，以及審議民主的概念。

■管理的多元主義

湯普生認為公共領域此一觀念所預設的公私二元對立包含兩層意義：其一，指國家與國家以外之日常活動及生活的關係。其二，指可見度（visibility）與隱匿性（invisibility）之間的關係（Thompson, 1995: 235）。所謂公共性的重新創造必須在這兩個層面上進行，易言之，必須超越國家之外創造新形式的公共生活，因為當前的公共性必然出現於一種象徵環境內，同時這個環境還會超越特定的民族──國家之界限。

媒介產業和其他產業一樣，主要受獲利率邏輯與資本累積的影響，然而獲利率與促進多樣性之間並無必然關聯，因此問題在於如何建構一種公共性，使之能夠既不屬於國家的一部分，亦不全然依賴市場的自主運作過程，湯普生認為達成此一目標的最佳方法，便是確立一種管理的多元主義原則（the principle of regulated pluralism），這是指建立一種制度性架構，以便適應與確保獨立媒介的多元發展。這項原則重視傳統自由派立場的強調言論自由以及支持獨立於政府權力的媒介，同時也認為市場自行運作不必然能維持傳播領域中言論自由與促進多元的條件，所以為了確保這些條件與促成這些目標，自然必須干預及管理市場，方能使多樣性與多元主義不致受到經濟與象徵權力集中化的破壞。所以管理的多元主義有兩項要求：第一，分散媒介資源：為了反對媒介產業的資源集中化，不

僅必須透過限制性立法，還須透過促成性立法，爲那些獨立於企業
財團的媒體，建構適宜的發展條件。第二，媒介機構與國家分離：
除了對媒介產業進行立法干預外，也要求媒體機構必須與國家明確
區隔，以便使媒介能夠自由批判政府的政策與官員表現。這兩個面
向爲媒體發展提供一個寬廣的制度性空間，但並不詳細或具體訂定
媒介產業的所有權與控制形式，湯普生認爲規定最適當的媒體組織
形式是不切實際的，因爲媒介所有權形態不必然決定媒介內容與品
質，商業化的媒體也不必然因爲商業目標就會導致批判力量弱化、
品質下降，或壓縮公共論述，所以爲了追求多元與豐富的媒介環
境，應鼓勵發展多樣的組織形式（Thompson, 1995: 240-242）。

■審議民主

民主概念在現代社會的主要落實方式便是採行代議民主，然而
代議民主所產生的問題可能破壞民主觀念的正當性基礎，其中主要
問題爲（Thompson, 1995: 250-253）：第一，代議民主已伴隨出現
人民對既有政治制度產生高度的犬儒心態與幻滅感。第二，代議民
主發展出由市場造成的一種複雜的不平等現象。第三，藉由將民主
實踐轉換成一套規則，進而界定政黨競爭與行使權力的條件，如此
一來代議民主拘限了這些實踐的範圍。第四，代議民主只能在民族
國家（nation-state）的層次上被制度化，然而現代社會的全球化趨
勢已使這種限制成爲問題。

湯普生認爲面對這種情勢的因應之道便是發展審議民主
（deliberative democracy），所謂審議民主並非代議民主之外的另一
種選擇，而是代議民主的進一步發展與充實。審議民主是一種民主
概念，它視所有的個體都是自主的行動者，能夠經由吸收各種資訊
與不同觀點而形成理性判斷，並藉由設立許多機制來將個人的判斷

納入集體的決策過程中。審議的民主概念特別重視形成判斷與採行決策的過程，呼籲個體儘量考慮不同的選擇，衡量不同的理由、主張與觀點，進而形成理性的判斷。在審議民主中，一項決策的正當性源自它是經過一個普遍深思熟慮的過程，審議的概念並不假定每個人具有一個預設立場或一套偏好，也不認為正當性僅是個體偏好的累計總和，相反的，審議過程的重要性在於經由這些過程而能讓人民形成意志，所以審議過程必然是開放的，強調只要提供更多資訊，讓個體多方考慮其他人提出的主張，他們就能反覆斟酌並逐漸修改自己原本的觀點。當人們試圖去考慮他人的觀點時，他們也同時擴大了解範圍。這個開放過程可能因投票而暫時封閉，但只是標記出特定人民在特定時間點上參與審議過程，在此架構內多數原則為決策提供一個正當化的基礎，多數人暫時被說服接受特定方案的優點，之後多數人可能被說服接受另一個方案而形成另一個決策。應注意的是，湯普生強調審議民主的概念並不必然是一個對話的概念，理性判斷的形成並不要求個體一定要參與和他人的對話，其實讀書或看電視並不遜於面對面談話，理性判斷的形成也並不必然侷限於共同地點的面對面互動，因而人們能從象徵交換的對話形式中解放出來。事實上，有時候人們聚在一起進行面對面對話，反而可能阻礙理性判斷。最後，支持審議過程不必然等同認為直接及參與的民主才是建立審議過程的最佳機制（Thompson, 1995: 255-256）。

湯普生透過強調審議民主的觀念，讓媒介在民主社會中能扮演更積極的角色，以下敘述他藉由指出當代電子媒介的特性，以及閱聽人的社會經驗，進而說明傳播媒介對公共領域的影響。

■媒體中介的公共性

對湯普生而言，傳播媒介的發展已創造出一種新的公共性，它

迴異於傳統的公共生活之概念，這種媒體中介的公共性，並非許多個體聚集於一個特定地點，以討論共同關懷的議題，相反的，它是一種開放與可見的公共性，同時這種可見性不再涉及共處一地。換言之，這種重新創造的公共性超越傳統認為公共性即共同在場（co-presence）的觀念。

●媒體中介的準互動：遠距的親近性

　　前面第六章第二節已說明湯普生對傳播科技與社會互動的探討，以下再次摘述其重點。湯普生將社會互動分成三種：面對面互動、媒體中介的互動、媒體中介的準互動（mediated quasi-interaction）。它們可依據四項屬性（互動的時空層面、象徵線索、行動取向、對話或獨白）呈現不同特性。第一，時空層面：面對面互動必須具有一個共同的時空情境，也就是一種共同在場的脈絡。媒體中介互動並不須共同在場，例如寫信或打電話的雙方是處於不同的脈絡中。媒體中介的準互動也是透過傳播媒介（譬如書籍、報紙、廣播、電視等）來建立社會關係，所以它也不需要共同在場的情境。第二，象徵線索：面對面互動的參與者通常會使用多樣的象徵線索來傳達與詮釋訊息，例如利用表情、手勢或姿態來補充口語表達。媒體中介互動所使用的象徵線索較為有限，因為這種互動大都會弱化某些唯有共同在場才能使用的象徵（例如表情或姿勢），但另一方面也強化其他線索（例如寫信時的文字，或打電話時的聲音）。媒體中介準互動所能使用的象徵線索，也由於不具共同在場的特性而同樣較為有限。第三，行動取向：面對面的互動參與者通常將自己的行動指向特定具體的他人，媒體中介互動的參與者也多是如此，但在媒體中介的準互動中，被產製的訊息往往指向不確定的一群人，也就是潛在的閱聽人。第四，對話或獨白：面對面互動與媒

體中介的互動在這方面都具有對話的特性，但媒體中介的準互動卻傾向獨白。雖然如此，但湯普生強調媒體中介的準互動依然是一種互動，它創造一種情境讓人們共同聯繫於一個傳播與象徵互動的過程，它也是一種結構的情境，人們在此的主要工作，是產製訊息並傳達給一些並未共同在場的他人，以及從一些無法回應的他人接收訊息，但卻還能形成某些友誼、欣賞與忠誠等關係（Thompson, 1995: 81-100）。

　　媒介中介的準互動具有兩項重要性：第一，由於這種互動形式跨越了時間與空間，所以可讓一些彼此並未共享時空脈絡的人感到一種特殊的親近性，易言之，它可能形成一種所謂的「遠距的親近性」（intimacy at a distance）。第二，媒介中介準互動建立的親近性形式並不具有相互性或互惠性，亦即它雖是一種親近性，但卻不涉及面對面互動特有的相互性與共同性（Thompson, 1995: 219-223）。

　　這種遠距與非相互的親近性對個體具有某些吸引力，它既能享有同伴的利益，卻不必承受面對面互動常有的要求，它形同提供一個機會讓個體以替代方式探索人際關係，而無須面對彼此承諾的壓力。經由這種準互動而認識的遠距他人，多少能被隨意置入日常生活的不同時空點中，他們是規律與可靠的同伴，能提供娛樂、建議、描述遠方事件、作為談話題材等，並且這些皆能避免面對面關係特有的要求與複雜性。這種關係的非相互性並非指閱聽人會受遠距他人的操控，或無法進行任何控制，相反的，由於事實上他人並非處於閱聽人的時空場所，也未與閱聽人面對面互動，此意味著閱聽人能依據自己希望來形塑和遠距他人建立及維持的關係。經由這種互動而創造的親近性其吸引力主要在於，它讓閱聽人有相當大的空間去界定參與的種類，以及模塑親近他人的性質，閱聽人能不受

限於面對面互動的真實定義，而去解讀這種經由媒介而認識的他
人。

　　日常生活經常出現這種非相互的與親近的遠距他人，例如新聞
主播、談話性節目主持人、演員、偶像明星等，他們經常被討論，
並常被親暱稱呼。不過這種關係有可能變成個人生活的重要成分，
甚至開始遮蓋其他面向，進而造成重新定義日常互動形式，甚至有
時還會出現痛苦與混淆的後果。

●媒體中介的公共生活

　　由於傳播媒介對社會互動的影響，因此公共領域的概念也必須
隨之改變。傳統的公共性模式係源自古希臘城邦的集會與市集廣
場，傳統模式強調人民的共同在場、人們於共同地點聚集一起、面
對面地參與討論共同關懷的問題。這種模式是以空間與對話的角度
來定義公共性。但今天人們必須承認傳統模式已不足以思考及說明
公共生活的性質，傳播媒介的興起已創造新形式的公共性，這種媒
體中介的公共性並不受限於時空脈絡，它們脫離共同情境中行動與
事件的可見性，同時多數還是非對話的，此因為傳訊者與收訊者之
間的角色分化，所以產生藉由媒介的象徵交換過程，形成非對話性
的互動。簡言之，媒介創造一種新的公共性，它是由可見性（the
visible）的空間所構成，在此媒體中介的象徵形式能被許多不在場
的人進行表達與接收。媒體中介的公共性是一個非地方（non-local-
ized）的空間，也就是它並不固著於特定時空點，因此它是一個開
放的、可能性的空間，但它不是一個「地方」（place），不是個體表
現行為與互動的特定地點，因此媒體中介的公共領域延展於廣泛的
時間與空間，並具有全球範圍的可能性。此外，媒體中介的公共性
是非對話的（non-dialogical），也就是訊息的傳達者與接收者通常

並不彼此交談。這種新式的公共性是一個開放的空間，亦即它是一個創造性與無法控制的空間，在此能出現新的象徵形式、文字、影像、資訊，因而無法明確預期與控制它們造成的後果（Thompson, 1995: 244-248）。

由於上述公共性的特性，所以不難了解二十世紀晚期社會與政治生活中有關可見性抗爭的重要性，以前的可見性有賴於共同地點，但今天由於電子媒介高度發達，追求承認便必須追求可見性，人們要求自己被聽見與看見，不再只是現代社會政治世界中的瑣碎小事，反而成為重要目標。媒介藉由創造可見性與曝光度，使日常生活政治化，如今一些日常事件都可能成為行動的觸媒，進而擴散到更廣大的社會中。

湯普生認為哈伯瑪斯的公共領域概念是一個空間與對話的概念，未必適用於現代世界的行動與溝通特性。媒介創造的公共性能夠超越傳統概念的限制，使公共領域朝國際及全球層次發展，如今任何一個周延與可行的傳播政策，都必須把國際面向置於核心，特定社會中公共領域的多元性都會日益依賴國際層次上多樣性與多元主義的發展。傳播媒介能夠協助涵養一種對共同命運的責任感，它們能創造一種不受限於地方社群的倫理意識，並擴展到一個更廣泛的層面。媒介可以協助開啟一種「責任的民主化」，也就是愈來愈多人感覺到關懷遠方他人已日益變成日常生活的一部分（Thompson, 1995: 258-265）。由此觀之，傳媒發展可促成人們更敏感地感受到休戚與共與彼此互賴，也就是激發一種責任感，這種意識能擺脫傳統倫理概念的種族中心主義與時空限制，並更能適應於一個日益相互關聯的世界，亦即認識到自己的行動可能影響遠方他人，且有能力超越當下情境的因果關係去進行更寬廣宏觀的判斷，

簡言之，媒介創造的公共領域隱含一種全球責任的倫理。

二、閱聽人與社會參與

　　從以上的觀點來看，閱聽人在使用媒介的過程中，蘊含著參與公共領域的可能性，同時還可能使這種社會參與的範圍遠遠超過以前有限的程度，然而這種媒介和社會參與之關係的建立與維持，不僅是由於傳播媒介所發展的特殊互動形式，還包括媒介內容的文本特性。一般而言，人們常認為唯有公共事務相關的資訊才與公共領域有關，然而其他種類的訊息及文本是否亦能聯繫到公共性與社會關懷，亦是值得注意的探討重點（盧嵐蘭，1996），以下說明流行文化或人情趣味新聞與公共領域的關係。

(一)流行文化與公共領域

　　長久以來在文化領域中，精緻文化與流行文化或者高級文化與通俗文化之間一直被認為存在優劣高下之別，文化研究致力打破這種狹隘的觀點，進一步探討流行文化的社會與政治意義，這種情形也出現在新聞領域中。

1.質報與小報

　　一般而言，在傳統新聞專業的觀念中，新聞之所以被視為一種優越的文化形式，它的客觀正確性便是取得正當性的基礎之一，新聞以其宣稱不同於娛樂及廣告而作為一種正經嚴謹的文本，進而獲得某種特殊的社會地位。隨著商業勢力的影響，新聞領域出現的小

報作風以及資訊娛樂化的現象，通常都會被質疑其專業性，不過也有人認為質報與小報的區別並非截然二分，許多新聞媒體時而採取嚴謹態度、時而表現八卦傾向，經常出現變化或混合的情形。

堅持傳統新聞價值的人多不滿小報新聞，認為後者只是呈現瑣碎訊息、轉移人們對重要事務的關注、誘發人性較低層次的本能，這種新聞所產生的流行文化也被認為具有一些負面效果，主要由於它們的節奏較快，並結合一些聳動成分，往往未能有助於理解與反省。再者，新聞的小報化也使政治領域的運作出現變化，例如，傳統政治體系的三大力量依其重要性分別為決策的權力、設定政治議題的權力，以及動員民意的力量，然而由於新聞媒介的報導風格變化，目前這種重要性順序已然倒轉，動員民意在政治運作中反而具有更重要的角色，同時，政治場域中的主角已從過去的政黨轉變成如今的個別政治人物（Dahlgren, 1995: 57）。

但也有人以為傳統新聞與小報新聞的差異，並非種類不同而是程度差異。事實上所有的新聞皆包含小報式的成分，小報新聞之所以成為無價值的新聞，是由於其過度渲染及獵奇的格調，它將某些新聞慣例與原則予以誇大並直接呈現出來。這種小報新聞之所以備受指責，並非由於其譁眾取寵與欠缺道德感，而是因為它們肆無忌憚地公然運用正統新聞所壓抑與隱藏的一些媚俗與炫耀技巧，小報新聞被嚴厲批評，或許就在於它們更過分地操作這些技術，易言之，小報新聞公開表明其重視手段的性格，並公然炫耀新聞的建構性（Langer, 1993）。這種說法或許會被認為過於貶低傳統新聞的價值，並意圖混淆質報與小報的分野，進而為小報尋求藉口，不過卻也尖銳地指出新聞的某種特性。

不管是質報或小報新聞都包含敘事成分，說故事在縮合新聞與

流行文化上是一重要關鍵，敘事是一種認識世界的方式，它可以和分析模式形成互補，分析的特性是強調資訊與形式邏輯，故事模式則著重敘事邏輯，藉由計畫性的情節安排而產生一種連貫性與緊密性。分析與敘事這兩種模式雖然不可彼此化約，但卻往往交錯糾纏。一般而言，新聞旨在告知世界發生的事件，也就是著重分析模式，但也經常以敘事模式來達成此目的。敘事的重要特性之一，便是它們會製造屬於自己的「世界」，因此當敘事的連貫性與緊密性愈強時，分析模式所具備的功能就愈弱。敘事的另一個特性是，通常一般故事的基本形態及變化情形都相當有限，亦即重複性很高，因此有些新聞便經常出現某種相似性。敘事包含特定組成要素，能讓具備文化能力的閱聽人容易辨識，同時這些組成要素也限制了意義建構的範圍，並能促成文化整合（Dahlgren, 1993: 14-15）。所以新聞中的敘事模式有助於閱聽人融入社會，建立與維持個人對社會文化的參與及認同，這點對小報及其產生的流行文化而言，可能是更值得注意的一種功能，因為小報新聞的敘事成分往往高於質報新聞。

2.流行文化的生產性

　　人類學及文化學者柏德（S. Elizabeth Bird）在探討媒介報導醜聞時認為，這種屬於八卦小報的新聞其實具有某些意義與功能。她指出醜聞這種新聞通常採用敘事形式，而非精簡的倒金字塔的新聞形式，通常閱聽人偏好敘事性質的新聞，因為敘事有助於人們整理關於世界的實然及應然等觀點，故事是一種連貫統整的敘事，具有清楚的重點，能讓人們快速確認出來。社會上有許多事件都可能變成大型的媒介醜聞，但實際上並未如此，主要因為若要變成一個真正的醜聞，媒介的說明必須能夠引發民眾的想像。一般的小報或八

卦新聞，通常都有清楚的道德涵意，並凸顯出戲劇化情節，同時這些情節也提供許多討論與批評空間，由於這些敘事經常強調善惡分明，所以閱聽人會去思考這些驚人的事件何以發生。長時間被報導的醜聞，必然會成為人們的談話題材，這種新聞經常具有一種令人思索的特性（例如，雖然錯誤已經造成，但為何會發生），也就是會引發閱聽人的思考與道德判斷，當然也包括一些訕笑、嘲諷或無禮的評論。醜聞並非明確與封閉的文本，它們是開放的，因而可被加諸許多不同意見與解釋。

當人們思索問題時，會傾向從自己的經驗去找尋答案。人們對醜聞好奇的程度總是和醜聞與自己生活的關聯性成正比，這是一種新聞的「個人化」（personalization）現象，也是人們樂於閱讀這種新聞的原因之一。個人化過程的重要層面之一就是它具有一種參與性。當人們試圖理解一則新聞時，會去參與一些意義協商過程，人們會想要知道他人的看法，並與他人交換意見，彼此從對方與他人的意見中獲得有助於理解新聞的成分。醜聞能夠引發愉悅，閱聽人對一些明顯踰越道德規範所造成的社會混亂，經常夾雜著幸災樂禍的嬉鬧感以及鄙夷不屑的嫌惡感。也有許多人之所以喜歡人情趣味新聞，是因為認同新聞中的人物，他們的不幸引發閱聽人的情緒投入，而這種情緒投入特別會在大型的人情趣味新聞中持續發展。這種投入程度很清楚地伴隨著一種故事的個人化、一種擬情心理，不過有些醜聞也會去除擬情的感覺，進而創造出閱聽人與故事之間的距離，例如當多數人認為已知道新聞的「結局」或「意義」，並了解其中實際的道德教訓時，或者是閱聽人讀完新聞後，覺得雖然他們都是真實的人，並發生了不幸的事，但畢竟只是一則故事而已。通俗劇是關於生活的踰越面向，如同傳奇及笑話，一旦某些事變成

一齣極端的通俗戲碼，則其中涉及的人就會變得較不眞實，進而傾向卡通化與象徵化，另外，那些涉及醜聞的名人也會成爲民眾用來探討自身道德規範的道具（Bird, 1997）。

所以醜聞是一種開放的新聞文本，對閱聽人而言，在解讀過程中可參與不同的意見與反應，並從中進行道德判斷及獲得愉悅，它既可能產生擬情，也會造成距離，這種新聞及其代表的文化形式在閱聽人日常生活中具有特殊的意義。

換言之，過去對八卦小報新聞的看法多強調其負面性質與效應，實則可能忽略其中還另外包含其他層面，例如某些文化研究便試圖探討這種新聞的文化生產性。

傳播學者費斯克（John Fiske）認爲，通俗小報新聞的題材通常都是公領域與私領域之間交叉地帶的產物，它的風格往往是聳動的，有時懷疑、有時又道德八股，它的語調是民粹的，形式上變動不定，游移於事實／虛構、新聞／娛樂之間，從而打破這些二元對立的形態。小報八卦新聞經常呈現簡化的道德訴求，並將複雜事件化約爲簡單的因果模式，它們多以兩種方式來處理規範：第一，質疑科學理性主義與傳統信仰的權力：傳統的新聞專業傾向將事實／虛構之二分法予以常態化，但小報新聞則反其道而行，這種新聞之所以受歡迎，不只在於它質疑官方權威式的觀點與說明，而在於它將觸角伸入日常生活，進而形成一種觀念，即認爲假使這些官方觀點的說明不完備，那麼它也不能統治我們的生活。第二，通俗小報新聞不只超出規範，也會使規範過度化：兩者都是一種策略，意在引發矛盾的解讀。對規範的懷疑與踰越能促動相信與不信之間的協商，至於規範過度化則能促成接受與拒絕之間的協商。新聞的聳動性便是一種過度化的展現，將原來視爲理所當然的規範予以放大誇

大，藉此，規範不只被誇大，還被不正常化及病態化，因而出現被批判與顛覆的可能性（Fiske, 1993: 50-52）。

在一些談話性節目中，屬於一般民眾的來賓依據節目提出的問題，重新說明自己的日常經驗，並提出自己的意見與解決方法。這種節目是通俗的，不只因為它誘導懷疑並鼓勵一些平常被壓抑的資訊，同時它還會凸顯官方在面對人民時所暴露出的不適當性。這種節目結束時通常不會有最終答案與真理，也就是新聞若要通俗化，就必須能促成對話，這種討論新聞的方式便是使新聞成為流行文化的典型方式，易言之，流行文化就是一種參與的文化，開放式的談話性節目能讓各種民粹的聲音彼此激盪，並在對立的知識中構連其民粹主義，且呈現文本的不完整性（非封閉性），它們唯有在不斷的對話中才能達成進一步的完整。同理，懷疑是一個不穩定的立場，需要人民的參與，並將之安置於相信與不信的各種態度中，但這種操作有其風險，因為它位於文本知識的控制之外，也就是在社會權力之外（Fiske, 1993: 53-54）。簡言之，在此過程中，人民被重新告知相關的資訊，並參與這些更新的資訊告知活動。另外，官方觀點必須被通俗及流行文化之生產性予以重新改造後，才能和一般人的日常生活產生聯繫。所以，流行文化並非與公共生活完全無關的一種文化形式，而是個人與公領域之間的重要銜接及轉換過程。

(二)媒介消費與社會參與

文化領域是一個重要的爭霸場域，人民的能量會不斷被各方勢力收編，所以閱聽人的社會參與有其複雜面向。

1.閱聽人在媒介消費中的潛能

■文化領域中人民的被收編

　　雖然所謂流行與通俗通常與廣大群眾有關，它們是大眾關心、喜歡或不滿的事，但人民的文化生活愈來愈受專業人士的影響，而這些專業人士往往和他們的閱聽人有著相當距離，例如文化產業掌控者的主要動機多為獲利，導致文化產品的標準化與劣質化，因而產生備受批判的大眾文化。從文化研究的觀點來看，人民與權力集團之間並非只是一種階級對抗，而是文化領域上的對立與矛盾，換言之，人民與權力集團二者並非獨立的實體，而是彼此處於對立的關係中。權力集團代表支配勢力的聯合，表現於政府、政治活動、工業、媒體、教育體系、法律等制度，這些制度的利益雖有其相對獨立性，但就長期而言，它們最終還是形成聯合陣線。在某些議題上，媒體可能抨擊政府，法律可能會限制產業或媒體，但這些限制與爭執被認為源自共同利益的原則。權力集團並非一個階級，但基於利益一致，遂由若干勢力相當的團體展現出社會權力。十八世紀的權力集團建構出公共領域，並由他們控制公共領域的議題與討論形式。權力集團藉由公共領域而施展權力，並使之正當化，且進而使其成為民主資本主義運作的要件。時至今日，權力集團更了解到控制新聞媒介有助於他們掌握公共領域，新聞被視為一種公開辯論的場所，透過各種法律與經濟措施，權力集團可約束與管理新聞，並進而控制資訊生產與傳遞的整個過程。資本主義經濟與法律及稅制攜手合作，使媒體的產業化與制度化得以延續下去，從而與權力集團產生密切關係。此一過程的核心便是以論辯與差異取代客觀性與真理的價值，新聞因此被重新界定為人民追求民主時所需要的重要資訊。至於所謂對人民具有重要性的資訊，並非由人民自己來界

定，而是被認為不證自明的，此意謂新聞隱然是由權力集團依據自身利益而製造。易言之，資訊未必和客觀真理有關，反而常與資訊操作者的社會地位及政治利益有關（Sparks, 1993: 31-32）。

以此觀之，閱聽人在解讀及參與方面的能量如何被管理與收編才是重點。意識形態抗爭經常採取多種召喚形式，也就是必須通俗化，以便讓更多人接受，當某一團體能成功召喚其他團體，使後者進入前者的「人民」定義內，前者便能成功主導政治過程並成為霸權，因此在政治與意識形態抗爭中，「人民」、「流行」、「通俗」的定義具有重要地位。權力集團可依歷史條件與物質條件而不斷調整聯合形式，並能跨越階級、種族、性別、年齡等社會範疇，這些社會範疇成為支配／服從的運作基礎，所謂通俗及人民的含義之一，便是因支配者而形成的一系列忠誠感，凡是屬於人民或流行的事物不只跨越社會範疇，也超出個人範疇，因此任何人皆可同時聯結到不同種類的忠誠感（Sparks, 1993: 32-33）。換言之，流行文化一方面既貼近大眾，但也同時將之收編，閱聽人的能量總是可能被一再地挪用，即使閱聽人面對多義文本所產成的不同解讀及創造性地挪用文本之際，可能還是在產製者及管理者的五指山之中，流行或通俗成為一種操控的策略。

■傅柯的夢魘或德賽特的狡點

因此還是要回到傅柯式的權力觀念。面對人民的生產力及創造力，支配者透過因勢利導的策略，可以一方面展現鼓勵與包容，讓人民獲得發揮潛能的成就感，但另一方面仍遙控著這些人民能量的發展方向，因此即使是閱聽人的情感與想像，也都會成為管理與規訓的對象，這對所有面對媒介文本的經驗生產都是一種潛在的威脅，許多個人與在地的脈絡並未能成為一種屏障，因為常態化的力

量必然層層滲入日常生活的肌理中，最終個人在意義與情感的產製上似乎仍無法岔離自我規訓之道。然而這種情形可能並非唯一的觀察結果。

誠如前面所提，許多人常批評傅柯未能提供抗拒的動機或理由，而這點又是反抗的必要條件，但傅柯在其討論中似乎隱然認為並無此必要，或以為這種需要並無正當性，他無意回答有關是否存在反抗的理由此一問題，反而認為應該探討一個社會的結構與體系是否讓個體擁有轉變體系的自由，易言之，即使出現抗拒的正當性，它也是作為進一步抗拒的條件，以及成為對抗之主體性的條件。他認為將抗拒正當化或去想像另一個體系，其實就是在擴大我們參與當前的體系，一些知識分子或改革者不難發現他們的計畫常變成壓迫的工具，這些致力於構想一個嶄新世界的企圖之所以必然失敗，乃因為新秩序為了能順利運作，總是會去採用某些舊事物，所以無法保證抗拒一定能使明天會更好。因此傅柯的自由觀念便著重於實踐與對抗的開放性，也就是一種不斷抗拒的觀念，其要求對抗性主體的參與，並且在此過程中，主體追求的並非抗爭的目的，而是參與的自由，這種自由的實踐伴隨著不斷地踰越界限，其中的精神在於主張我們的抗拒就是我們的存在，不斷抗拒之倫理就是一種面對生命的方式，它是遊戲的同時也是嚴肅的（Simons, 1995: 86-87）。

如果從整體的角度來看，傅柯認為踰越界限是一種自由的展現，其發生於一種兩極對立之張力所產生的力量場域中，兩極之一認為當前世界布滿天羅地網，並絕望地以為人們陷於從屬及被征服的處境而無出口，只能徒然以一種支配取代另一種支配而已。另一極端則在美學與積極的心理中，逃開所有的限制，趨向毫無羈絆的

自由。傅柯有意迴避兩種極端，在兩者之間藉由採取搖擺的立場而來控制這種張力。

西蒙斯（Jon Simons）說明這種情形時，借用一個源自尼采（F. W. Nietzsche）但由米蘭・昆德拉（Milan Kundera）加以描繪的意象，即「生命中不可承受之輕」。當生命沒有目的時，就是不受任何限制的拘束，這種存在將是不可承受之輕，但另一方面，如果一個生命完全指向一項目的，因而被經驗成一種「絕對的必然性」時，則將是不可承受之重。因而關鍵便在於形塑一種目的，使生命成為可承受之輕與重。事實上，在層層束縛與無限自由之兩極張力中存在著建設性限制（enabling limits），人們對限制的愛憎（resentment），可藉由承認我們受惠於限制而加以克服，舉凡生活、藝術作品與政治社群之所以具有形狀及輪廓乃因為有限制，因此限制是可能性的條件；但如果接受既存的限制，並讓它決定全部，則將使生命成為不可承受之重。限制確實是建設性的，當它為某些東西賦予形式（例如自我），這個形式便在參與它自己的限制中形塑它自己的風格。所以「踰越」這個觀念便是指運用建設性的限制，由於它發生於一個不穩定的力量場域，因此它所獲得的自由亦非明確的。其次，在人類主體方面，就某方面而言，成為一個主體意味著從屬於某些東西，因此也意指因某些力量或限制而被支配、被拘束，以及被征服。另一方面在文法層面，句子的主詞意味著能動性以及被賦權，而能對受詞或客體加諸行動。在此兩極之間，主體既非完全從屬，亦非完全自我界定與自律。主體受惠於限制（無論是具如何的壓迫性），這些限制加之於他，使之具有成為任何人的可能性，例如擁有一個身分及能力去行為。但弔詭的是，這種主體的能力也包括對權力的抗拒能力（這些權力是指那些使人

們成為自己的權力）。

　　一般而言，唯有特定情況下，主體才能成功地抗拒權力，而又不致增強它或重新植入另一個領域，但如果主體的抗拒能力結合偶然的條件，假使主體能影響限制（也就是他／她部分受惠的限制）並形塑新形式的主體性，那麼主體就能獲得不穩定、不確定及無限的自由。同理，權力概念亦拉扯於不可承受之輕與重的兩極。在束縛的一方，傳統著重壓制與禁制的權力觀念，主要作用在於約束與排除所謂的瘋狂者，然而壓制的權力觀念不足以說明它如何積極運作而將人類構成特殊的主體，因此必須討論規訓的權力，這種權力產製出所謂的異常者，規訓既是一種積極的也是壓迫的權力。在無限的一方，權力如同一種無條件或本質的抗拒權力，似乎總有某些東西（例如身體）永不可能被權力壓制，此外，無條件的權力亦凸顯人們讓自己宛如藝術品的一種無限能力，在此假定上，人們擁有一種創造力，它是基本的主體能力。若從兩極之間來看，則權力既是拘束也是自由，既沒有無條件的權力，也不存在一個自由能量的領域。因之，從事於策略性抗爭的權力運作多少總是開放的。傅柯的政治目的並非追求一個沒有權力的世界，而是希圖藉由維持對抗式關係的開放性，以預防策略性關係被凝固成支配形態。最後，在真理與思想方面也同樣存在兩極對立，一方面思想是受限的，而且個體倘無這種辨識限制的能力，則抗拒就是盲目的；而另一方面，哲學與反省本身又能成為解放自己及思想的方式。所以思想同時是箝制與解放，不可能有完全自主或全然被決定的思想（Simons, 1995: 3-5）。

　　據此觀之，在任何情境中企圖擺脫所有限制與束縛的努力都是不切實際的奢求，人們必須一方面承認這些限制對自己構成某種積

極的影響，另一方面又必須隨時警惕不讓此限制成為固定與長久的，因此任何的抗拒都只能是不斷動搖既有的限制，而非冀望一個烏托邦。也由於如此，所以有關賦權之課題，其關鍵不在於探討是否存在自由，而是要探討自由之可能性的條件，或許如此方能避開傅柯早期的那種全敞式監視與規訓的惡夢。而在不斷反抗的過程中，還必須覺悟到反抗行為的本身永遠比結果更重要，因為抗拒的結果總是無法保證，它們有許多在曇花一現後，便轉化成有待被抗拒與顛覆的對象，所以唯有不斷地去踰越界限以及持續抗爭，從某個角度看，它猶如薛西弗斯（Sisyphus）的宿命，但所謂的自由與能力便是由此而展現。此外，由於主體抗拒的對象往往就是賦予主體形貌的權力及力量，所以個體總是必須自我反省及否定，並伴隨著自我創造，還要理解到自我的限制有其積極的塑形意義，雖然它總是有待被超越，因而人們必須能夠對界限與限制進行建設性操作。

這樣的處境可以聯繫到德賽特（M. de Certeau）的觀點，前面第三章中已討論過他的重要思想，他相信日常生活充滿許多抗拒的可能性，人們可以操作各種機巧與靈活的計策，以閃避支配的社會秩序。他不認為全面革命具有可行性，因為其中隱含一種對整合性文化的執著，很容易重新轉變成一種壓迫力量，所以他主張重視生活中一些看似隱匿、邊緣與卑俗的實踐力量，這些微小或不登大雅之堂的實踐蔓延於體系的許多裂縫中，它們屬於非正式的戰術，也沒有可以依靠的固定場所，所以必須善用機會，而且是在支配者的監視下，機警地利用特殊時機所提供的機會，從而在裡面進行盜獵或創造驚奇，也就是在意想不到的地方施展狡黠的計謀（de Certeau, 1984）。在這種情形下，雖然不保證個體的能量不會被體系

與制度挪用及收編，但卻總是能夠出現抗拒的可能性。

閱聽人在媒介消費中的潛能也可同樣表現於反規訓的可能性中，包括不斷踰越及持續抗拒，它們可以在解讀與使用媒介的過程中，藉由觀念與思想層面上進行抗爭，使規訓式的支配隨時受到挑戰而鬆動其控制力量，同時閱聽人在踰越界限之際也應能注意到自我塑形的條件與限制，因而能夠重新建構自我（盧嵐蘭，1997，1998）。

2.閱聽人的公共生活

在當前的媒介生活中，閱聽人透過媒介而能在自我與社會之間維持某種關係，如果從規訓及反規訓的角度來看，其實閱聽人與媒介之間存在角力關係，這些都成為閱聽人社會參與過程中值得注意的特性。

■公共性

●公共性的擴充

誠如前述，媒介能夠建構遠距的社會關係，進而重新創造一種媒介社會特有的公共性，並進一步擴大閱聽人的經驗與關懷範圍，涵化一種更廣闊的責任及倫理。換言之，傳播媒介可以成為建立與發展公共性的一個條件。事實上，個體的公共生活必然是自我的一部分，傳媒在提供遠方事件及資訊之際，亦可能挑戰在地的價值及規範，並影響閱聽人去重新認識個人與社會的關係，進而重新自我定位。此外，晚近公私領域的界線模糊成為一種趨勢，而電子媒介往往在其中扮演重要角色，同時在流行文化的影響下，新聞娛樂化或人情趣味取向固然有其商業動機，但對閱聽人而言，這類文本能使人產生更大的投入，間接引導人們去思考社會文化規範及反省自我，未嘗不是一種聯繫個人與公共社會的管道。

●自我重構：踰越界限與規範

公共性代表個體自我的一種界限，傳媒會不斷影響這個界限的變動與發展，從媒介新科技作為一種輔具而言，它確實因改變或擴展使用者的行動方式及範圍而形塑主體的能力，但這個過程並非科技的單向影響，它還包括使用者藉由使用過程所產生不同參與程度而形成的發展，易言之，閱聽人或使用者必然對立於媒介及其文本而進行界限的操作，閱聽人的注意、關懷、質疑、憤怒及其他各種經驗反應，皆成為自我界限的繪製與重構時的重要元素。如果誠如湯普生所言，媒體中介的公共性無須執著於參與者的共同在場及直接對話，那麼這種情形如同對社會參與撤除了若干限制，特別對一些邊緣及弱勢者而言，它更可能讓人們在免於明顯的社會壓力下去踰越界限與規範，因此能在文化霸權下保有某種自主與彈性的空間。

●抗拒即參與

在不斷對既存的界限進行踰越及策略性操作時，閱聽人個體必須一再檢視自己的目標及方向，並衡量自身與社會文化的相對關係。閱聽人質疑或抗拒支配性與主導性的訊息及意義時，應能體會到所面對的主流或優勢的文化勢力，由於有其政經力量的支撐，所以無法輕易鬆動，然而這種文化勢力所激起的反抗力量亦不易徹底清除，固然有人認為抗拒事實上也同時在強化與確證支配者的存在與影響，同時很可能被包容於管理及控制的範圍內，從而使抗拒失去實質的意義與作用，例如許多閱聽人的抗議或反制經常效果有限，因為它們本身可能就是屬於媒介主導者及掌控者所設計的遊戲活動之一，因此閱聽人不斷覺察相關的操縱及影響，並進行策略性抗拒，便是不能忽略之事。

■媒體素養與賦權

　　透過推動媒介素養，讓閱聽人獲得賦權的機會，藉由對所處媒介環境的更進一步認識而了解自己的行動可能性，已成為目前有識之士的重要工作之一，固然結構改革是不容忽視的重點，也應能產生較具規模與徹底的效果，不過誠如前述，任何制度都有可能轉變成壓迫的力量，所以必須警覺其中潛伏的壓制因子，促使閱聽人更有能力去提高警惕與懷疑。

●不斷反抗與批判

　　目前的媒介使用對多數人而言已成為一種日常活動，在習慣性接觸與使用的過程中，媒介可能成為一種透明化的物件，不再覺察它的異物性，因而降低閱聽人的敏感度，或產生一種能夠控制的錯覺。過去研究對閱聽人的觀察常擺盪於被動或主動的非此即彼，近來人們已了解到二者之間才是最常出現的情形，雖然這種答案反而帶來更困難的問題，因為必須開始去注意多面向與多重的複雜因果關係，但是這種觀察讓閱聽人回歸原本錯綜而多樣的生活脈絡，反而有可能發現一些實際或潛藏在生活周遭的各種機會。事實上，以目前情況而論，閱聽人的抗拒同時是太容易也太困難，容易是指人們對一些表現不佳的電視節目或報紙，大可以不費吹灰之力便關機、轉台或拒買拒看，太難則是指個人的抗拒往往不會造成什麼影響，而若想要集結成大規模的力量，卻又有動員上的問題，特別是在宣傳方面可能必須尋求另類媒介，或利用媒體間的利益衝突，但有時效果並非十分理想，再者，一般閱聽人往往認為媒介不會對自己造成嚴重的負面影響，也就不以為反抗有其必要性或迫切性。固然這些情形不會成為悲觀的理由，但也可能反映出閱聽人潛能仍有待開發，或者我們對閱聽人的了解仍十分有限，這些都是吾人亟待

努力的方向。

●對愉悅與情感的反省

　　閱聽人的媒介經驗經常由於媒介內容被分成資訊與娛樂，並使之對應於理性與情感，因而隱然形成一種價值階層，將娛樂及情感視為次要的範疇，晚近由於流行文化研究指出愉悅的重要性以及具有賦權的可能性，同時資訊與娛樂的界線亦日漸模糊，因此情感範疇不再高度受到壓抑，閱聽人的愉悅成為一個被高度肯定的經驗，特別是在關於迷的研究中。這種發展固然扭轉過去重理性抑情感的偏差，同時也對閱聽人經驗進行更細緻的觀察，不過也有人擔心矯枉過正，反而形成一種過度讚頌或誇大愉悅及其他相關情感的力量，畢竟在當前的媒介市場脈絡中，即使是另類或異端都可能被挪用於商業目的，更遑論原本就是大眾媒介極力操縱的流行文化及其引發的閱聽人愉悅經驗。事實上，現代社會的規訓權力是針對個體的各個生活層面，理性與情感都同樣面對類似處境，對所謂自主理性與自主情感的威脅是相同的。所以閱聽人必須能夠反省自己的解讀與經驗，以迷的行為而言，他們雖然在使用媒介過程中能夠發展出挪用、創造及產製的能力，但畢竟仍在某種程度上受到媒介產品的誘導，甚至在相關消費行為中和商品行銷亦步亦趨，迷的活動固然一方面展現出主動與積極的能力，但同時也強化媒介的商品力量，由於賦權與反賦權之間並非界線分明，因此不能以片面的角度來定義閱聽人的媒介消費。

●創造多元的閱聽人社群

　　在閱聽人研究中，雖然文本多義性並非意指文本意義完全開放，亦非閱聽人擁有無限自由來解讀文本，但文本作為一種多重真實，而讓閱聽人各依其不同解讀位置而產生多樣的經驗結果，確實

是一個重要的現象。這裡的重點在於閱聽人之間交換與分享彼此的解讀，將能使文本的意義更豐富，擴大閱聽人的解讀內涵，換言之，詮釋社群是個有利於閱聽人去面對媒介的一種發展與建構（盧嵐蘭，2000），閱聽人詮釋社群的形式包含直接面對面的互動討論，也包括透過網際網路建立的討論群體，所以詮釋社群可以超越時間與空間的限制，彼此交換媒介使用的相關訊息，以及對特定媒介或文本的解讀。但是在另一方面，如果從這些群體成員之間亦經常交換商品購買等消費訊息來看，也不能排除商業力量一樣會滲透其中，特別是很多迷們皆透過購買與消費來表達其支持與擁護，因此詮釋社群的商業化同樣是一個必須注意的現象。此外，基於物以類聚，一方面這些群體的形成，讓一些屬於邊緣或少數的閱聽人能夠在其中找到相似的聲音，並獲得某種支持與歸屬感；但另一方面，一些詮釋社群內部出現異議的情形並非十分頻繁，這種傾向使得意見變得較為一致，較不易獲得多元與批判的不同看法。然而由於網路社群的限制性較低，同時相對而言較容易建立，所以對具有特定興趣的閱聽人而言，依然是個吸引人的參與管道。這些社群其實具有不容低估的潛能，因而將會成為閱聽人賦權的重要資源與機會。

　　本章旨在說明閱聽人之社會參與的可能性，首先透過對權力概念的探討，強調閱聽人賦權的重要性，其次敘述公共領域與流行文化之間的關係，探討電子媒介對公共性與社會參與的影響，進而討論閱聽人在媒介消費過程中獲得賦權的不同條件。由於有關認同、權力、公私領域等概念在後結構主義與後現代主義影響下已出現變化，因此也促成探討相關課題時，出現更多不同的理論思考與實踐方向，這些觀念對研究閱聽人賦權皆有其參考價值。

第八章　結論：媒介消費——
閱聽人與社會

在消費主義時代，許多人憂心閱聽人被視爲實際與潛在的消費者，在持續及大量之各類媒介訊息的包圍下，閱聽人將被消解能量，並被收編於資本主義體制之中。但也有人將媒介的高度發展視爲有利的機會，認爲它們將提供更多元素讓閱聽人去從事各種建構與操作，這些不同聲音代表不同的觀察角度，它們皆是當前媒介社會需要認識的課題，本書透過概述主要的消費理論來直接或從旁思考媒介消費的可能意義，並針對日常生活及家庭等關係最密切的媒介使用脈絡，來觀察閱聽人的經驗過程及其特性，同時也強調這些經驗彰顯出媒介消費與認同的重要關聯性，另外亦認爲新傳播科技在閱聽人生活中扮演的角色必須進一步檢視，最後則將上述討論總結於閱聽人與社會的關係，藉由反省權力與公共參與的內涵來說明閱聽人的可能處境。以下簡述主要重點：

❖ 消費理論的再解釋

有關消費的文化與社會理論在1970年代後相繼出現，代表消費現象已成爲重要的社會特性，其實若干早期的社會學者已注意到消費的重要性，例如馬克思、韋伯、涂爾幹、偉伯倫、齊穆爾、佛洛依德等人，各以不同方式去說明消費觀念，晚近則分別以道格拉斯及艾秀伍德、布迪厄、埃利亞斯、蓋布瑞與藍、傅柯、布希亞，與費舍史東等人的消費理論最受到注意與討論。從消費研究的跨學科發展趨勢來看，消費包含多種與複雜的意義，因此不宜以單一觀點進行解析，同理，媒介消費也必須儘量以多樣的觀察角度來從事多

面向的了解，以避免過度化約媒介消費的豐富面貌。媒介消費涉及個人、人際、家庭、社會，乃至全球層面，並且可能同時觸及文化、社會、政治、經濟、歷史等面向，一般看似屬於個人或私人的媒介消費行為，其實背後可能如蛛網牽連到許多不同的領域與層面，這對所有關心此課題的人而言，任何試圖充分認識與說明媒介消費與經驗，都將面臨沉重的挑戰。

　　第一章第一節針對馬克思、韋伯、偉伯倫與齊穆爾等四位古典學者，敘述他們筆下的消費觀念，首先，馬克思的異化與商品化概念是批判解讀消費文化的重要基礎，在傳播研究的領域中，政治經濟學派與文化研究都源自對資本主義中生產關係與支配關係的不滿，前者強調傳播產業的經濟生態受制於權力結構的運作，並認為必然會反映於媒體組織及媒介文本中，閱聽人形同被決定與被動的個體，文化研究則藉由引用一些主張上層建築具有相對自主性的理論，賦予閱聽人某種主動解讀的可能性，及至晚近後結構主義與後現代主義引領風騷之後，媒介研究也開始留意閱聽人可能潛蓄的能力，媒介消費不再只是負面的行為，而可能蘊涵積極與創造的力量，當然這些觀念都承受不同程度的質疑與批判，它們被指責不只輕忽了商品邏輯日益精緻化的操作，同時也過度高估閱聽人的主體性與主動性。目前這些爭論中的各方意見都是必須參考的聲音，暫時不宜貿然結論。

　　韋伯認為資本主義的發展與新教倫理之間具有選擇的親近性，這種觀察可用來協助認識早期社會的禁慾傾向，另外現代性標榜理性主義而導致的除魅現象，使人們愈加重視自我意識與自我經驗，這些和消費愉悅及相關情感因素，都促使消費的象徵價值在消費過程中扮演更重要的角色。以此觀之，閱聽人在解讀過程中所產生的

各種情感經驗，便反映出現代個體追求夢想並體驗豐富生命的一種表現，這些經驗不只是閱聽人受媒介制約的產物，它們還可能包含個體的想像與創造，並能夠擴大自我概念。過去由於閱聽人的愉悅經驗傾向不被正面肯定，一方面因為大眾媒介所代表的流行文化及商業意涵讓人質疑其真正價值，另一方面閱聽人的歡愉也常在無形中被拿來對立於傳統的重視理性，因而被視為不具生產性與積極意義。然而如今人們愈來愈認為經驗的多樣內容皆有其價值與重要性，獨重理性或貶抑感性都是一種偏狹的發展，這種觀念轉變的結果之一，便是品味層級逐漸瓦解，流行文化及大眾媒介不再只是庸俗或瑣碎的，閱聽人的高度投入，例如迷的行為，也都被重新詮釋成一種文化與意義上的創造性表現。這種觀察固然能從閱聽人的角度來進一步了解愉悅及各種情感經驗的價值，然而還是必須注意這些行為與經驗很容易成為市場目標，它們會被挪用而去服務於商業目的。

　　偉伯倫探討的炫耀性消費觸及消費的社會區別功能，以及消費與階級的關係。炫耀性消費也是凸顯消費的象徵面向具有重要的社會文化意義，經常被用來作為地位及階級的記號，因此具有區隔及標籤的作用，類似這種看法也同樣出現在布迪厄的理論中。他們不僅強調物質的符號性影響，也指出消費者不再只是從事購買或使用的個體，還同時成為操作符碼與創造象徵意義的人，更重要的，這些能力往往與階級有關，並帶動模仿及潮流，也進一步使消費的非物質面更重要於物質面。因此消費的意義對個人而言，不僅在於獲得效用或愉悅，也在於標示個人在社會中的位置，並聯繫到個人認同的形塑與維持。以此來看閱聽人的媒介消費時，個體的媒介使用模式就是其生活形態的重要組成，反映自己隸屬或想要營造的品味

階層，因此媒介消費有時也是一種展示及表演，企圖證明自己的社會地位與聲望。

在消費的社會心理層面，齊穆爾從現代社會中客觀文化之發展，來探討現代生活的變遷，其中包含都市生活的心理特性、時尚與消費。他認為人類雖然能夠從事創造活動，但也經常受制於自己所創造的產物，另外人們也常常在追求獨特性與歸屬感之間來回擺盪，這些現象皆可用來觀察當前的消費文化，而進一步來看，這些現象的根本之源乃關係人們對自由與安全的矛盾心理。在目前社會中，一方面資訊能夠產生解放作用，讓閱聽人擺脫無知與偏見的束縛，但另一方面，資訊也同時可能形成某種壓力與制約，使人們反受媒介的控制。所以人們原本為了便利訊息交流而創造的資訊管道與傳播過程，也可能產生物化作用，使得意義與分享不再是最受重視的目標。

隨著社會邁入所謂消費資本主義的時代，消費現象在社會生活占有更大與重要的位置，此時也相應而生一些較系統與成熟的消費理論，例如道格拉斯與艾秀伍德、布迪厄、埃利亞斯、蓋布瑞與藍、布希亞、費舍史東等人的研究。道格拉斯與艾秀伍德強調消費的溝通功能，認為消費的象徵意義主要彰顯於對文化範疇與社會關係的影響，這些皆是超越個人層次的消費功能，所以個人的消費行為總是處於文化社會的脈絡中，並多少強化後者的規範及價值。同樣的，媒介消費亦非個人的媒介使用行為，它們一直被賦予某些文化與社會意義，所謂節目良窳或觀視行為的適當性，都聯繫到特定社會對特定行為與觀念的價值判斷，反映出該社會的文化及其他相關特性，同時閱聽人也會在這些文化規則的範圍內，去操作媒介相關的象徵，進而達成特定目的。以此來看，閱聽人及消費者操作文

化符碼的能力便是一個重要關鍵，有關這部分在布迪厄的理論中發展出更系統化的說明，他藉由凸顯文化資本與習癖在消費品味中扮演的角色，而將消費聯繫到階級結構，此中目的之一是要批判性解析菁英品味的結構性條件，反省一般所謂高級或低級的文化區分。因此社會中的不同群體，例如傳播產製者與特定閱聽族群，他們如何運用不同的文化資本，進而形成不同類型的解讀與品味，便是探討媒介社會時一個應具備的觀察角度。另外，埃利亞斯認為心理結構的歷史變遷以及社會結構的發展，二者之間關係密切，消費休閒活動也同樣出現文明化過程的特性，例如現代人的情緒或情感能夠在一些經過精細設計的管道中發抒，這使人們可以去思考傳媒在歷史發展中所呈現的不同特性，是否代表特定社會之人類情感管理的變遷，譬如不同媒介文類所誘發的情感強度，以及再現的行為及情緒控制，如何在特定社會的歷史過程中演替發展，同時閱聽人的各種經驗又如何受到不同程度的規約及管理。

　　蓋布瑞和藍認為晚近消費社會中消費者呈現難以捉摸的多樣性，同時消費文化也產生若干矛盾與弔詭的特質。其實這些現象亦反映於閱聽人身上，閱聽人可能是消費者、公民、受害者、創造者或尋求認同的人，他們可以同時扮演不同角色，所以和媒介與社會之間維持多樣的關係，這種變化多端的情形讓閱聽人不會被化約成單一特質，也同時保留了更多的回應空間及能量。換言之，單只是從消費社會的特性、傳播結構或媒介文本，並無法確定閱聽人的地位及角色，同時賦權與反賦權的影響經常是相伴相生。在後現代主義的討論中，布希亞對媒介文化的說明極富爭議性，布希亞雖然從1970年代起斷絕與馬克思主義的關係，但不能就此認為失去批判力道，在媒介方面，徹底顛覆影像的再現功能，使所有解讀或意義成

為永遠可疑或不可能，應有某種警示作用。最後，費舍史東援引包括布迪厄、布希亞、李歐塔、詹明信等學者及前人觀點，探討當代消費文化的性質，在他的日常生活美學化的概念中，消費代表一種美學實踐，當然這也是資本主義商品邏輯的影響之一，所以由此來看閱聽人的媒介使用模式與其建構生活形態的關係時，媒介消費成為演示品味符碼以形塑及經營認同形象，進而界定自己與他人和社會之間的關係。

上述這些與消費相關的概念及理論皆有助於進一步分析與了解媒介消費，並能夠擴大探討媒介文化與閱聽人研究的廣度及深度，簡言之，媒介消費是一個跨學科與跨領域的現象，因此有必要從更多元與複雜的角度獲得豐富的概念與思想基礎，以便發展出更細緻與詳盡的觀察與討論。

❖ 媒介消費的脈絡

從以上的理論來看，媒介消費的脈絡相當多樣，委實難以一一詳述，本書針對幾項特別重要的層面加以說明。

一、日常生活／家庭

在日常生活方面，本書主要參考勒費布耶與德賽特的觀念來討論日常生活的特性，重點在於指出日常生活的限制與機會。由於媒

介消費泰半發生於日常生活內，因此有必要認識其中的相關條件，特別是對閱聽人而言，這種情境代表哪些可能的意義與重要性。簡單來說，勒費布耶認為，日常生活是一個兼具壓迫性與解放性之複雜及多面向的真實，不過人們仍有可能從中追求一些有價值的目標。因此他強調必須藉由創造力來改變日常生活，使之有如藝術作品進而釋放潛能，譬如嘉年華或慶典的各種歡樂展現出過度與踰越的性質，便具有顛覆文化價值的力量及革命潛能，能夠推翻現有體制劃分的各種差異，進而透過否定而促成重新安排差異的可能性。德賽特則更強調社會弱勢者的潛能，雖然支配者控制社會的力量難以推翻，但它們亦非堅不可摧，關鍵在於必須利用適當的手段來面對這種被宰制的情境，避免以卵擊石而造成不利的後果。所以處於弱勢的行動者必須體認到如何善用時機及操作權力，此時的權力操作沒有也無須具有固定規則，反而必須利用自己隱微的處境，保持機動狀態，不停遊走及匿藏於邊緣，以便伺機而動。換言之，日常生活中的抗拒必須機敏地觀察與判斷，在進出體系與利用體系之際，創造獨特的機會。這種對日常生活的觀察賦予一般人更可觀的行動能量，也更能肯定身處邊緣之人其實正是蓄勢待發，而非完全被剝削或排擠的個體。以此來看閱聽人的處境與行動潛能，則應能更敏感地觀察到在無數看似平常及瑣細的反應中，閱聽人其實正在操作機會並進行抗拒，當然這種推論不宜無限擴大或一廂情願地認為閱聽人擁有豐沛的反抗力量，不過至少彰顯出媒介消費較樂觀的一面，有助於去思考如何進一步營造與創造這種抗拒的條件及機會。

在家庭脈絡方面，一般而言，家庭是日常消費的主要場所，屬於媒介消費的重要情境之一，因此探討媒介使用時經常必須觀照閱

聽人的家庭情境，然而應注意的是，隨著社會變遷，家庭及相關概
念已出現顯著變化，家庭生活形態的演變也導致家庭對社會與個人
的功能及意義不同於以往，因而媒介消費也隨之出現不同面貌，進
而產生多種經驗形式與意義。在觀察家庭與媒介的關係時，家庭的
權力關係一直是個重要的討論對象，包括性別、輩分、年齡、經濟
能力或教育程度等，都可能是家庭權力關係的影響因素，家庭成員
之間的相對地位影響了相關成員之個人或共同使用媒介的方式及結
果，家庭權力關係雖有其個別家庭的獨特形態與性質，但更常反映
整體社會的價值與規範，家庭中的媒介消費可能被用來進一步強化
這種價值，或被用來對家庭人際關係進行某種調節及管理，所以閱
聽人的媒介經驗不只是個人的解讀，它們更常是帶入所屬生活情境
及人際互動特性後的結果，這使得探討媒介消費時益形困難，因為
此種家庭領域所特有的複雜性與私密性，往往造成觀察與了解的重
大障礙，例如對所謂的民族誌研究而言，如何真正深入掌握家庭脈
絡的影響，一直是個不易克服的挑戰。

二、自我／認同

　　消費是現代社會生活的普遍現象，也同時成為自我與認同的重
要影響因素之一，消費是一種實踐，表達出意義與價值，也是一種
展示與表演，因此消費者在其消費過程中多少選擇性地凸顯個人的
理想、目標與方向。隨著消費環境快速發展，各種消費物資琳瑯滿
目，消費者可以選擇的對象似亦相應增加，因此如何透過適當的消
費以呈現最佳的自我形象，便是許多消費者經常出現的日常經驗，

所以消費成為現代社會中建構自我的一項元素。同樣的，媒介消費對閱聽人也可能具有類似的影響，有關自我與認同一直是閱聽人研究的重要課題，隨著傳播媒介的蓬勃發展與無所不在，它們在個體的自我發展中也扮演愈來愈重要的角色。自我有其社會面向，並非一種自足的建構，所以必須扣連到物質世界與社會脈絡的條件及變化，同時自我也可藉由他物而擴大與延伸，在此，媒介便可能成為延伸自我的一種助力，並促使自我定錨於若干對象，進而形塑自我概念及認同。但應注意的是，這種情形可能正好為市場勢力鋪路，讓商品力量寄生於自我及認同的建構與發展過程中，從而使自我成為媒介的附庸。

三、科技

傳播科技的社會文化意義向來就有許多爭論，往好處看，科技畢竟提供無法漠視的效益，但人們仍然憂心科技可能反客為主，使人類役於科技，或迷失在高漲的工具理性中，因此科技環境中的主體性成為許多人關心的問題。科技與性別的關係也是一個備受注意的焦點，由於技術與科學向來被視為具陽剛意味，因此有人質疑其高度強調控制的本質，可能成為一種不利於女性的工具，當然也有人以為一些傳播新科技，例如網際網路及其所產生的網路空間，傾向瓦解現代主義的線性與理性思維，反而有利於女性與弱勢者。在科技消費的過程中，科技進入日常生活所歷經馴化及挪用的現象，證明使用者及相關的生活與社會環境都對科技使用產生影響，不過科技的物質性仍然有其無法抗拒的層面，所以強調科技消費中使用

者與科技之間的相互形塑，是一般用來擺脫決定論或自主論的常見觀點。科技對生活的影響以及人們利用科技來建構生活，都必須聯繫到科技成為一種日常元素，並在使用者的心理層面產生某種親近感，這部分是由於科技的發展不斷去適應人類需求，另一方面也包括科技消費者的挪用與創造，然而所謂科技的人性化或友善化，其實也可能同時造成使用者的去敏感化，忽略一些細微卻深刻的影響。

四、權力與公共性

由於媒介與閱聽人之間一直處於拉鋸關係，而非單方的決定性影響，所以許多相關的討論仍必須回去檢視權力課題，它不只涉及賦權的可能性及條件，也進一步延伸到如何看待閱聽人在晚近媒介發展特性下去發展公共性以及參與公共領域的問題。在這個部分，由於近代各種社會運動及理論思潮蓬勃發展，特別是歐美在1960年代後的人文社會學科出現許多挑戰現代主義的觀念及理論，例如後結構主義、後殖民主義、解構主義、後現代主義等，使傳統的權力、主體、自我、認同與理性等既有概念更明顯暴露其侷限性，也讓人們能夠以更多樣的角度來觀察這些問題。然而在這種情境中，如何探討閱聽人的媒介消費也就更為複雜，閱聽人如何獲得賦權和公共領域如何重新界定以涵納更多元的聲音，其實關係密切，而前提在於更敏銳地去觀察閱聽人和社會的關係，特別是在當前媒介充斥的環境中，各個社會及文化領域都無法排除媒體中介的影響，因此必須考慮到是否仍堅持以傳統的概念與原則來定義人們的自我與

社會生活，當然也必須注意到任何新的選項都必然伴隨某些限制與盲點，因此閱聽人在媒介社會中必然面對結構上的限制與機會，同時也應體認到自己的選擇與承擔，並儘量在若干層面有所努力：

第一，知識：了解面對的媒介環境與媒體對象。這是一個知彼的工作，另外在知己方面，則應了解自己作為閱聽人的處境、特質、條件或機會。第二，觀察：探索各種自我賦權的可能性，發掘各種可能壯大自己的機會。第三，行動：實際嘗試與實驗各種可行的反制與抗爭。第四，分享：彼此提供知識、觀察、行動等經驗。第五，團結：試圖凝聚成較有規模的力量，並嘗試透過社群形式去發展非壓迫性的共識。上述這些觀念與行動都是目前許多人或組織已在進行的工作，雖然它們不是唯一的原則，也無法提供保證，但卻是創造機會的重要發展方向。

參考書目

一、中文部分

王佳煌（1998）。〈商品拜物教與資訊拜物教 —— 資本主義電腦化與「資訊社會」意識形態之批判〉，《思與言》，第36卷，第3期，頁203-260。

石計生（2001）。〈意義的挑釁：德希達與保羅・德曼的解構主義及其在當代社會的文化解釋探究〉，《東吳社會學報》，第11期，頁1-42。

吳秀瑾（2001）。〈文化品味與庸俗文化：布爾迪厄文化思想論判〉，《東吳哲學學報》，第6期，頁241-282。

林思平（2002）。〈《壹週刊》現象與消費文化政治：權力、真相、八卦〉，《中外文學》，第31卷，第4期，頁20-38。

孫治本（2001）。〈生活風格與社會結構的研究〉，《東吳社會學報》，第11期，頁79-111。

陳淳文（2003）。〈公民、消費者、國家與市場〉，《人文及社會科學集刊》，第15卷，第2期，頁263-307。

陳儀芬（2002）。〈消費「迷」相與三個希臘神話〉，《中外文學》，第31卷，第4期，頁39-53。

曾少千（2003）。〈我買故我在：芭芭拉・克魯格與消費文化〉，

《台大文史哲學報》，第58期，頁251-296。

劉維公（2001）。〈當代消費文化社會理論的分析架構：文化經濟學（cultural economy）、生活風格（lifestyles）與生活美學（the aesthetics of everyday life）〉，《東吳社會學報》，第11期，頁113-136。

潘榮飲（2001）。〈現代消費理論的轉折與超越 —— 從阿多諾、馬庫色到布西亞〉，《思與言》，第39卷，第1期，頁145-172。

盧嵐蘭（1996）。《國內八點檔國語連續劇與社群意識 —— 一個理論層的探討》。台北：電視文化研究委員會。

盧嵐蘭（1997）。《閱聽人概念之科學論述與倫理論述》。國科會專題研究成果報告。

盧嵐蘭（1998）。《閱聽人：概念、範疇、權力 —— 論傳播主體與傳播能力》。國科會專題研究成果報告。

盧嵐蘭（2000）。《閱聽人詮釋社群：概念與方法學探討》。國科會專題研究成果報告。

盧嵐蘭（2001）。〈真實與詮釋〉，《資訊傳播與圖書館學》，第7卷，第4期，頁47-58。

盧嵐蘭（2001）。《閱聽人論述之多重脈絡的歷史研究》。國科會專題研究成果報告。

盧嵐蘭（2003）。《閱聽人媒介經驗模式之建構》。國科會專題研究成果報告。

盧嵐蘭（2004）。〈閱聽人媒介經驗之建構〉，《中國廣告學刊》，第9期，頁84-106。

二、英文部分

Adams, M. (2002). Ambiguity: The reflexive self and alternatives. *M/C: A Journal of Media and Culture, 5*(5) <http://www.media-culture.org.au/mc/0210/Adams.html>

Adorno, T. & Horkheimer, M. (1979/1944). *Dialectic of enlightenment*(J. Cumming, Trans.). London: Verso.

Anderson, B. (1991). *Imagined communities: Reflections on the origin and spread of nationalism* (rev. ed.). London/New York: Verso.

Ang, I. (1985). *Watching Dallas: Soap opera and the melodramatic imagination.* London: Methuen.

Ang, I. (1991). *Desperately seeking the audience.* London/New York: Sage.

Ang, I. (1996). *Living room wars: Rethinking media audiences for a postmodern world.* London: Sage

Ang-Lygate, M. (1996). Everywhere to go but home: On (re)(dis)(un)location. *Journal of Gender Studies, 5*(3), 375-388.

Anton, C. & Peterson, V. V. (2003). Who said what: Subject positions, rhetorical strategies and good faith. *Communication Studies, 54*(4), 403-419.

Babe, R. (2000). Foundations of Canadian communication thought. *Canadian Journal of Communication, 25(1)* <http://www.cjc-online.ca/viewarticle.php?id= 560&layout=html>

Bakardjieva, M. (2003). Virtual togetherness: An everyday-life perspective. *Media, Culture, & Society, 25*(3), 291-313.

Baudrillard, J. (1998). *The consumer society: Myths and structures.* London: Sage.

Bauman, Z. (1998). *Globalization: The human consequences.* Cambridge: Polity Press.

Bauman, Z. (1993). *Postmodern ethics.* Oxford: Blackwell.

Bauman, Z. (1988). *Freedom.* Milton Keynes: Open University Press.

Bauman, Z. (1987). *Legislators and interpreters: On modernity, post-modernity, and intellectuals.* Cambridge: Polity Press.

Beck, U. (1992). *Risk society: Towards a new modernity.* London: Sage.

Beishon, J. (1994). Consumers and power. In Robin John(Ed.), *The consumer revolution: Redressing the balance*(pp. 1-11). London: Hodder & Stoughton.

Belk, R. (2001). Possessions and the extended self. In D. Miller(Ed.), *Consumption: Critical concepts in the social sciences,* vol. 1(pp. 180-238). London: Routledge.

Bell, D. (1973). *The coming of post-industrial society.* New York: Basic Books.

Bethell, V. (1994). Consumer information. In Robin John(Ed.), *The Consumer revolution: Redressing the balance*(pp. 45-55). London: Hodder & Stoughton.

Bird, S. E. (1997). What a story! Understanding the audience for scandal. In James Lull & Stephen Hinerman(Eds.), *Media scandal: Morality and desire in the popular culture marketplace*(pp. 99-121). Cambridge: Polity Press.

Bocock, R. (1995)。《消費》，張君玫、黃鵬仁（譯）。台北：巨流

（原著：*Consumption*）。

Bourdieu, P. & Wacquant, L. J. D. (1992). *An invitation to reflexive sociology*. Chicago: The University of Chicago Press.

Bourdieu, P. (1984). *Distinction: A social critique of the judgement of taste*(R. Nice, Trans.). Cambridge, Mass.: Harvard University Press.

Bourdieu, P. (1994). *In other words: Essays towards a reflexive sociology*(M. Adamson, Trans.). Cambridge: Polity Press.

Boyne, R. (2001). *Subject, society, and culture*. London: Sage.

Boyns, D. & Stephenson, D. (2003). Understanding television without television: A study of suspended television viewing. *Journal of Mundane Behavior, 4*(1), 9-28.

Brown, B. R. (1999). Marx and the foundations of the critical theory of morality and ethics. *Cultural Logic: An Electronic Journal of Marxist Theory and Practice, 2*(2) <http:// eserver.org/clogic/2-2/brown.html>

Bryant, J. A. (2001). Living with an invisible family medium. *Journal of Mundane Behavior, 2*(1), 26-41.

Buckingham, D. (1987). *Public secrets: East Enders and its audience*. London: British Film Institute.

Butsch, R. (2000). The making of American audiences: From stage to television, 1750-1990. *Canadian Journal of Communication, 25*(4) <http://www.cjc-online.ca/ viewarticle.php?id= 607&layout=html>

Callero, P. L. (2003). The sociology of the self. *Annual Review of Sociology, 29*, 115-133.

Calvert, C. (2003).《偷窺狂的國家》，林惠娸、陳雅汝（譯）。台北：商周出版（原著：*Voyeur Nation: Media, Privacy, and*

Peering in Modern Culture）。

Campbell, C. (2001). The desire for the new: Its nature and social location as presented in theories of fashion and modern consumerism. In D. Miller(Ed.), *Consumption: Critical concepts in the social sciences,* vol. 1(pp. 246-261). London: Routledge.

Christensen, C. B. (1997). Meaning things and meaning others. *Philosophy and Phenomenological Research, 57*(3), 495-522.

Clarke, D. (2000). The active pursuit of active viewers: Directions in audience research. *Canadian Journal of Communication, 25*(1) <http://www.cjc-online.ca/viewarticle.php?id=561& layout=html>

Corrigan, P. (1997). *The sociology of consumption: An introduction.* London: Sage.

Crossley, N. (2001). The phenomenological habitus and its construction. *Theory and Society, 30*(1), 81-120.

Csikszentmihalyi, M. (2001). Why we need things. In D. Miller(Ed.), *Consumption: Critical concepts in the social sciences,* vol. 3(pp. 485-493). London: Routledge.

Dahlgren, P. (1993). Introduction. In P. Dahlgren & C. Sparks(Eds.), *Journalism and popular culture*(pp. 1-23). London: Sage.

Dahlgren, P. (1995). *Television and the public sphere: Citizenship, democracy, and the media.* London: Sage.

Davies, B. & Harre, R. (1997). Positioning: The discursive production of selves. <http://www. massey.ac.nz/~ALock/position/position.html>

Deikman, A. J. (1996). 'I' =Awareness. *Journal of Consciousness Studies, 3*(4), 350-356.

Descartes, L. & Kottak, C. P. (2000). Media and the work/family interface. CEEL(Center for the Ethnography of Everyday Life)Working Paper 007-00 <http://ceel.psc.isr.umich.edu/pubs/ index.html>

Descartes, L. & Kottak, C. P. (2001). Media in the middle: Work, family, and media use in a middle class midwestern town. CEEL(Center for the Ethnography of Everyday Life) Working Paper 023-01 <http://ceel.psc.isr.umich.edu/pubs/index.html>

Deveaux, M. (1996). Feminism and empowerment: A critical reading of Foucault. In Susan J. Hekman (Ed.), *Feminist interpretations of Michel Foucault* (pp. 211-238). University Park, PA: The Pennsylvania State University Press.

de Certeau, M. (1984). *The practice of everyday life* (S. Rendall, Trans.). Berkeley: University of California Press.

Dodge, M. & Kitchin, R. (2001). *Mapping cyberspace*. London: Routledge.

Douglas, M. & Isherwood, B. (1979). *The world of goods: Towards an anthropology of consumption.* London: Allen Lane.

Downes, D. M. (2000). The medium vanishes? The resurrection of the mass audience in the new media economy. *M/C: A Journal of Media and Culture,* *3*(1) <http://www.media-culture. org.au/0003/mass.txt>

Dyer, R. (1993). *The matter of images: Essays on representations.* London: Routledge.

Elias, N. (1987/1983). *Involvement and detachment.* Oxford: Basil Blackwell.

Elias, N. (1994/1939). *The civilizing process.* Oxford: Blackwell.

Featherstone, M. (1991). *Consumer culture and postmodernism.*

London: Sage.

Feenberg, A. (1991).*Critical theory of technology*. Oxford: Oxford University Press.

Fiske, J. (1992). The cultural economy of fandom. In L. A. Lewis(Ed.), *The adoring audience: Fan culture and popular media* (pp. 30-49). London: Routledge.

Fiske, J. (1993). Popularity and the politics of information. In P. Dahlgren & C. Sparks(Eds.), *Journalism and popular culture* (pp. 45-63). London: Sage.

Foote, J. (2002). Cultural consumption and participation. *Canadian Journal of Communication, 27*(2-3), 209-220.

Foucault, M. (1977). *Discipline and punish*. New York: Pantheon.

Foucault, M. (1980). *Power/knowledge*: *Selected interviews and other writings, 1972-1977*. New York: Pantheon.

Fowles, J. (1996). *Advertising and popular culture*. Thousand Oaks: Sage.

Fraser, N. (1996). Michel Foucault: A "young conservative"? In Susan J. Hekman(Ed.), *Feminist interpretations of Michel Foucault*(pp. 15-38). University Park, PA: The Pennsylvania State University Press.

Frisby, D. & Featherstone, M.(Eds.)(1997). *Simmel on culture*. London: Sage.

Gabriel, Y. & Lang, T. (1995). *The Unmanageable consumer: Contemporary consumption and its fragmentation*. London: Sage.

Gandy, O. H. Jr. (1995). Tracking the audience: Personal information and privacy. In John Downing, Ali Mohammadi, Annabelle Sreberny-Mohammadi(Eds.), *Questioning the media: A critical introduction*(2nd ed.)(pp. 221-237). London: Sage.

Gane, N. (2003). Computerized capitalism: The media theory of Jean-François Lyotard. *Information, Communication & Society, 6*(3), 430-450.

Gardiner, M. E. (2000). *Critiques of everyday life*. London: Routledge.

Gentile, D. A. & Walsh, D. A. (2002). A normative study of family media habits. *Applied Developmental Psychology, 23*, 157-178.

Gergen, K. J. (1992). Toward a postmodern psychology. In S. Kvale(Ed.), *Psychology and postmodernism*(pp. 17-30). London: Sage.

Gibson-Graham, J. K. (1997). Postmodern becomings: From the space of form to the space of potentiality. In G. Benko & U. Strohmayer(Eds.), *Space and social theory: Interpreting modernity and postmodernity*(pp. 306-323). Oxford: Blackwell.

Giddens, A. (1991). *Modernity and self-identity*. Cambridge: Polity Press.

Gillespie, M. (1995). *Television, ethnicity, and cultural change*. London: Routledge.

Gilroy, P. (1997). Diaspora and the detours of identity. In Kathryn Woodward(Ed.), *Identity and difference*(pp. 299-343). London: Sage/The Open University.

Goffman, E. (1959). *Presentation of self in everyday life*. Garden City, N.Y.: Anchor.

Gray, A. (1992). *Video playtime: The gendering of a leisure technology*. London: Routledge.

Grossberg, L. (1992). Is there a fan in the house?: The affective sensibility of fandom. In L. A. Lewis (Ed.), *The adoring audience: Fan culture and popular media* (pp. 50-65). London: Routledge.

Habermas, J. (1989). *The structural transformation of the public sphere: An inquiry into a category of bourgeois society.* Cambridge, MA: MIT Press.

Habermas, J. (1979). *Communication and the evolution of society.* London: Heinemann.

Hall, S. (1980). Encoding/Decoding. In CCCS, *Culture, media, language*(Working papers in cultural studies, 1972-79)(pp. 128-138). London: Hutchinson.

Hall, S. (1995). The west and the rest: Discourse and power. In Stuart Hall et al.(Eds.), *Modernity: An introduction to modern societies*(pp. 184-227). Cambridge: Polity Press.

Harmes, A. (2001). Mass investment culture. *New Left Review, 9*(May-June), 103-124.

Heidegger, M. (1977/1954). *The question concerning technology and other essays*(W. Lovitt, Trans.). New York: Harper and Row.

Heroux, E. (1998). The return of alienation. *Cultural Logic: An Electronic Journal of Marxist Theory and Practice, 2*(1) <http://eserver.org/clogic/2-1/heroux.html>

Highmore, B. (2002). *Everyday life and cultural theory: An introduction.* London: Routledge.

Hinman, J. L. (1997). One-dimensional man in the postmodern age: Re-thinking the bourgeois subject, toward the sensibilities of freedom. *Negations: An Interdisciplanary Journal of Social Thought, Fall* <http://www.datawranglers.com/negations/issues/ 97f/97F_ jhin-

man2. html>

Hirst, E. (1998). New technologies and domestic consumption. In Christine Geraghty & David Lusted(Eds.), *The television studies book*(pp. 158-174). London: Arnold.

Hobson, D. (1982). *Crossroads: The drama of a soap opera.* London: Methuen.

Hodge, B. & Tripp, D. (1986). *Children and television: A semiotic approach.* Cambridge: Polity Press.

Holden, T. J. M. (1999). The evolution of desire in advertising: From object-obsession to subject-affection. *M/C: A Journal of Media and Culture, 2*(5) <http://www.uq.edu.au/mc/ 9907/ads.html>

Holmes, D. (1997). Virtual identity: Communities of broadcast, communities of interactivity. In D. Holmes(Ed.), *Virtual politics: Identity and community in cyberspace*(pp. 26-45). London: Sage.

Innis, H. A. (1995). *The bias of communication.* Toronto: University of Toronto Press.

Javad, K. S. (2003). George Steiner, Lord Acton, and Anthony Giddens on the conditions for the emergence of modern sociology. *Sincronia, Spring* <http://sincronia. cucsh.udg.mx/seyed1 prim03.htm>

Jenkins, H. (1992). 'Strangers no more, we sing': Filking and the social construction of the science fiction fan community. In L. A. Lewis(Ed.), *The adoring audience: Fan culture and popular media* (pp. 208-236). London: Routledge.

Jhally, S., Kline, S., & Leiss, W. (1985). Magic in the marketplace: An empirical test for commodity fetishism. *Canadian Journal of*

Political and Social Theory, 9 (3), 1-22.

Kantor, D. & Lehr, W. (1975). *Inside the family: Toward a theory of family process*. New York: Harper and Row.

Kearney, R. (1994). *Modern movements in European philosophy*. Manchester: Manchester University Press.

Kirk, J. (2002). Changing the subject: Cultural studies and the demise of class. *Cultural Logic: An Electronic Journal of Marxist Theory and Practice, 5* <http:// eserver. org/clogic/2002/ kirk.html>

Kroker, A. (1985). Television and the triumph of culture: Three theses. *Canadian Journal of Political and Social Theory, 9*(3), 37-47.

Langer, J. (1993). Truly awful news on television. In P. Dahlgren & C. Sparks (Eds.), *Journalism and popular culture*(pp. 113-129). London: Sage.

Lash, S. (1994). Reflexivity and its doubles: Structure, aesthetics, community. In U. Beck, A. Giddens, & S. Lash, *Reflexive modernization: Politics, tradition and aesthetics in the modern social order*(pp. 110-173). Cambridge: Polity Press.

Lefebvre, H. (1984/1968). *Everyday life in the modern world*(Sacha Rabinovitch, Trans.). New Brunswick: Transaction Publishers.

Lefebvre, H. (1991a/1958). *Critique of everyday life*(John Moore, Trans.). London: Verso.

Lefebvre, H. (1991b/1974). *The production of space*(Donald Nicholson-Smith, Trans.). Oxford: Blackwell.

Lefebvre, H .(1996). *Writings on cities*(Eleonore Kofman & Elizabeth Lebas, Trans.). Oxford: Blackwell.

Lewis, L. A. (Ed.) (1992). *The adoring audience: Fan culture and popu-*

lar media. London: Routledge.

Liebes, T. & Katz, E. (1993). *The export of meaning: Cross-cultural readings of Dallas.* Cambridge: Polity Press.

Lillie, J. (1998). Tackling identity with constructionist concepts. *M/C: A Journal of Media and Culture, 1*(3) <http://www.uq.edu.au/mc/9810/const.html>

Livingstone, S. (1992). The meanings of domestic technologies: A personal construct analysis of familial gender relations. In R. Silverstone & E. Hirsch(Eds.), *Consuming technologies: Media and information in domestic spaces*(pp. 113-130). London: Routledge.

Locke, S. (1994). Future directions for consumerism and their implications for business. In Robin John(Ed.), *The consumer revolution: Redressing the balance*(pp. 45-55). London: Hodder & Stoughton.

Lull, J. (1990). *Inside family viewing.* London: Routledge.

Lunt, P. (2001). Psychological approaches to consumption. In D. Miller(Ed.), *Consumption: Critical concepts in the social sciences,* vol. 3(pp. 494-519). London: Routledge.

Lury, C. (1996). *Consumer culture.* Cambridge: Polity Press.

Mackay, H. (1997a). Consuming communication technologies at home. In Hugh Mackay(Ed.), *Consumption and everyday life*(pp. 259-311). London: Sage.

Mackay, H. (Ed.)(1997b). *Consumption and everyday life.* London: Sage.

MacKenzie, D. & Wajcman, J. (1999). Introductory essay: The social shaping of technology. In D. MacKenzie & J. Wajcman(Eds.), *The social shaping of technology* (2nd. ed.)(pp. 3-27). Buckingham: Open University Press.

Maras, S. (2000). One or many media? *M/C: A Journal of Media and Culture, 3*(6) <http://www. api-network.com/mc/0012/many.html>

Marx, K. (1990/1932)。《1844年經濟學哲學手稿》，伊海宇（譯）。台北：時報文化（原著：*Economic and philosophical manuscripts*）。

Massey, D. (1994). *Space, place, and gender.* Cambridge: Polity Press.

McCarthy, C. (2003). Afterword: Understanding the work of aesthetics in modern life. *Critical Studies←→Critical Methodologies,* 3(1), 96-102.

McGettigan, T. (1998). Redefining reality: Epiphany as a standard of postmodern truth. *Electronic Journal of Sociology, 3-4* <http://www.sociology.org/content/vol003.004/ mcgettigan.html>

McLuhan, M. (1964). *Understaning media: The extensions of man.* London: Routledge & Kegan Paul.

Meyrowitz, J. (1985). *No sense of place: The impact of electronic media on social behavior.* New York: Oxford University Press.

Miles, S. (1998). *Consumerism: As a way of life.* London: Sage.

Miller, D. (2001). Towards a theory of consumption. In D. Miller(Ed.), *Consumption: Critical concepts in the social sciences,* vol. 1(pp. 288-297). London: Routledge.

Moores, S. (1996). *Satellite television and everyday life: Articulating technology.* Luton: University of Luton Press.

Morley, D. (1980). *The 'Nationwide' audience.* London: British Film Institute.

Morley, D. (1986). *Family television.* London: Comedia.

Morley, D. (2003). What's 'home' got to do with it? Contradictory dynamics in the domestication of technology and the dislocation of domesticity. *European Journal of Cultural Studies, 6*(4), 435-458.

Morley, D. & Robins, K. (1995). Reimagined communities? New media, new possibilities. In David Morley & Kevin Robins, *Spaces of identity: Global media, electronic landscape and cultural boundaries*(pp. 26-42). London: Routledge.

Mulhern, F. (2003). What is cultural criticism? *New Left Review, 23*(Sep-Oct), 35-49.

Munro, R. (1996). The consumption view of self: Extension, exchange and identity. In S. Edgell, K. Hetherington, & A. Warde(Eds.), *Consumption matters*(pp. 248-273). Oxford: Blackwell.

Natter, W. & Jones, J. P. (1997). Identity, space, and other uncertainties. In G. Benko & U. Strohmayer(Eds.), *Space and social theory: Interpreting modernity and postmodernity* (pp. 141-161). Oxford: Blackwell.

Newitz, A. (1995). Surplus identity on-line. *Bad Subjects,18* <http://eserver.org/bs/18/newitz. html>

Pack, S. (2000). Reception, identity, and the global village: Television in the fourth world. *M/C: A Journal of Media and Culture, 3*(1) <http://www.media-culture.org.au/ 0003/fourth.txt>

Patton, P. (1994). Foucault's subject of power. *Political Theory Newsletter, 6*(1), 60-71.

Peretti, J. (1996). Capitalism and schizophrenia: Contemporary visual culture and the acceleration of identity formation/dissolution. *Negations: An Interdisciplanary Journal of Social Thought, Winter* <http://www.datawranglers.com/negations/issues/96w/96w_

peretti. html>

Pettigrew, S. (2002). Consumption and the self-concept. *M/C: A Journal of Media and Culture,5*(5) <http://www.media-culture.org.au/mc/0210/Pettigrew.html>

Poster, M. (1988). Introduction. In J. Baudrillard, *Jean Baudrillard: Selected writings*(M. Poster Ed.)(pp. 1-9). Cambridge: Polity Press.

Poster, M. (1995). *The second media age.* Cambridge: Polity Press.

Postman, N. (1994/1982)。《童年的消逝》，蕭昭君（譯）。台北：遠流（原著：*The disappearance of childhood*）。

Pringle, R. (2001). Women and consumer capitalism. In Mary Evans(Ed.), *Feminism: Critical concepts in literary and cultural studies,vol.Ⅲ: Feminist responses to industrial society* (pp. 124-143). London: Routledge.

Radway, J. (1987). *Reading the romance.* chapel, NC: University of North Carolina Press.

Ritzer, G. (1995/1992)。《社會學理論》，馬康莊、陳信木（譯）。台北：巨流（原著：*Sociological theory*）。

Robins, K. & Webster, F. (1999). *Times of the technoculture: From the information society to the virtual life.* London: Routledge.

Rojek, C. (1985). *Capitalism and leisure theory.* London and New York: Tavistock Publications.

Roseneil, S. (2001). Postmodern feminist politics: The art of the (im)possible? In Mary Evans(Ed.), *Feminism: Critical concepts in literary and cultural studies,vol.Ⅲ:Feminist responses to industrial society* (pp. 398-418). London: Routledge.

Said, E. W. (1999/1978)。《東方主義》，王淑燕（譯）。台北縣新店市：立緒文化（原著：*Orientalism*）。

Savage, M. et al. (2001). Culture, consumption and lifestyle. In D. Miller(Ed.), *Consumption: Critical concepts in the social sciences,* vol. 3(pp. 523-555). London: Routledge.

Schutz, A. (1966). *Collected papers III: Studies in phenomenological philosophy.* The Hague: Martinus Nijhoff.

Schutz, A. (1967).*The phenomenology of social world.* Evanston: Northwestern University Press.

Sharpe, M. (2003). The logo as fetish: Marxist themes in Naomi Klein's No Logo. *Cultural Logic: An Electronic Journal of Marxist Theory and Practice, 6* <http:// eserver. org/clogic/2003/ sharpe.html>

Silverstone, R. (1994). *Television and everyday life.* London: Routledge.

Simmel, G. (1990/1907). *The philosophy of money*(Ed. by D. Frisby, Trans. by T. Bottomore & D. Frisby). London: Routledge.

Simmel, G. (1997/1903). The metropolis and mental life. In D. Frisby & M. Featherstone (Eds.), *Simmel on culture*(pp. 174-185). London: Sage.

Simons, J. (1995). *Foucault & the political.* London: Routledge.

Slater, D. (1997). *Consumer culture and modernity.* Cambridge: Polity Press.

Slevin, J. (2000).*The internet and society.* Cambridge: Polity Press.

Sparks, C. (1993). Popular journalism: Theories and practice. In P. Dahlgren & C. Sparks(Eds.), *Journalism and popular culture*(pp. 24-44). London: Sage.

Stallybrass, P.(2001). Marx's coat. In D. Miller(Ed.), *Consumption: Critical concepts in the social sciences,* vol. 1(pp. 311-332). London: Routledge.

Storey, J. (2001/1999)。《文化消費與日常生活》，張君玫（譯）。台北：巨流（原著：*Cultural consumption and everyday life*）。

Taylor, L. & Willis, A. (1999). *Media studies: Texts, institutions and audiences*. Oxford: Blackwell.

Thompson, J. B. (1995). *The media and modernity: A social theory of the media*. Cambridge: Polity Press.

Thrift, N. (1997). 'Us' and 'them': Re-imagining places, re-imagining identities. In Hugh Mackay(Ed.), *Consumption and everyday life*(pp. 159-211). London: Sage.

Tomlinson, J. (1999). *Globalization and culture*. Cambridge: Polity Press.

Turkle, S. (1997). Computational technologies and images of the self. *Social Resarch, 64*(3), 1093-1111.

Turkle, S. (1995). *Life on the screen: Identity in the age of the internet*. New York: Simon & Schuster.

van Krieken, R. (1998). *Nobert Elias: Key sociologists*. London: Routledge.

van Zoonen, L. (2002). Gendering the internet: Claims, controversies and cultures. *European Journal of Communication, 17*(1), 5-23.

van Zoonen, L. (1992). Feminist theory and information technology. *Media, Culture and Society, 14,* 9-29.

Veblen, T. (1902/1899).*The theory of the leisure class: An economic study of institutions*. New York: Macmillan.

Warde, A. (2001). Consumption, identity-formation, and uncertainty. In D. Miller(Ed.), *Consumption: Critical concepts in the social sciences,* vol. 3(pp. 556-577). London: Routledge.

Weber, M. (1987/1930)。《新教倫理與資本主義精神》，黃曉京、彭強（譯）。台北：唐山（原著：*The protestant ethic and the spirit of capitalism*）。

Weber, M. (1990)。《經濟與社會：韋伯選集（IV）》，康樂（編譯）。台北：遠流。

Whitworth, D. (1994). Promoting and representing the consumer interest. In Robin John(Ed.), *The consumer revolution: Redressing the balance*(pp. 15-26). London: Hodder & Stoughton.

Williams, R. (1974). *Television: Technology and cultural form*. London: Fontana.

Williams, R. (1986). *Keywords*. London: Fontana.

Winokur, M. (2003). The ambiguous panopticon: Foucault and the codes of cyberspace <http:// www.ctheory.net/txt_file.asp?pick=371>

Wood, D. (2003). Foucault and panopticism revisited. *Surveillance & Society, 1*(3), 234-239.

新聞傳播 3

媒介消費 —— 閱聽人與社會

作　　者／盧嵐蘭
出 版 者／揚智文化事業股份有限公司
發 行 人／葉忠賢
總 編 輯／林新倫
執行編輯／姚奉綺
登 記 證／局版北市業字第1117號
地　　址／台北市新生南路三段88號5樓之6
電　　話／(02)2366-0309
傳　　真／(02)2366-0310
網　　址／http://www.ycrc.com.tw
E-mail／service@ycrc.com.tw
郵撥帳號／19735365
戶　　名／葉忠賢
法律顧問／北辰著作權事務所　蕭雄淋律師
印　　刷／鼎易印刷事業股份有限公司
I S B N ／957-818-713-0
初版一刷／2005年3月
定　　價／新台幣 400元

國家圖書館出版品預行編目資料

媒介消費：閱聽人與社會/ 盧嵐蘭著.-- 初版. --
台北市：揚智文化，2005〔民94〕
　面；公分.
參考書目：面
ISBN 957-818-713-0（平裝）

1. 大眾傳播 2.消費

541.83　　　　　　　　　　　　94000633